Walter Wittmann

# DIE SCHWEIZ

Walter Wittmann

# Die Schweiz

## Ende eines Mythos

Wirtschaftsverlag Langen Müller/Herbig

1. Auflage Januar 1998
2. Auflage Februar 1998


Schutzumschlag: Atelier Bachmann, Reischach
Schutzumschlagmotiv: Image Bank, München
Satz: Fotosatz Völkl, Puchheim
Druck: Jos. C. Huber KG, Dießen
Binden: Großbuchbinderei Mohnheim
Printed in Germany
ISBN 3-7844-7379-2

# Inhalt

# Vorwort

Seit Anfang der sechziger Jahre habe ich mich intensiv mit der Entwicklung der Schweiz aus liberaler Sicht befaßt. Das geschah zunächst in wissenschaftlichen Zeitschriften, Zeitungen und in Vorträgen. Ab den siebziger Jahren kamen Bücher dazu. Aus ihnen geht auch der Weg hervor, den ich selbst gegangen bin, um einen Beitrag zu marktwirtschaftlichen Reformen zu leisten.

Vor fünfundzwanzig Jahren, 1973, erschien am Ende des langfristigen Aufschwungs der Nachkriegszeit das erste Buch: »Wohin geht die Schweiz?«. Es gipfelte in der Forderung, daß nichts anderes übrigbleibe, als den weltweiten Realitäten in die Augen zu schauen und die neue Epoche entsprechend in Angriff zu nehmen. Doch das wurde in den siebziger Jahren verpaßt. Die Schweiz schob die Lösung ihrer finanziellen, ökonomischen und sozialen Probleme hinaus. Sie wartete auf bessere Zeiten, fing schon damals an, von der Substanz zu leben.

Das zweite Buch, »Wohin treibt die Schweiz?« aus dem Jahre 1979, beschäftigte sich mit den ausgelassenen Chancen und der Bewältigung der Zukunft. Dazu wurde ein Programm zur politischen und wirtschaftlichen Erneuerung des Landes formuliert. Leider kam die Devise »Weniger Staat – mehr Freiheit« aus dem Wahljahr 1979 nicht zum Zuge: Die marktwirtschaftliche Wende blieb in den achtziger Jahren aus.

Das dritte Buch, »Die Schweiz 2000 – Niedergang oder Wende?«, beschäftigte sich 1985 mit der Frage, wie die Schweiz sich in den neunziger Jahren entwickeln könnte, wenn marktwirtschaftliche Reformen ausblieben. »Es ist dann unschwer abzusehen, wie das Land in 15 Jahren aussieht: eine nachindustrielle Gesellschaft mit – bestenfalls – schwacher wirtschaftlicher Dynamik.« Zugleich wurde der Niedergang des Landes in den neunziger Jahren angekündigt.

Das vierte Buch, »Marktwirtschaft für die Schweiz« aus dem Jahre 1992, enthielt ein umfassendes und detailliertes Konzept, wie die Schweiz zu revitalisieren sei. Darin »ertönt sozusagen der letzte Aufruf, den Widerstand gegen marktwirtschaftliche Reformen aufzugeben«. Doch das erwies sich als nutzlos, die Schweiz blieb weiterhin unfähig, Reformen durchzuführen, sie setzte ihren traditionellen Weg fort. Sie wechselte nun vom Abstieg in den vorausgesagten Niedergang.

In den neunziger Jahren war ich zunächst zuversichtlich, die Schweiz könne die marktwirtschaftliche Wende schaffen. Doch im Laufe des Jahres 1996 wurde es klar, daß dies nicht mehr als eine Illusion war und ist. Deshalb beschloß ich, ein fünftes Buch über die Schweiz zu schreiben. Ich tat dies nicht mit Begeisterung, sondern in konsequenter Fortsetzung meiner langjährigen Bemühungen um eine liberale Erneuerung des Landes. Das zentrale Thema ist »Aufstieg und Niedergang« der Schweiz, die lange als ein Modell für die Welt angesehen wurde.

In den letzten Jahren ist die Schweiz überraschend von den Schatten des Zweiten Weltkrieges eingeholt worden. Nun gilt es, eine kaum glorreiche Vergangenheit zu bewältigen. Das kommt insofern sehr ungelegen, als die Schweiz 1998 das hundertfünfzigjährige Jubiläum der Gründung der neuen Eidgenossenschaft im Jahre 1848 feiert. Das geschieht wohl in Verherrlichung von Mythen, Dogmen und Tabus, ohne zu realisieren, daß der Glanz der Schweiz sozusagen schlagartig verblaßt ist.

CH-7130 Bad Ragaz, im Herbst 1997

# Modellsterben

Das zwanzigste Jahrhundert zeichnet sich durch ein Wechselbad von ökonomischen und politischen (Real-)Modellen aus. Aufstieg, Niedergang und Untergang von Systemen vollzogen sich sozusagen am laufenden Band.

Mit dem Ausbruch des Ersten Weltkrieges ging die hochkapitalistische Epoche, das »Laisser-faire«, zu Ende. Sie wurde zunächst durch die Kriegswirtschaft abgelöst, die sich präjudizierend auf die Entwicklung der folgenden Jahrzehnte auswirkte: Der Staat gewann entscheidenden Einfluß auf die Wirtschaft, der Interventionismus setzte sich endgültig durch.

Die russische Revolution von 1917 bildete den Auftakt für die Einführung der sozialistischen Planwirtschaft. Zwischen dem Ersten und dem Zweiten Weltkrieg entschieden sich zahlreiche Länder für den »linken« oder den »rechten« Faschismus. Dabei dominierten je nach Land der »Ständestaat« oder die Staatswirtschaft. Kapitalistische Nationen, wie zum Beispiel die USA, erlebten während der großen Depression der dreißiger Jahre einen historischen Tiefpunkt. Der Kapitalismus war am Ende. Doch inzwischen hatte der Aufstieg des demokratischen, sozialistisch geprägten Wohlfahrtsstaates begonnen. Dieses Phänomen wurde durch den Zweiten Weltkrieg begünstigt. Kriege erwiesen sich stets als Katalysatoren der gesellschaftspolitischen Entwicklung. Mit dem verlorenen Krieg ging der Faschismus in Deutschland, Italien und auf dem Balkan unter. In anderen Staaten, wie in Spanien oder Portugal, aber auch in Lateinamerika, konnte er sich noch Jahrzehnte behaupten, bevor er durch die Demokratie abgelöst wurde.

Nach dem Zweiten Weltkrieg kam es außerhalb der kommunistischen Welt im Rahmen u. a. des GATT (WTO), der Europäischen Wirtschaftsgemeinschaft (EWG, EG, EU) und der EFTA zu einer zügigen Liberalisierung. Man nahm von der Kriegswirtschaft Abschied, wandte sich dem Freihandel zu. Zugleich übernahmen zahlreiche unabhängig gewordene Kolonien in Afrika und Asien die Planwirtschaft, orientierten sich an der Sowjetunion. Etliche blockfreie Staaten führten eine sozialistische Marktwirtschaft ein. Sie entschieden sich für den »dritten Weg« zwischen Kapitalismus und Kommunismus. In den alten Industrienationen gewann der demokratische Sozialismus rasch an Bedeutung. Sowohl in zahlreichen westlichen Ländern als auch in Ozeanien schaffte die Sozialdemokratie – in unterschiedlicher Ausprägung – den Durchbruch. Sie baute die Sozialrechte und die Sozialleistungen rasch aus, überschritt dabei die Grenze vom Sozial- zum Wohlfahrtsstaat.

Mit dem Ende des Aufschwungs der Nachkriegszeit im Jahre 1973 ging die Phase der Prosperität zu Ende. Sie wurde durch eine Wirtschaft in der Krise abgelöst: Es kam zum Bruch des Wachstumstrends, die Weltwirtschaft trat in eine neue Entwicklungsphase ein. Damals machten Gespenster wie »alternde Volkswirtschaften«, »Sklerose«, »Niedergang« und »Untergang« die Runde. Pessimismus breitete sich rasch aus, man war ratlos, die Politiker resignierten. Doch mitten in der Krise der siebziger Jahre entwickelten liberale Ökonomen das Programm der Revitalisierung, der marktwirtschaftlichen Wende, gaben die Richtung für die kommenden Jahrzehnte vor: Mehr Markt statt Interventionismus, Protektionismus und Wohlfahrtsstaat war (und ist) ihre Devise. Damals setzte der Nieder- und Untergang zahlreicher Systeme ein, die Marktwirtschaft trat ihren Siegeszug an.

## Die marktwirtschaftliche Wende

Die Wende vom Wohlfahrtsstaat hin zur Marktwirtschaft vollzog zuerst Großbritannien. Als Margaret Thatcher die Wahlen von 1979 gewann, war das Land an einem historischen Tiefpunkt angelangt. Der Niedergang hatte mit dem Ersten Weltkrieg begonnen, er dauerte demnach fünfundsechzig Jahre. Nun begann eine radikale Liberalisierung, die erfolgreich durchgezogen wurde. Das Schwergewicht lag bei der Privatisierung hochdefizitärer, maroder Staatsunternehmen. Das reichte von Kohle und Stahl über Bahnen und Airlines, von der Telekommunikation über die Wasser- bis hin zur Energieversorgung. Dazu kam der massive Abbau investitionshemmender Regulierungen, so auch – und vor allem – am Arbeitsmarkt. Die Gewerkschaften verloren entscheidend an Einfluß, die Lohnbildung wurde dem Markt übertragen.

Nicht zuletzt sind die radikalen Steuersenkungen zu erwähnen; sie erhöhten die Anreize, mehr zu arbeiten, zu sparen und zu investieren. Ab Mitte der achtziger Jahre wurden (netto) neue Arbeitsplätze geschaffen; die Arbeitslosigkeit ging langsam, aber sicher zurück. Inzwischen ist die Sanierung, die Überwindung des Wohlfahrtsstaates so gründlich gelungen, daß Großbritannien zu den Industrienationen gehört, welche die besten langfristigen Aussichten haben.

Ab 1980 schafften auch die USA eine eindrückliche Wende. Sie begann mit dem Sieg der Republikaner. Unter Reagan kam die angebotsseitige (Supply-side Economics) Politik zum Zuge: Sie löste die nachfrageseitige keynesianische Orientierung ab. Die USA hatten in der Nachkriegszeit auf Schutz nach außen und Erhaltung alter Strukturen im Inneren gesetzt, eine klassische Wohlfahrtspolitik am Markt vorbei betrieben. Dabei verloren sie ständig an Konkurrenzfähigkeit, gerieten auch technologisch ins Hintertreffen. Das Land war 1979 an einem historischen Tiefpunkt angelangt, hatte jedes Vertrauen in sich selbst verloren.

In den USA lag das Schwergewicht zunächst bei einer radikalen Deregulierung: Innovationshemmende Regulierungen wurden zügig abgebaut oder gar beseitigt. Dazu kamen massive Steuererleichterungen, aus den USA wurde ein Niedrigsteuerland. Von herausragender Bedeutung für den Sanierungserfolg war und ist der flexible Arbeitsmarkt. Hier kann, wie anderswo kaum vorstellbar, entlassen und restrukturiert werden. Die Lohnkosten sind seit 1980 im internationalen Vergleich relativ stark gefallen. Die USA erscheinen diesbezüglich nicht erst heute in der mittleren Gruppe der Industrienationen, haben einen entsprechenden Wettbewerbsvorteil errungen. Die Auswirkungen auf die Beschäftigung sind nicht zu übersehen. Die Arbeitslosenquote sank auf jenes Niveau zwischen fünf und sechs Prozent, das aus strukturellen Gründen gar nicht zu unterschreiten ist, ohne die Wirtschaft zu überhitzen und den Gefahren der Inflation auszusetzen.

Nach der Stabilisierung in den achtziger Jahren vollzog sich in den neunziger Jahren eine endgültige Wende: Die amerikanische Wirtschaft vermochte ihre Spitzenposition in allen zukunftsträchtigen Betrieben zurückzuerobern. Das Land befindet sich seit über einem Jahrzehnt in einem neuen langfristigen Aufschwung, kann mit anhaltender Prosperität rechnen.

Das Paradebeispiel des Ausstiegs aus dem Wohlfahrtsstaat in die Marktwirtschaft ist Neuseeland. Das Land trieb in der ersten Hälfte der achtziger Jahre auf den Bankrott zu. Es blieb letztlich nichts anderes übrig, als radikal zu liberalisieren und zu sanieren. Das geschah nicht wie in Großbritannien und den USA durch eine konservative oder liberale, sondern durch eine sozialdemokratische (Labour-)Regierung. Ab 1985 kam es zu einer nahezu umfassenden Umsetzung des marktwirtschaftlichen Programms: Es wurde rasch und konsequent privatisiert. Man setzte die Wirtschaft im Inneren und auch nach außen schonungslos dem Wettbewerb aus. Die Subventionen an die Landwirtschaft wurden kurzfristig auf null gesenkt. Zugleich erschwerte man den Zugang zu Sozialleistungen und baute diese spürbar ab.

Der öffentliche Haushalt wurde vor allem über Ausgabensenkungen saniert: Das machte substantielle Steuererleichterungen möglich, die sich positiv auf Wachstum und Beschäftigung auswirkten. Aus den Maßnahmen ragt die konsequente Liberalisierung des Arbeitsmarktes hervor. Hinfort durfte nur noch auf betrieblicher Ebene verhandelt werden. Das bedeutete das endgültige Aus für die Organisationen der Arbeitnehmer und Arbeitgeber: Ihnen kam keine verhandelnde, sondern nur noch eine beratende Funktion zu.

Nicht zuletzt ist das »New Public Management« zu erwähnen. Es wird in keinem anderen Land so konsequent durchgeführt wie in Neuseeland. Die erwarteten Auswirkungen der marktwirtschaftlichen Wende sind nicht ausgeblieben: Neuseeland ist in die Spitzengruppe der Industrienationen zurückgekehrt. Es ist zum globalen Musterknaben für marktwirtschaftliche Reformen aufgestiegen. Das ist insofern überraschend, als das Land vor 1985 als der älteste Wohlfahrtsstaat der Welt galt.

## Der reale Sozialismus ist am Ende

Am Ende ist auch das Modell der sozialistischen Marktwirtschaft. Es ist eine alte Erfahrung, daß der »dritte Weg«, der Weg zwischen Sozialismus und Marktwirtschaft, an dem einen oder dem anderen Pol endet, auf Dauer keinen Bestand hat. Der entscheidende Unterschied liegt im Eigentum an Kapital, nämlich kollektiv oder individuell. Das kollektive Kapital gehört an sich allen und damit letztlich niemandem. Daher wird damit verantwortungslos umgegangen, der Fehleinsatz ist vorprogrammiert, systemimmanent.

Ein anderes Element der sozialistischen Marktwirtschaft ist die Selbstverwaltung der Betriebe durch die Arbeitnehmer. Das hat zur Folge, daß Rücklagen, Vorsorge für den Unterhalt, die Erneuerung des Produktionsapparates und generell Innovationen vernachlässigt werden. Man zieht es vor, möglichst hohe Löhne an die Mitarbeiter »auszuschütten«, von der Substanz zu leben.

Der Staat mißbraucht die öffentlichen Unternehmen dazu, für mehr Beschäftigung zu sorgen: Dabei werden mehr Arbeitnehmer eingestellt beziehungsweise gehalten, als für eine effiziente Produktion erforderlich ist. Die Verluste werden regelmäßig über Subventionen abgedeckt. Dazu bedient man sich in wachsendem Maße der Verschuldung von Unternehmen und/oder Staat. Es naht unweigerlich der Tag, an dem der Bankrott nicht mehr abzuwenden ist.

Ex-Jugoslawien galt lange als der Musterknabe der sozialistischen Marktwirtschaft. Was daraus geworden ist, weiß jedermann: Das Experiment endete in Mißwirtschaft und Zusammenbruch. Das nicht nur auf dem Balkan, sondern auch in anderen Regionen Mittel- und Osteuropas: Offen blieb nur noch der beschwerliche Weg in die Marktwirtschaft.

Das herausragende Ereignis dieses Jahrhunderts ist der Untergang des realen Sozialismus ab Ende der achtziger Jahre. Es ist nicht gelungen, das alte System zu stabilisieren oder den Ausweg in die Marktwirtschaft einzuschlagen. Der Zusammenbruch begann in Mittel- und Osteuropa. Die einzelnen Ostblockstaaten fielen wie Dominosteine. Mit dem Untergang der ehemaligen Sowjetunion wurden zahlreiche an Planwirtschaft und Kommunismus ausgerichtete Nationen in Afrika, Asien und Lateinamerika in den Abgrund gerissen. Mit der Entspannung zwischen den beiden Supermächten ging das Interesse an ihnen verloren: Sie erhielten kaum noch oder gar keine Hilfe mehr von der einen oder anderen Seite, waren plötzlich auf sich selbst angewiesen, gerieten außer Rand und Band, brachen einfach zusammen.

Die Hinterlassenschaften des realen Sozialismus kann man weltweit sehen, besonders augenfällig in der ehemaligen DDR. Dorthin hat die alte Bundesrepublik inzwischen mehr als tausend Milliarden gepumpt, ohne die Sanierung beenden zu können. Auf dem Weg in die Marktwirtschaft haben – mehr oder weniger aus eigener Kraft – unter anderem Tschechien, Polen, Ungarn und Slowenien große Fortschritte gemacht. Bulgarien, Rumänien und manche Republiken der ehemaligen Sowjetunion hängen hingegen weit zurück.

Rußland befindet sich mitten in einem schwierigen Umbruch. Der Transformationsprozeß in die Marktwirtschaft ist nur partiell gelungen, das sozialistische Element ist nicht zu übersehen. China bewegt sich weiter in den Bahnen der sozialistischen Marktwirtschaft, die privatwirtschaftliche Komponente macht aber rasche Fortschritte. In die gleiche Richtung bewegen sich auch die ehemals planwirtschaftlichen Länder Indochinas, allen voran Vietnam, das sich der Marktwirtschaft geöffnet hat.

Die (liberale) Demokratie hat sich nicht in allen Staaten des ehemaligen Ostblocks durchzusetzen vermocht, so vor allem nicht in China. Hier herrscht die kommunistische Partei weiterhin uneingeschränkt. Dabei darf hier und anderswo, vor allem in Asien, nicht übersehen werden, daß Marktwirtschaft in Theorie und Praxis auch ohne Demokratie möglich und erfolgreich ist. Die alten und neuen aufstrebenden Industrienationen Asiens vollzogen den Übergang vom Feudalismus und/oder dem Kommunismus zur Marktwirtschaft ohne (westliche) Demokratie. Dort, wo diese eine gewisse Tradition hat, so etwa in Indien, ist sie weit davon entfernt, wie die klassischen Demokratien des Westens zu funktionieren.

## Die Endzeit des Wohlfahrtsstaates

Das schwedische Modell des Wohlfahrtsstaates wurde lange als Mittelweg zwischen Kapitalismus und Sozialismus, als Prototyp einer modernen Gesellschaft gepriesen. Zwar wurden die späteren Schwierigkeiten schon 1973 zum Beispiel von R. Huntford in seinem Buch »Wohlfahrtsdiktatur« angekündigt, dabei wurde aber übersehen, daß man einen Wohlfahrtsstaat lange mit massiven Subventionen für nicht konkurrenzfähige Unternehmen und Branchen, über eine im In- und Ausland wachsende Verschuldung und periodische Abwertungen am Leben erhalten kann.

1985 deckte E. Lindberg in »The Rise and Fall of the Swedish Model« die fundamentalen Schwächen dieses Wohlfahrtsstaates schonungslos auf. Er legte überzeugend dar, daß und wieso sich Schweden in einer Systemkrise befinde. Der Niedergang setzte jedoch erst in den neunziger Jahren ein: Der schwedische Wohlfahrtsstaat war nicht mehr finanzierbar, weshalb zu einer Schlankheitskur angesetzt werden mußte.

Noch stehen radikale Reformen aus, sie sind aber nicht mehr lange zu vermeiden: Das schwedische Modell ist faktisch am Ende, das Land wird sich der Marktwirtschaft zuwenden müssen.

Eine besondere Faszination übte in der Nachkriegszeit das japanische Modell aus. Zahlreiche westliche, vor allem europäische Industrienationen erblickten darin die Erfolgsformel der Zukunft. Die westlichen Gewerkschaften waren besonders an der japanischen Vollbeschäftigung interessiert. Sie sprachen von einer Garantie, die im Westen nicht ohne gesetzlichen Zwang zu erreichen sei. Das japanische »Wirtschaftswunder« basiert auf einer Reihe von Triebkräften, die zuerst extrem günstig waren, sich dann allmählich verschlechterten und in den neunziger Jahren erlahmten: Hier vollzog sich der Übergang vom Aufstieg zum Abstieg, es droht der Niedergang.

## Japan – ein Auslaufmodell

Japan übernahm in der Nachkriegszeit die westliche Technologie. Innovationen testeten die Japaner zuerst auf ihrem großen Binnenmarkt. Danach legten sie die Produktionskapazitäten auf die Dimensionen des Weltmarktes aus, profitierten so von den »Economies of Scale«, waren daher preislich nicht zu schlagen. Das paarte sich mit niedrigen Lohnkosten, zu vernachlässigenden Soziallasten und einem weitgehend fehlenden Umweltschutz. Man arbeitete mit eiserner Disziplin, verzichtete auf Ferien, die Gewerkschaften sicherten den Arbeitsfrieden ab.

Die Rahmenbedingungen waren extrem wirtschaftsfreundlich. Dafür sorgte die liberale Partei, die bis Anfang der neunziger Jahre allein regieren konnte. Die eigentliche Macht lag und liegt aber weniger bei der Regierung als im Wirtschaftsministerium und den Mammutunternehmen, die zudem intensiv miteinander verflochten sind: Sie bilden die »Japan AG«, ein extrem korporatives Wirtschaftssystem.

Die Endzeit des japanischen Systems zeichnete sich im Laufe

der achtziger Jahre ab. Die Lohnkosten näherten sich dem westlichen Niveau, dem Ruf nach mehr Sozialleistungen und Umweltschutz mußte nachgegeben werden. Den USA gelang es, Japan auf dem Gebiet der High-Tech zu überholen. Zugleich übernahm sich Japan mit dem Kauf – aus Prestigegründen – von Unternehmen und Immobilien im Ausland, das auch noch auf dem Höhepunkt der entsprechenden Zyklen. Im Inland boomten Aktien-, Immobilien- und Kreditmarkt, das Land übernahm sich dabei definitiv. Derweil stürmten neue Industrienationen in Asien nach vorne, fingen an, Japan zu bedrängen. Dazu gesellte sich in den neunziger Jahren eine nachlassende politische und soziale Stabilität: Die traditionellen Kräfte verfügten nicht mehr über die politische Mehrheit, mußten sogar in Koalitionen mit den Sozialdemokraten einwilligen.

Der langfristige Aufschwung der Nachkriegszeit ging 1989/90 definitiv zu Ende. Im Zuge einer erlahmenden wirtschaftlichen Dynamik geriet die Vollbeschäftigung unter Druck, zur allgemeinen Überraschung kam es zu steigender Arbeitslosigkeit. Das japanische Modell ist nicht erst heute am Verblassen, inzwischen hat es faktisch ausgedient. Japan kann nicht zur alten Dynamik zurückkehren, ohne sich marktwirtschaftlich radikal zu erneuern. Doch dafür sind die Chancen aus traditionellen Gründen als gering einzuschätzen.

## Aufstieg und Niedergang

Über die Ursachen von Aufstieg, Niedergang und Untergang von der Antike bis in die Gegenwart wurde im zwanzigsten Jahrhundert intensiv geforscht und geschrieben. Dabei ragen die monumentalen Werke von O. Spengler »Untergang des Abendlandes« (1923) und von A. J. Toynbee »Der Gang der Weltgeschichte« (1972) heraus. Überblickt man die Argumentation von Historikern, Philosophen, Soziologen und Ökonomen, so gibt es eine Gemeinsamkeit: Für den Untergang von Kulturen, Reichen und Zivilisationen sind der mangelnde Wille und die Unfähigkeit verantwortlich, sich fundamental veränderten Verhältnissen anzupassen und zu innovieren.

Wer nicht Ökonom ist, der übersieht meist die ökonomische Dimension. Das ist insofern verständlich, als Nichtökonomen von der Ausbildung her weitgehend in anderen Kategorien denken und handeln. Es ist mehr als problematisch, wirtschaftliche Faktoren als sekundär einzustufen, sie nicht in den Mittelpunkt zu rücken. Die ökonomische und finanzielle Prosperität ist die unverzichtbare Voraussetzung für Kultur, Zivilisation und (politische) Macht. Daher ist eine Reihe zusätzlicher Faktoren zu berücksichtigen, die in den Untergang führen. Das ist hier aber weder möglich noch nötig, dafür sei auf mein Buch »Countdown 2000. Chancen einer nachhaltigen Gesellschaft« (1997) hingewiesen.

In den Mittelpunkt des Interesses rückt das Standardwerk »Aufstieg und Niedergang von Nationen« von M. Olson aus dem Jahre 1982. Darin formuliert er neun Thesen (S. 98), die er ausgiebig testet, um so den Niedergang zu erklären. Seine Aussagen kann man wie folgt auf ihren Kern reduzieren: Je weniger die Marktkräfte von den politischen Parteien und Wirtschaftsverbänden akzeptiert werden und je mehr die Bürokratie expandiert, desto rascher nimmt der Handlungsspielraum der Wirtschaft ab. Sie kann den wachstumsbedingten und wachstumsnotwendigen Strukturwandel nicht mehr vollziehen: Daher altert sie zunehmend, verliert an Dynamik. Es geht nicht mehr in Stufen oder Stadien (W. W. Rostow, 1960) aufwärts, es vollzieht sich vielmehr der Wechsel in den Abstieg und Niedergang. Dem kann sich eine Gesellschaft nur entziehen, indem sie zu einer radikalen Liberalisierung schreitet.

Dazu gehören nach Olson (S. 308) und anderen Autoren unter anderem Privatisierung, Deregulierung, Aufhebung aller Gesetze, die Sonderinteressen dienen, vor allem Gesetze, die Kartelle rigoros bekämpfen. Löhne sind auf individueller und/oder betrieblicher, nicht auf kollektiver Ebene auszuhandeln. Jedes Land muß sich konsequent im Inneren und nach außen öffnen, darauf verzichten, neue Technologien – die eigentliche Quelle wirtschaftlichen Wachstums – zu be- oder zu verhindern. Daran führt, ob man es mag oder nicht, kein Weg vorbei. Wer dazu nicht willens und fähig ist, auf den warten der Niedergang und auch der Untergang.

Dem Abstieg, Niedergang oder gar Untergang können (Industrie-)Nationen durchaus entrinnen. Dazu sind tiefgreifende marktwirtschaftliche Reformen aber unverzichtbar. Nach einer Übergangsphase von fünf bis zehn Jahren gibt es wieder Wachstum, Wohlstand und mehr Beschäftigung. Es vollzieht sich der endgültige Wechsel in den erneuten langfristigen Aufschwung. Das haben bisher aber nur wenige (alte) Industrienationen geschafft. Es sind dies Großbritannien, die USA, Neuseeland, Kanada und Australien. In Lateinamerika machte Chile einen spektakulären Wandel aus dem Bankrott der siebziger Jahre in einen dauerhaften Aufstieg durch. Das Land avancierte zum Musterknaben von Südamerika, hat zahlreiche Bewunderer gewonnen, die an eine Nachahmung des Erfolges denken und vorhaben, entsprechend zu handeln.

## Nachholbedarf in Europa

In Kontinentaleuropa kommen die marktwirtschaftlichen Reformen nur zaghaft, nicht überzeugend voran. Die Wende vom Abstieg in den Aufstieg ist bisher ausgeblieben. Hier konnte sich die Überzeugung noch nicht durchsetzen, daß es keinen anderen Weg mehr als die Marktwirtschaft gibt, um zu erneuter Wachstumsdynamik und weniger Arbeitslosigkeit zurückzukehren. Es wird weiter auf die keynesianische, nachfrageseitige Wirtschaftspolitik gesetzt. Man fürchtet sich vor den sozialen und politischen Auswirkungen einer radikalen Liberalisierung, schiebt die überfälligen Reformen hinaus. Die Ausnahme bilden die Niederlande, die mit der Sanierung des Wohlfahrtsstaates am weitesten vorangekommen sind. Wo auf dem alten Kontinent privatisiert und (in Maßen) liberalisiert wird, erfolgt dies nicht aus Überzeugung, sondern eher widerwillig unter dem Druck der Globalisierung der Weltwirtschaft.

Zieht man eine Bilanz der letzten zwanzig Jahre, so ist nicht zu übersehen, daß nur die Marktwirtschaft übriggeblieben, alles andere zum Auslaufmodell geworden ist. Zugleich hat die liberale Demokratie – außerhalb Asiens – den Durchbruch geschafft. Das veranlaßte F. Fukuyama Anfang der neunziger Jahre zu der Aussage, die Geschichte sei an ihrem Ende angelangt. Ein besserer Zustand sei nicht mehr zu erreichen, die Welt lebe sozusagen in idealen Verhältnissen. Es ist voreilig, diesen Optimismus zu teilen, denn er widerspricht jeder historischen Erfahrung. Die Geschichte der Menschheit zeichnet sich vielmehr durch ein Kommen und Gehen von ökonomischen und politischen Systemen aus. Faktisch sind Marktwirtschaft und Demokratie nur Episoden der langen (Welt-)Geschichte: Beide dürften in einer nicht allzu fernen Zukunft zunehmend durch alte und neue Systeme abgelöst werden.

Die Schweiz versteht sich, trotz globaler Umwälzung, weiterhin als ein herausragendes Modell für diese Welt, das von niemandem auch nur annähernd realisiert wurde. Sie sieht daher keinen Anlaß, tiefgreifende politische und marktwirtschaftliche Reformen durchzuführen. Das Land bewegt sich unbeirrt in traditionellen Bahnen, ist überzeugt, bestens für das einundzwanzigste Jahrhundert gerüstet zu sein. Nun stellt sich die Frage, ob die Schweiz wirklich jenes Modell ist, für das es die erdrückende Zahl seiner Einwohner hält. Wie ist es tatsächlich um den weltbekannten Sonderfall bestellt, wird er alle anderen Systeme – auch die Marktwirtschaft – überleben?

# Elemente des Sonderfalls

Die Schweiz kennt zahlreiche Elemente, die aus ihrer Sicht den Sonderfall ausmachen. Sie ist in vielfältiger Art und Weise nicht ein Land wie jedes andere, sondern ein herausragendes (Sonder-)Modell. Darauf sind die Schweizer schon lange stolz, pflegen ihre Eigenarten, sorgen dafür, daß daran keine Abstriche gemacht werden. Daher sind sie folgerichtig darauf aus, Traditionen um jeden Preis zu wahren, Mythen, Dogmen und Tabus nicht antasten zu lassen. Wer sich nicht daran hält, läuft Gefahr, ein schlechter Schweizer zu sein, sich unschweizerisch zu verhalten. In einer ersten Annäherung ist es daher wichtig und nützlich, jene Elemente auszumachen, die nicht zum Sonderfall beitragen, weil sie auch andere Nationen prägen.

## Kein Sonderfall

Die Schweiz hat keinen Zugang zum Meer, ist daher ein Binnenland, zeichnet sich durch eine kontinentale Lage aus. Das ist ein Nachteil, den auch andere Länder, wie Luxemburg, Österreich, die Slowakei, Tschechien und Ungarn, in Kauf nehmen müssen. Die Abhängigkeit von Verkehrswegen ausländischer Staaten ist kein Grund, sich abzusondern, sondern sich zu integrieren.

Nicht nur die Schweiz, sondern auch – und vor allem – Österreich befindet sich im »Herzen Europas«. Die Schweiz hält sich im Nord-Süd-Verkehr für unvermeidbar, denkt und handelt noch immer im Geiste der Alpenübergänge früherer Jahrhunderte. Je mehr sie diese Position strapaziert, desto größer wird die Gefahr, umfahren zu werden. Es droht im Osten und Westen der »By-Pass« sowohl im Straßen- als auch im Bahnverkehr. Die Schweiz macht sich in dieser Beziehung selbst überflüssig.

Die Schweiz war lange das einzige Land, das es ohne natürliche Ressourcen zu (welt-)höchstem Wohlstand gebracht hat. Zwar hat sie allen Grund, darauf stolz zu sein, inzwischen haben das jedoch auch andere Nationen erreicht. So ist zum Beispiel Japan in der Nachkriegszeit (viel) rascher gewachsen, hat entsprechend aufgeholt. Nicht zu übersehen sind neu industrialisierte Länder (NIC) in Südostasien, wie Hongkong, Südkorea, Singapur und Taiwan, die nicht erst heute sehr rasch wachsen, die die Schweiz ein- und überholen können.

Weltberühmt ist die Schweiz wegen ihrer einmaligen Landschaft, aber auch für ihren Käse, ihre Uhren und ihre Schokolade sowie als touristisches Land. Doch inzwischen können auch andere Käse, Uhren und Schokolade in höchster Qualität herstellen. Eine Ausnahme bleiben die Luxusuhren.

Die Schweiz ist nicht das einzige Alpenland; auch Teile von Frankreich, Italien, Österreich und Deutschland liegen in den Alpen. Darüber hinaus kennt die Welt Landschaften, die sich mit jener der Schweiz weitgehend messen können. Sie werden nicht selten mit dem Prädikat »Schweiz« versehen, so die »Sächsische Schweiz«. Im Tourismus haben andere Länder längst aufgeholt; nicht nur unsere Nachbarstaaten, sondern auch Nordamerika, das zu einer beliebten winterlichen Destination geworden ist. Schließlich geht es nicht nur um die »einmalige Landschaft«, sondern auch darum, was man daraus – wohlstandsmäßig – zu machen imstande ist.

Die Schweiz ist darauf stolz, ein »Vielvölkerstaat« zu sein, in dem Deutsch, Französisch, Italienisch und Rätoromanisch sprechende Einwohner friedlich zusammenleben. Doch das ist, wenn überhaupt, nur bedingt ein Sonderfall, denn die Welt kennt zahlreiche »gemischte« Staaten mit einer ähnlichen oder noch größeren Vielfalt. Der Sonderfall besteht nur darin, daß es der Schweiz bisher besser als anderen gelungen ist, mehrere Sprachen, Kulturen und Religionen zu integrieren. Doch dafür wurde ein hoher Preis bezahlt. Die wirtschaftliche Leistungsfähigkeit machte es möglich, für den erforderlichen finanziellen Ausgleich zwischen den (Sprach-)Regionen zu sorgen. Ob das auch künftig möglich sein wird, ist gegenwärtig eine offene Frage.

Der soziale Frieden ist ein herausragendes Element. Das war allerdings nicht immer so. Den Auftakt bildete das »Friedensabkommen« aus dem Jahre 1937, in dem die Organisationen der Arbeitgeber und Arbeitnehmer der Metall- und Uhrenindustrie vereinbarten, auf Kampfmaßnahmen zu verzichten, ihre Differenzen friedlich beizulegen und sich einem Schiedsgericht zu unterziehen.

Nun ist es aber nicht so, daß die Schweiz allein sozialen Frieden hat. Nicht minder gute Beziehungen zwischen den Sozialpartnern findet man unter anderem auch in den skandinavischen Ländern, in Deutschland, Österreich und den Niederlanden vor. Zugleich sind Denken und Handeln in den Kategorien des Klassenkampfes im Laufe der letzten zehn bis zwanzig Jahre beispielsweise auch in Kanada, Großbritannien, Neuseeland und den USA weitgehend verschwunden. Darüber hinaus spielen die Gewerkschaften in Belgien, Frankreich, Italien oder Spanien nicht mehr eine so dominante Rolle wie noch vor zehn bis fünfzehn Jahren.

Neu kommt hinzu, daß der soziale Frieden in der Schweiz inzwischen brüchig geworden ist. In den neunziger Jahren zeigte es sich, daß die Gewerkschaften nicht mehr bedingungslos hinter dem Friedensabkommen stehen. Sie sind nicht mehr bereit, auf Kampfmaßnahmen zu verzichten, um ihre Einkommens- und Sozialforderungen durchzusetzen.

Der schweizerische Sonderfall wird weltweit synonym mit politischer Stabilität gehandelt. Das Land war stets bemüht, die Beteiligung an der Macht jeweils so breit zu verankern, daß sich niemand davon ausgeschlossen fühlte. Der letzte Meilenstein in dieser Entwicklung ist die Zauberformel aus dem Jahre 1959: Seit knapp vierzig Jahren setzt sich die Regierung aus je zwei Vertretern der Freisinnig-Demokratischen Partei (FDP), der Sozialdemokratischen Partei (SPS) und der Christlich-Demokratischen Partei (CVP) und einem Mitglied der Schweizerischen Volkspartei (SVP) zusammen. Seit damals hat es hierzulande keinen Regierungswechsel gegeben, es wurden nicht Parteien, sondern nur Minister ausgewechselt. Das ist zwar einzigartig, es handelt sich aber nicht um eine dynamische, sondern um eine statische Stabilität: Sie vermochte bis heute nicht dem Wandel in In- und Ausland gerecht zu werden, ist zur politischen Sterilität degeneriert.

Wer sich in der Welt umschaut, der entdeckt zahlreiche Länder mit einer politischen Stabilität, die kaum hinter jener der Schweiz zurückbleibt. Alte Demokratien wie Australien, Kanada, Großbritannien, Neuseeland und die USA sind nicht weniger stabil als die Schweiz. Aber auch in Kontinentaleuropa zeichnen sich zahlreiche Länder durch eine hohe politische Stabilität aus. Dazu gehören zum Beispiel die Bundesrepublik Deutschland, Luxemburg, die Niederlande, Österreich und alle skandinavischen Staaten. Sie haben aber dank einer kleinen Zahl politischer Parteien und dem Mehrheitswahlsystem den entscheidenden Vorteil, über eine dynamische Stabilität zu verfügen und zu einem Wechsel fähig zu sein, wenn er sich als (ökonomisch) notwendig erweist. Einigen dieser Demokratien ist es ab den achtziger Jahren gelungen, die marktwirtschaftliche Wende einzuleiten und durchzuziehen, den Wohlfahrtsstaat durch »mehr Markt« weitgehend abzulösen, um so zu (mehr) Prosperität zurückzukehren.

Genau das ist der Schweiz aber nicht gelungen, sie setzt ihre traditionelle (Wohlfahrts-)Politik fort.

## Sechsmal Sonderfall

Die bisher erörterten Punkte reichen nicht aus, um aus der Schweiz einen Sonderfall zu machen – trotz zahlreicher Nuancen. Daher ist nun nach Merkmalen Ausschau zu halten, die als einzigartig gelten können. Es lassen sich sechs Elemente feststellen, die das Land prägen, anderswo nicht oder nur in bescheidenem Ausmaß anzutreffen sind. Sie entsprechen dem schweizerischen Selbstverständnis des Sonderfalls.

*Freiheit*

Die Schweiz versteht sich als das älteste freiheitliche Land, wird auch im Ausland so gesehen: Sie hat stets »fremde Richter« abgelehnt. Bewundert wird von jeher der Freiheitskampf der alten Eidgenossen. Es gelang ihnen in mehreren Schlachten, die (Fremd-)Herrschaft der Habsburger abzuschütteln, um sich als freies Land zu etablieren. Nach traditioneller Version wurde die (Ur-)Schweiz – sie bestand damals aus den Kantonen Uri, Schwyz und Unterwalden – im Jahre 1291 gegründet. Im Laufe der Jahrhunderte kamen zahlreiche andere Kantone dazu, so zuletzt 1815 nach dem Wiener Kongreß, auf dem Europa neu geordnet wurde.

Die alten Eidgenossen haben sich regelmäßig nach außen verteidigen müssen. Sie waren dabei so erfolgreich, daß sie den Nimbus der militärischen Unschlagbarkeit erwarben. Die einzige Ausnahme ist die Besetzung des Landes durch Napoleon im Jahre 1798. Doch das war nur eine kurze Episode. Zwischen 1815 und dem Ersten Weltkrieg wurde die Schweiz nicht mehr von ausländischen Mächten herausgefordert. Schließlich hat sie sowohl den

Ersten wie auch den Zweiten Weltkrieg ohne Fremdherrschaft überlebt. Zwischen 1939 und 1945 war sie von faschistischen Regimes umgeben und auf sich allein angewiesen: Die Schweiz stieg in dieser Zeit zum Symbol der Freiheit in einer unheilen Welt auf. Davon hat das Land bis vor kurzem kräftig profitiert, inzwischen wurde sie aber vom Schatten des Zweiten Weltkrieges in einer unerwarteten Art und Weise eingeholt.

*Direkte Demokratie*

Ist von Demokratie die Rede, so denken nicht wenige automatisch an die Schweiz. Sie hält sich für die älteste Demokratie der Welt, datiert den Beginn auf das Jahr 1291. Das gewohnte Symbol ist die Landsgemeinde, in der sich freie Bürger periodisch treffen, um die Regierung und eigene Richter zu wählen. Die Institution der Landsgemeinde hat im Laufe der Zeit jedoch an Bedeutung verloren, heute ist sie am Sterben. Das Volk entscheidet auf kantonaler und kommunaler Ebene mit dem Stimmzettel, demnach in geheimer Wahl. Die Stimmbeteiligung ist in der Regel niedrig, hat in den letzten Jahrzehnten stark nachgelassen.

Die direkte Demokratie ist zweifelsfrei ein herausragender Sonderfall. Kein Land, auch die USA nicht, kennt derart ausgeprägte Volksrechte wie die Schweiz. Dabei darf man aber nicht übersehen, daß die (neue) Eidgenossenschaft vor ihrer Gründung im Jahre 1848 beziehungsweise der neuen Bundesverfassung von 1874 weder das Referendum noch die Volksinitiative kannte. Damals herrschte parlamentarische Demokratie, in der nach dem Majorzsystem, dem Mehrheitswahlsystem, gewählt wurde. Die absolute Mehrheit fiel dabei auf Bundesebene den »Radikalen« zu, welche das Land bis 1891 allein regierten, erst 1943 die Mehrheit in der Regierung verloren.

Das Referendum wurde bei der Verfassungsrevision von 1874 eingeführt. Bestimmte Entscheide des Parlaments *müssen auf jeden Fall* dem Volk unterbreitet werden (obligatorisches Referendum): Dieses hat demnach das letzte Wort. Im Falle des fakultativen Referendums ist eine Mindestzahl von Unterschriften erforderlich, um eine Volksabstimmung zu erzwingen. Das Referendum ist ein defensives, bremsendes Instrument, ein Gegengewicht zu Legislative und Exekutive. Es war damals eine Konzession vor allem an die aufkommenden Wirtschaftsverbände. Das Referendum bildet den Auftakt zum schweizerischen »Verbändestaat«, zum korporativen Wirtschaftssystem. Damit rückte die Schweiz langsam, aber sicher weg vom »Laissez-faire« hin zu Schutzmaßnahmen nach außen und Kartellen im Innern. In der faktischen politischen Willensbildung verdrängten die großen Wirtschaftsverbände zunehmend die politischen Parteien.

Die Volksinitiative kam 1891 mit dem sechshundertjährigen Jubiläum zum Zuge. Sie war im wesentlichen ein Entgegenkommen gegenüber der katholischen Minderheit, die sich in einem allein von Radikalen regierten Bundesstaat nicht wohl fühlte. Hinfort hatten sie und andere die Möglichkeit, Unterschriften zu sammeln, um so mit eigenen Vorlagen in eine Volksabstimmung zu ziehen. Die Volksinitiative ist ein offensives Instrument. Bis nach dem Zweiten Weltkrieg wurde davon eher selten – bei Anliegen von nationalem Interesse – Gebrauch gemacht. Inzwischen gibt es eine Flut von Volksinitiativen (und Referenden); dieses Instrument ist auf dem Weg, überstrapaziert und mißbraucht zu werden. Gleichzeitig ist eine im Trend sinkende Stimmbeteiligung zu beklagen.

*Föderalismus*

Es gibt eine Reihe neuer und alter föderalistischer Staaten, wie Kanada, die USA und die Bundesrepublik Deutschland; der schweizerische Föderalismus geht aber am weitesten, er hat eine besondere Ausprägung. In der alten Eidgenossenschaft haben die Kantone mehr oder weniger lose zusammengearbeitet, vor allem bei der Abwehr von Bedrohungen aus dem Ausland. Sie blieben aber stets souveräne Gebilde, nicht wenige von ihnen nannten sich auch »Staaten«.

Das änderte sich 1848, als die Kantone sich auf die Gründung eines Bundesstaates einigten. Die damals regierenden Radikalen traten sogar mit dem Ziel an, einen funktionsfähigen Zentralstaat zu schaffen, um den »Kantönligeist« zu überwinden. Es wurde jedoch von Anfang an doppelgleisig gefahren: mit zwei Kammern, dem Nationalrat und dem Ständerat, dem »Stöckli«. Die Vollkantone erhielten unabhängig von Fläche, Bevölkerungszahl und Wirtschaftskraft zwei Sitze im Ständerat, den Halbkantonen wurde ein Sitz zugebilligt. Daran hat sich bis heute nichts geändert.

Schon im Laufe der ersten Jahrzehnte der neuen Eidgenossenschaft erwies es sich als notwendig, auf vielfältige kantonale Interessen und Widerstände gegen den Zentralstaat Rücksicht zu nehmen. Der Föderalismus konnte sich also nicht nur retten, sondern auch erholen und zu einem unüberwindbaren Element entwickeln. Er ist letztlich das Ergebnis der fehlenden Bereitschaft, sich in den Zentralstaat zu integrieren, nationalen vor kantonalen und regionalen Interessen den Vorrang einzuräumen.

Wenn in Volksabstimmungen auch die Mehrheit der Kantone (Stände) erforderlich ist, so kann der erdrückende Wille der schweizerischen Wählermehrheit außer Kraft gesetzt werden. Daher ist das »Ständemehr« ein ähnlich defensives Instrument der nationalen Politik wie das Referendum, insbesondere in dessen fakultativer Version.

*Neutralität*

Die Neutralität ist auf den ersten Blick hin kaum ein Sonderfall. In Europa waren oder sind Finnland, Österreich und Schweden neutrale Staaten – allerdings nicht so lange wie die Schweiz, die sich seit Jahrhunderten erfolgreich aus »fremden Händel« heraushalten konnte. Sie konnte auch die beiden Weltkriege ohne fremde Besetzung überleben. Dabei ist sie zum neutralen Land par excellence aufgestiegen.

Im »zivilen« Bereich stand die Schweiz nach offizieller Version stets auf der Seite der freiheitlichen Nationen, hat sich gegen faschistische Regimes in der nahen und fernen Umgebung abgegrenzt. Allerdings trat sie bis heute weder der UNO noch der EU bei. Zum GATT, der heutigen WTO, gesellte sie sich erst 1964, demnach siebzehn Jahre nach dessen Gründung (1947), und das auch nur mit einem Sonderstatus. Die neunziger Jahre brachten die verspätete Mitgliedschaft bei der Weltbank und im Internationalen Währungsfonds (IMF). Die direkte Demokratie hat hier lange bremsend gewirkt: Das »Volk« ließ sich erst nach langjähriger Überzeugungsarbeit zum Ja bewegen. Die anderen neutralen Staaten hatten hier weniger Mühe, sie gehören schon lange allen internationalen Organisationen an, so auch der EU, bilden hier keine Ausnahme mehr. Auch die Schweiz könnte als neutrales Land der UNO und der EU beitreten.

Der Sonderfall ist substantiell erst in Frage gestellt, wenn es um die bewaffnete, militärische Neutralität geht. Daher hat sich die Schweiz keinem Militärbündnis angeschlossen. Sie ist dabei als Schwarzfahrer – zumindest bezüglich der atomaren Verteidigung durch die NATO – gut gefahren. Mit der Entspannung zwischen Ost und West und der Auflösung des Warschauer Paktes ist die äußere Bedrohung auf einen historischen Tiefpunkt gesunken. Damit ist die Frage der militärischen Neutralität nun in radikaler Art und Weise gestellt. Ihre Existenz ist in einer »friedlichen« Umwelt kaum noch zu rechtfertigen. Es ist daher keine Überraschung, daß die Schweiz ihren Willen bekundet hat, der NATO-Partnerschaft für den Frieden beizutreten. Das letzte Wort haben hier aber »Volk und Stände«, das heißt die direkte Demokratie.

*Milizsystem*

Ein herausragender Sonderfall ist zweifelsfrei das Milizsystem. Es wird in keinem anderen Land so ausgeprägt praktiziert. Letztlich entspringt es der ethischen Überzeugung, dem Staat unentgeltlich dienen zu müssen, sich so in den Dienst der Gemeinschaft zu stellen. Die Schweiz unterhält seit jeher eine zahlenmäßig starke Armee, die sich aus Milizsoldaten zusammensetzt. Die professionellen Militärs spielen dabei zahlenmäßig eine bescheidene Rolle. Der Schweizer ist »Bürger und Soldat« zugleich. Im zivilen Bereich ist es üblich, politische, verbandliche und gemeinnützige Funktionen ohne Entgelt auszuüben. Vor allem in kleinen Gemeinden besteht ein Zwang, politische Ämter ohne Bezahlung zu übernehmen. Damit sichert man die Funktionsfähigkeit sonst nicht lebensfähiger Gebilde.

Das Milizsystem führt zu einer Kumulation von Funktionen, wie sie im Ausland so nicht üblich ist. Einzelne Personen nehmen zugleich Spitzenstellungen in Wirtschaft, Politik und Armee ein. So mag jemand dem Parlament angehören, im Militär als Oberst ein Regiment kommandieren, einem Großunternehmen vorstehen und zahlreiche Verwaltungsmandate innehaben. Diese Verflechtung strategischer Positionen führt unausweichlich zu einem Beziehungssystem, das man als »Filz« bezeichnet.

In dem Maße, wie tragende Funktionen nicht getrennt, sondern verflochten sind, haben einzelne Personen die Möglichkeit, so viel Macht auf sich zu vereinigen, daß sie zusammen mit wenigen anderen das Land faktisch beherrschen können. Das räumt ihnen die Chance ein, sich in »turbulenten Zeiten« als »Retter des (Vater)Landes« zu betätigen. Es entspricht dem Selbstverständnis des schweizerischen Establishments, das bei Bedarf auch zu tun. Das Milizsystem ist ein derart konstitutives Element der

Schweiz, daß einflußreiche Kreise auf keinen Fall bereit sind, es aufzugeben.

*Regierungssystem*
Die Schweiz kennt ein besonderes Regierungssystem; es ist ein einmaliger Sonderfall in der Welt. Es gibt keinen Staatspräsidenten, der dieses Amt als exklusives Oberhaupt ausübt. Der Bundespräsident wird jeweils für ein Jahr durch das Parlament gewählt; er ist einer der sieben Bundesräte, die sich jeweils in diesem Amt ablösen. Er betreut in dieser Zeit sein Ressort (zum Beispiel das Finanzministerium) weiter, hat eine doppelte Belastung zu bewältigen. Damit ist er ein Primus inter pares, präsidiert die Sitzungen der Landesregierung. Diese tritt in der Regel einmal in der Woche zusammen, um die laufenden Geschäfte zu beraten und darüber zu entscheiden.

Die sieben Bundesräte werden – jeweils bei Vakanzen – einzeln durch die Vereinigte Bundesversammlung gewählt. Diese setzt sich aus zweihundert National- und sechsundvierzig Ständeräten zusammen. Ein Bundesrat ist nicht seiner Partei, sondern ausschließlich dem Lande gegenüber verpflichtet, hat einen entsprechend großen Handlungsspielraum. Der Gesamtbundesrat wird – einzeln – jeweils am Anfang einer Legislaturperiode von vier Jahren, das nächste Mal im Dezember 1999, bestätigt oder verändert. Zu einer Abwahl kam es in der hundertfünfzigjährigen Geschichte höchst selten. Das verleiht der Regierung eine außerordentliche Kontinuität und Stabilität. Die Zusammensetzung des Bundesrates hängt letztlich kaum vom Ausgang der Parlamentswahlen ab.

Die sieben Bundesräte verstehen sich als Kollegialsystem, als ein homogenes Gebilde. Sie treffen die Entscheidungen in der Regel einstimmig. Diese Homogenität des Bundesrates hat in den letzten Jahrzehnten aber entscheidend abgenommen. Nicht selten wird in »wechselnden Koalitionen« vier zu drei entschieden, demnach nach dem Majorzprinzip. Daher ist es möglich und üblich, daß nicht alle Bundesräte in der Öffentlichkeit entschlossen hinter einem Regierungsentscheid stehen; so etwa bei der Volksabstimmung zum EWR-Beitritt im Jahre 1992.

Die Schweiz kennt faktisch kein Mißtrauensvotum gegenüber dem Gesamtbundesrat oder einzelnen Mitgliedern. Es wird keine »Vertrauensfrage« gestellt. So kann die Regierung nicht abgewählt werden, sie benötigt nicht das Vertrauen des Parlaments, solange es nicht um Ersatz- und Erneuerungswahlen geht. Scheitern Vorlagen der Regierung, so müssen Bundesräte weder kollektiv noch individuell persönliche Konsequenzen ziehen. Sie können dem Parlament neue, abgeänderte Vorlagen unterbreiten oder darauf verzichten. So gesehen ist in der Schweiz eine Regierungskrise nicht möglich, das System ist daher zu jeder Zeit von extremer Stabilität.

Die Schweiz kennt auch keine »Koalitionsregierung«, wie sie im Ausland üblich ist. Die Regierungsparteien führen unregelmäßig nicht institutionalisierte Gespräche über einzelne Probleme und/oder Legislaturziele: Diese sind aber weder für die Regierung noch für die Parteien verbindlich. Da ein Fraktionszwang fehlt, die einzelnen Parlamentarier weder der Partei noch der Regierung verpflichtet sind, kann eine Koalitionsregierung in der Praxis gar nicht funktionieren.

Die am Bundesrat beteiligten Parteien sind in ihrem Verhalten völlig frei. Sie können ohne weiteres in Opposition zu jener Regierung stehen, der sie angehören. In der Schweiz spielt sich die Opposition gegenwärtig mehr inner- als außerhalb der Vierparteien-Regierung ab. Vorlagen können sowohl im Parlament als auch bei Volksabstimmungen durch Regierungsparteien zu Fall gebracht werden. Das letzte Wort hat ohnehin das »Volk«, das auch selbst die Initiative ergreifen und in einem Referendum Entscheide rückgängig machen kann: Die Schweiz ist eben eine »Volksdemokratie«.

# Aufstieg des Sonderfalls

Die Schweiz erreichte bereits im achtzehnten Jahrhundert einen beachtlichen Entwicklungsstand an gewerblicher und industrieller Aktivität, so insbesondere in der Textil- und in der Uhrenindustrie. Die frühzeitige Entstehung der Textilindustrie verdankt das Land aus Frankreich eingewanderten Hugenotten und einer außergewöhnlichen Flexibilität darin, »fremde Techniken« anzuwenden. Die Uhrenindustrie kam ebenfalls aus Frankreich und verbreitete sich rasch von Genf aus über den Jura bis hin nach Schaffhausen. Durch das Zunftwesen waren Bevölkerung und Wirtschaft in den Städten konzentriert. Rührige Handwerker, die durch die Zünfte be- und verhindert wurden, wanderten auf das zunftfreie Land ab, legten damit den Grundstein für die räumliche Dezentralisierung.

Nachdem die industrielle Revolution in England um 1750 begonnen hatte, ging das Vereinigte Königreich dazu über, die Konkurrenten auf dem Weltmarkt zu verdrängen. Die Schweiz verlor innerhalb kurzer Zeit ihre weltweiten Textilmärkte. Ab 1790 wurde das Land von einer katastrophalen Wirtschaftskrise heimgesucht. Der Privatwirtschaft eilte damals keine staatliche Institution zu Hilfe: Sie mußte, auf sich selbst angewiesen, selbst in die Offensive gehen.

Während der Napoleonischen Kriege wurde in Verletzung des englischen Exportverbotes eine Textilmaschine über Frankreich in die Schweiz eingeführt. Hier wurde sie von der Dampf- auf die schweizerische Wasserkraft umgestellt. Das bildete den Auftakt für die Produktion von Textilmaschinen: Die Schweizer Maschinenindustrie wurde 1803 geboren. Sie markiert den Beginn des industriellen Aufstiegs der Schweiz. Zumindest in den Anfängen zeichnete sie sich weniger als Erfinderin, sondern vielmehr als Nachahmerin und Anwenderin englischer Technologie aus.

## Die Industrialisierung

Bis zum Jahre 1830 hatte die Stellung der schweizerischen Exportwirtschaft sich derart gefestigt, daß sich selbst die englische Regierung für die Erfolgsrezepte der helvetischen Industrie interessierte und eine Delegation ins Land schickte. Diese attestierte, daß die Schweiz eine fortgeschrittene und flexible Industrie besitze (Bowring-Report). Im Jahre 1842 wurde die Einkommensbesteuerung von Basel-Stadt (1840) zum Vorbild für die englische Einkommensteuer.

Als der schweizerische Bundesstaat 1848 gegründet wurde, hatte die Schweiz bereits einen gewerblichen und industriellen Stand erreicht, der ein sich selbst tragendes Wachstum sicherte. Während der langen Prosperität bis 1874 verzeichnete die Wirtschaft rasche Fortschritte im Rahmen eines liberalen Wirtschaftssystems ohne staatliche Hilfen. Die »Laisser-faire«-Politik wurde während der anhaltenden Depression bis 1895 grundsätzlich beibehalten. Trotzdem ging man dazu über, Schutzzölle zu erheben und im Inland Subventionen, vor allem an die Landwirtschaft, zu gewähren. Der Interventionismus im Inneren und nach außen gewann zunehmend an Bedeutung, verdrängte allmählich die freie Marktwirtschaft. Die damals erstarrenden großen Wirtschaftsverbände leiteten den Aufstieg der Schweiz zum »Verbändestaat« ein.

Die großen ausländischen Erfindungen der achtziger Jahre des neunzehnten Jahrhunderts, wie die Elektrizität, die Kühltechnik und die Elektrolyse, dominierten den erneuten wirtschaftlichen Aufstieg von 1895 bis zum Ausbruch des Ersten Weltkrieges. In dieser Periode erlebte die schweizerische Textilindustrie ihre Hochblüte. Mit dem Ausbruch des Ersten Weltkrieges ging eine glanzvolle Aufbauperiode der helvetischen Industrie zu Ende. Das schweizerische Wirtschaftsimperium wurde in der Zeit zwischen zwei großen Zäsuren der Weltgeschichte aufgebaut: der Französischen Revolution und dem Ersten Weltkrieg. Die Französische Revolution gewährte der unternehmerischen Initiative in Industrie und Handel freie Bahn. Dies geschah, trotz der restaurativen Verzögerung, in der Schweiz früher und nachhaltiger als im übrigen Kontinentaleuropa, wo der Feudalismus sich noch lange zu halten vermochte. Das gab der Schweiz einen wichtigen industriellen Vorsprung. »Im Ersten Weltkrieg ging das System unter, in dem sich die schweizerischen Pioniere ungehemmt und mit verblüffendem Erfolg hatten entfalten können« (Lorenz Stucki, 1968).

Aus dem Ersten Weltkrieg zog die Schweiz erheblichen Nutzen. Zum einen gab es auf dem inländischen Markt keine ausländischen Konkurrenten, zum anderen profitierte die Exportindustrie von der rasch wachsenden Nachfrage aus den kriegführenden Ländern. Dieses blühende Geschäft begünstigte nur die Unternehmen (und ihre Aktionäre), nicht aber die Arbeitnehmer. Diese mußten im zivilen und militärischen Leben die schweren Lasten des Krieges tragen. Die Lebenshaltungskosten verdoppelten sich zwischen 1914 und 1919, während die Geldlöhne zurückblieben. Die zur Bewachung der Grenzen aufgebotenen Wehrmänner erhielten keinen Lohnersatz. Ihre Angehörigen lebten in bitterer Not und litten an Unterernährung.

## Die Zerreißprobe

Die Schweiz war schlecht auf den Ersten Weltkrieg vorbereitet. Der Bundesstaat stellte nicht viel mehr als eine formelle Gemeinschaft mit starken innenpolitischen Gegensätzen dar. Er war nicht fest in sich gefügt. Die konfessionellen, regionalen und sozialen Minderheiten kamen mit dem von der freisinnig-demokratischen Partei, den Radikalen, regierten Staat nicht zurecht. Daher konnte, wenn überhaupt, nur eine höchst begrenzte »nationale Schicksalsgemeinschaft« zustande kommen. Sie hätte eine längere Zerreißprobe wohl nicht überstanden.

Der Bund besaß gegenüber den Kantonen nur eine bescheidene Macht. Er war nichtsdestotrotz am ehesten der Garant für die Durchsetzung der Interessen der Privatwirtschaft. Seine finanziellen Möglichkeiten wurden aber durch die Maxime »die direkten Steuern den Kantonen, die indirekten Steuern dem Bunde« eingeschränkt; bis zum Ersten Weltkrieg war er auf die Zolleinnahmen angewiesen. Eine öffentliche Verschuldung galt als unseriös. Als der Bund zu Beginn des Ersten Weltkrieges eine Anleihe zur Finanzierung der Militärausgaben auflegen mußte, wurde gleich vom Ruin der öffentlichen Finanzen gesprochen, obwohl man die Militärausgaben niedrig hielt, indem man die Wehrmänner schlecht bezahlte. Soziale Unrast im Lande breitete sich aus.

Die gespannten sozialen Verhältnisse und die Revolutionen in Rußland und Deutschland ließen in bürgerlichen Kreisen die Angst aufkommen, auch in der Schweiz sei ein politischer Umsturz zu erwarten. Es kam zu einem voreiligen Truppenaufgebot, und das provozierte sozusagen den Generalstreik von 1918. Die schweizerische Regierung trat dabei als Gegner oder gar Feind der Arbeiterschaft auf. Sie sah sich aber gezwungen, Kompromisse zu machen: So wurde die Einführung einer Alters- und Hinterlassenen-Versicherung (AHV) versprochen, die allerdings erst am 1. Januar 1948 realisiert wurde, demnach mit einer Verzögerung von dreißig Jahren. Obwohl die Sozialisten im Generalstreik, der nur von rund zwölf Prozent der Arbeiter getragen wurde, ihre Ziele nicht erreichen konnten, blieb eine Radikalisierung aus. Sie lehnten den Beitritt zur kommunistischen Dritten Internationale ab.

Während der zwanziger Jahre distanzierte sich die politische Linke allmählich von revolutionären Zielen und strebte die politische Macht auf dem demokratischen Weg an. Den endgültigen Umschwung brachten die Weltwirtschaftskrise und die politische Entwicklung in Deutschland – zuerst bei den Gewerkschaften (1934) und anschließend bei der sozialdemokratischen Partei (1935). Nun bekannten sich beide zur Demokratie und zum traditionellen nationalen Staat.

Die Schweiz verstand sich zwar seit ihren Anfängen als ein freiheitliches Land, von einem Sonderfall war aber lange keine Rede. Das änderte sich mit der faschistischen Bedrohung in den dreißiger Jahren. Nun bekannte sich das ganze Land im Rahmen der geistigen Landesverteidigung ohne Scheu zum Sonderfall (Peter Dürrenmatt, 1979). Damals kam auch das wegweisende Friedensabkommen (1937) zustande, das den Auftakt zum sozialen Frieden und den Abschied vom »Klassenkampf« bildete. Im Zeichen des Begriffes »Heimat« kam es zu einem Selbstverständnis, das seinen Ausdruck in der Landesausstellung (Landi) von 1939 finden sollte. Die Schweiz verstand sich als ein demokratisches Staatswesen mit liberaler Prägung und föderalistischen Strukturen: Sie fühlte sich zunehmend als eine »heile Insel« in einer »heillosen« Welt. Als es ihr später gelang, den Zweiten Weltkrieg »unversehrt« zu überleben, wurde der helvetische Sonderfall zu einem weltweiten Markenzeichen. Das Modell Schweiz sollte von da an über jeden Zweifel erhaben sein.

Zurück in die dreißiger Jahre. In der Schweiz wirkte sich die weltwirtschaftliche Depression zunächst verzögert aus. Die Bauwirtschaft florierte, erwies sich als erhebliche Stütze der Beschäftigung. Als die anderen Industrieländer 1933 den Tiefpunkt der Krise erreichten, setzte die Depression sich auch in der Schweiz durch. Der Tiefpunkt wurde 1935 mit geschätzten einhunderttausend Arbeitslosen erreicht.

## Die große Depression

Die Regierung betrieb während der ganzen Weltwirtschaftskrise eine deflatorische Wirtschaftspolitik. Sie bremste die gesamtwirtschaftliche Nachfrage und verschärfte so die Krise. Obwohl die Exportindustrie eine Abwertung des Frankens nachhaltig forderte, weigerten sich Regierung und Nationalbank. Der Schweizer Franken galt damals als heilige Kuh, die man entsprechend pflegte, um nicht das Vertrauen in die Währung zu zerstören. Die verspätete Abwertung im Jahre 1936 kam dem Eingeständnis einer verfehlten Wirtschafts- und Finanzpolitik des Bundes während der Weltwirtschaftskrise gleich.

Damit die Vorteile aus der Abwertung nicht über Lohnerhöhungen verlorengingen, wurde das Volkswirtschaftsdepartement ermächtigt, schiedsgerichtlich und endgültig über kollektive Lohnstreitigkeiten zu entscheiden. Im Rahmen der Vollmachten zur Krisenbekämpfung war es dem Staat erlaubt, die Löhne zu fixieren und damit die Tarifautonomie aufzuheben. Über eine strenge Einkommenspolitik konnte der Bund die Interessen der Industrie wahrnehmen.

Die Deflationspolitik wurde über den Höhepunkt der Krise (1935) und die Abwertung hinaus konsequent fortgeführt. In Regierungskreisen wurde ernsthaft die Frage gestellt, ob die Expansion der Staatsausgaben nicht zum Untergang der Demokratie und der Selbständigkeit der Kantone führen werde. Als Antwort darauf wurde ein alter Grundsatz erneuert: »Wir müssen uns daran gewöhnen, die Ausgaben nach den Einkünften der mageren Jahre zu richten. Wenn die fetten Jahre wiederkommen, so wollen wir die Schuldentilgung beschleunigen und die durch die Krise erschöpften Reserven ausfüllen.« Kurz vor dem Ausbruch des Zweiten Weltkrieges kam eine neue Maxime zum Zuge, wonach die Staatsausgaben sich langfristig im Rahmen eines konstanten Anteils am Volkseinkommen bewegen müßten. Das hat sich allerdings bis heute als ein frommer Wunsch erwiesen.

## Prosperität von außen

Im Zweiten Weltkrieg florierte die Exportwirtschaft, es herrschte Vollbeschäftigung, die Löhne zogen erheblich an. Die Fehler des Ersten Weltkrieges wurden vermieden, indem man zahlreiche soziale Maßnahmen ergriff. Die Soldaten profitierten von einer Lohnersatzordnung, die man mit einer zweiprozentigen Belastung des Erwerbseinkommens finanzierte (Lohnprozente). Das präjudizierte die Finanzierung der bereits erwähnten Alters- und Hinterlassenen-Versicherung (AHV), die während des Zweiten Weltkrieges definitiv beschlossen und zum 1. Januar 1948 eingeführt wurde. Für die Nachkriegszeit befürchtete man eine hohe Arbeitslosigkeit, sogar eine Depression. Deshalb wurde ein Delegierter für Arbeitsbeschaffung ernannt, der ein Programm auszuarbeiten hatte. Die sozialpolitische Entwicklung wurde beschleunigt, als die Sozialdemokratische Partei 1943 als Sieger aus den Parlamentswahlen hervorging. Als Folge wurde der erste Sozialdemokrat in die Regierung aufgenommen. Nicht zuletzt ist auch der Ausbau des Steuerstaates im Rahmen des Notrechtes zu erwähnen. Die nahezu gleichzeitige Einführung der Wehrsteuer (Bundes-Einkommensteuer) und der Warenumsatzsteuer sollte das Gleichgewicht in der Belastung von Einkommen und Vermögen einerseits und des Konsums der breiten Schichten andererseits sichern.

Obwohl der Zweite Weltkrieg sich in mancher Hinsicht als Katalysator der sozialen Entwicklung auswirkte, schaffte er in den bürgerlichen Kreisen aber keinen grundsätzlichen Gesinnungswandel. Je länger sich nämlich der Krieg hinzog, desto mehr trafen sie Vorbereitungen, um nach dem Krieg möglichst rasch zu den alten Verhältnissen zurückzukehren.

Gleichzeitig nahm das Bürgertum eine bemerkenswerte, zwiespältige Haltung gegenüber der Politik der Achsenmächte ein und isolierte sich so außenpolitisch. Es ging letztlich darum, im Rahmen einer anpassungsfähigen Defensive keine Chancen auf eine Wiederanknüpfung der Auslandsbeziehungen der Vorkriegszeit zu vergeben. »So trat die Schweiz, aufs Ganze gesehen, den Marsch in eine neue Zukunft bei Kriegsende mit abwehrender Gebärde an, auf sich selbst konzentriert, in mancher Beziehung lieber nach rückwärts als nach vorwärts schauend und oft die Dinge treiben lassend.« (Erich Gruner, 1971)

## Vorsprung

Die Schweiz begann die Nachkriegszeit in einer defensiven Haltung, die geprägt war vom Trauma der Weltwirtschaftskrise und der Bedrohung durch Deutschland. Das schlug sich in einer neuen Wirtschaftsordnung nieder, die im Jahre 1947 vom Volk gebilligt wurde. Der Einfluß der mächtigen Wirtschaftsverbände wurde durch die Einführung des »Vernehmlassungsverfahrens« entscheidend gestärkt: Der Bund räumte hinfort ihnen sowie den politischen Parteien und den Kantonen die Möglichkeit ein, sich zu Gesetzesvorlagen zu äußern, bevor diese parlamentarisch beraten werden. Dadurch wurde das Schwergewicht der politischen Willensbildung aus dem Parlament heraus verlagert.

Als die eigentlichen Verlierer erwiesen sich dabei die politischen Parteien. Sie sind in jeder Beziehung mehr oder weniger von den großen Wirtschaftsverbänden abhängig, zumal ihr Stellenwert schon früher gemindert worden war: Das Proporzgesetz aus dem Jahr 1919 spricht nur von Wählergruppen, nicht von politischen Parteien.

Die Schweiz trat die Nachkriegszeit nicht als Marktwirtschaft, sondern als korporatives Wirtschaftssystem an. Darin dominierten nicht die politischen Parteien, sondern die großen Wirtschaftsverbände. Es wurde und wird daher zu Recht von der schweizerischen Verbandsdemokratie gesprochen.

1945 blieb der allgemein erwartete wirtschaftliche Einbruch aus: Die Schweiz verfügte über intakte Produktionskapazitäten, konnte ihre Exporte fortsetzen und verstärken. Daß die Hochkonjunktur bis 1949 dauerte, überraschte zwar, aber man war darauf bedacht, keine Dämpfungsmaßnahmen zu ergreifen, die die Privatwirtschaft gezügelt hätten. Die Ausgaben für die wirtschaftliche und die militärische Landesverteidigung wurden bis 1948 entscheidend vermindert, was offensichtlich mit Erleichterung registriert wurde. Allerdings engten nun die während des

Zweiten Weltkrieges beschlossenen Sozialwerke den finanziellen Spielraum für den Abbau von Staatsausgaben erheblich ein. Eher resigniert stellten die traditionsgebundenen politischen Kräfte Ende der vierziger Jahre fest, daß die Expansion der Staatsausgaben wieder eingesetzt hatte.

Obwohl ein wachsender Finanzbedarf zu decken war, lehnte das Volk 1948 eine verfassungsmäßige Verankerung der Wehr- und Warenumsatzsteuer ab. Es war offenbar davon überzeugt, daß der Bund auch in Friedenszeiten nicht (mehr) auf diese beiden Steuern verzichten wolle. Nachdem unter dem äußeren Druck und dem politischen Linksrutsch von 1943 der Sozialpolitik der Vorrang vor der Wirtschaftspolitik eingeräumt worden war, kehrte die Schweiz 1948 wieder zum Primat der Privatwirtschaft gegenüber den öffentlichen Sektorausgaben zurück. Die Marschroute der Nachkriegszeit lautete wieder: Was der Privatwirtschaft nützt, ist auch für die Schweiz gut.

## Die goldenen Fünfziger

In den fünfziger Jahren ging es im alten Stil weiter: Das Land war bestrebt, sich außenpolitisch allmählich aus der seit der Weltwirtschaftskrise selbstgewählten Isolation zu lösen. Es sah sich dabei aber schon früh mit intensiven wirtschaftlichen, militärischen und politischen Integrationsbestrebungen in Westeuropa konfrontiert. Auf die Bewahrung ihrer traditionellen Unabhängigkeit bedacht, reagierte die Schweiz mit größter Zurückhaltung. Sie begrüßte indessen die in ihrem Interesse liegende fortschreitende Liberalisierung des Welthandels, denn davon konnte die rasch expandierende Privatwirtschaft große Vorteile erwarten.

Die Exportwirtschaft wurde nachhaltig durch langsam wachsende Lohnkosten, eine im internationalen Vergleich niedrige Steuerbelastung, bescheidene Soziallasten und einen unterbewerteten Schweizer Franken begünstigt. Das wirtschaftliche Wachstum der fünfziger Jahre verlief nicht stürmisch. Es zeichnet sich durch eine geringe Geldentwertung und einen kontinuierlichen Zuzug ausländischer Arbeitnehmer aus. Von einer wachsenden Auslandsnachfrage und von vorteilhaften Produktionskosten profitierend, blühten herkömmliche Branchen wie die Textilindustrie erneut auf, was den erforderlichen Strukturwandel verzögerte. Die industrielle Expansion verlief rascher als jene der traditionellen Dienstleistungsbranchen. Dabei setzte sich der Trend in Richtung einer überindustrialisierten Schweiz immer weiter durch.

Die Bevorzugung der Privatwirtschaft gegenüber dem Staat führte zu einer Unterversorgung mit Staatsleistungen, was sich in den sechziger Jahren als verhängnisvoll erwies. Die AHV startete 1948 mit äußerst bescheidenen Renten. Diese wurden in den fünfziger Jahren nicht den wirtschaftlichen Möglichkeiten und den sozialpolitischen Erfordernissen angepaßt. So expandierte der Nachholbedarf an Sozialleistungen anhaltend, wurde Ende des Jahrzehnts zu einer gravierenden Hypothek. Zugleich versuchte die Regierung mit verschiedenen Ausgabenplänen, die Staatsausgaben besser in den Griff zu bekommen. Doch die verfassungsrechtliche Verankerung von Ausgabenbremsen mißlang.

Im Zuge dieser Entwicklung wurden dringende gesamtschweizerische Aufgaben wie das Nationalstraßennetz, der Ausbau des Erziehungs- und Bildungswesens und die Anpassung der übrigen Infrastruktur an die industrielle Expansion sträflich vernachlässigt. Es kam zu einem aufgestauten Nachholbedarf an öffentlichen Investitionen. Daher vermag es nicht zu erstaunen, daß der Anteil der Bauwirtschaft am Volkseinkommen erst um 1960 die »normale« Höhe von zwölf bis vierzehn Prozent erreichte.

Die Schweiz erlebte nach dem Zweiten Weltkrieg, entgegen einer internationalen Gesetzmäßigkeit, lange keine Erhöhung des Anteils der Staatsausgaben am Volkseinkommen. Die »goldenen fünfziger Jahre« endeten nach traditionellem Verständnis in »bester Ordnung«, doch tatsächlich hatte sich ein bedrohlicher Vorrat an ungelösten nationalen Problemen – insbesondere im öffentlichen Sektor – aufgetürmt. Die Schwierigkeiten der sechziger Jahre waren damit vorgegeben: Überraschungen konnten nicht ausbleiben.

## Der Boom in den Sechzigern

Der 1959 einsetzende konjunkturelle Aufschwung bildete den Auftakt für eine geradezu überbordende Wirtschaftsexpansion, die 1963/64 einen vorläufigen Höhepunkt erreichte. Dieser Boom wurde unter anderem durch eine starke Konkurrenzfähigkeit der helvetischen Exportwirtschaft, einen unterbewerteten Schweizer Franken und eine hervorragende Konjunkturentwicklung bei den wichtigsten Außenhandelspartnern angeheizt. Im Zuge dieses Aufschwungs und dank des zunächst unbeschränkten Zuzugs an ausländischen Arbeitnehmern erlebten sogar Branchen mit einer alternden und veralteten Technologie eine unerwartete und nicht berechtigte Blüte. Im Gegensatz zu anderen hochentwickelten Volkswirtschaften nahm die Beschäftigung im industriellen und gewerblichen Bereich anteilsmäßig rasant zu.

Die Bautätigkeit kletterte auf einen später nie mehr erreichten Anteil am Volkseinkommen. Die Bauwirtschaft begann in den sechziger Jahren, sich immer weiter vom langfristig möglichen und sinnvollen Trend zu entfernen, um der von der Industrie, dem Bevölkerungswachstum und der Einwanderung von ausländischen Arbeitnehmern ausgehenden Nachfrage gerecht zu werden. So bildete sich eine Wirtschaftsstruktur heraus, die sich bedrohlich von den schweizerischen Voraussetzungen und Möglichkeiten entfernte und daher zu einem Dauerproblem wurde. Da die Schweiz, ohne über wirksame verfassungsmäßige finanz- und geldpolitische Instrumente zu verfügen, von dieser Entwicklung überrumpelt wurde, vermochte sie der wuchernden Kreditvergabe der Banken und der überbordenden Bautätigkeit nur mit dringlichen Bundesbeschlüssen – demnach mit Notrecht – Einhalt zu gebieten.

Nun wurde auch der öffentliche Sektor mit seinem hohen Nachholbedarf unaufhaltsam von einer wuchernden Expansion der Staatsausgaben erfaßt. So setzte sich mit einer zeitlichen Verzögerung von fünfzehn Jahren eine kräftige Zunahme des Anteils der Staatsausgaben am Volkseinkommen durch. Daran waren vor allem die Sozialwerke des Bundes, das Verkehrswesen, die Hochschulförderung und die Bundessubventionen beteiligt. Das progressive Wachstum der Staatsausgaben wurde nicht zuletzt durch reichlich fließende Einnahmen ermöglicht. Das Wahljahr 1963 brachte sogar Steuersenkungen, obwohl die konjunkturelle Überhitzung das Gegenteil erfordert hätte. Je rascher die Einnahmen expandierten, desto leichtfertiger ging das Parlament zu einem großzügigen Finanzgebaren über. Dabei setzte sich die Überzeugung durch, zusätzliche Staatsausgaben könnten auf Dauer unbeschränkt finanziert werden.

Im außenwirtschaftlichen Bereich schwankte die Schweiz zwischen einer vorsichtig-defensiven Haltung und einem Abseitsstehen bei der europäischen Integration. Der Nichtbeitritt zur Europäischen Wirtschaftsgemeinschaft (EWG) und der Anschluß an die Freihandelszone (EFTA) zielten auf die Sicherung der größtmöglichen Unabhängigkeit ab. Insbesondere wollte man der schweizerischen Landwirtschaft eine Anpassung an den europäischen Agrarmarkt ersparen. Abschreckend wirkte schon damals der Gedanke an die Freizügigkeit von Arbeitnehmern innerhalb der EWG und die Pflicht zur Gewährung einschneidender Sozialrechte bei einem EWG-Anschluß. Die ablehnende Haltung gegenüber einem Beitritt zu den Vereinten Nationen (UNO) rundet jene außenpolitische Grundhaltung ab, die stark von der Angst des Kleinstaates geprägt war, wirtschaftlich und politisch unterwandert zu werden und die nationale Eigenständigkeit zu verlieren. Dieses Verhalten führte allerdings zu einer Fehleinschätzung der eigenen langfristigen Möglichkeiten.

Der beschleunigte Wandel der sechziger Jahre wurde trotz politischer und wirtschaftlicher Erschütterung als eine vorübergehende Erscheinung angesehen. Daher wurde es versäumt, wirtschaftspolitische Instrumente zur Bewältigung der siebziger Jahre verfassungsmäßig zu verankern. Die innenpolitischen Auseinandersetzungen konzentrierten sich im wesentlichen auf gegenseitige Vorwürfe und drängende Fragen zur Zweckmäßigkeit der dringlichen Bundesbeschlüsse zur Dämpfung der konjunkturellen Überhitzung. Die wirtschaftliche Entspannung mit weiterhin hohen Wachstumsraten der Wirtschaft zwischen 1965 und 1968 erweckte zusammen mit der Begrenzung von ausländischen Arbeitnehmern und einem Abflauen der Inflation den Eindruck, das Schlimmste sei überstanden. Folgerichtig wurden keine Vorkehrungen zur Vermeidung und Bekämpfung eines neuen Booms getroffen. Erwünscht blieb mehrheitlich die größtmögliche Zurückhaltung in der staatlichen Wirtschaftspolitik, um so der Privatwirtschaft die volle Entfaltung zu ermöglichen. Gewerbekreise machten dem Bund den Vorwurf, er hätte mit seinen dringlichen Konjunkturbeschlüssen die Hochkonjunktur abgewürgt. Faktisch hat er damit ein noch stärkeres Überborden verhindert und daher im öffentlichen Interesse richtig gehandelt.

Die siebziger Jahre wurden 1969 mit einem erneuten Konjunkturaufschwung eingeleitet. Dieser nahm wiederum ungeahnte Ausmaße an und dauerte bis zur Erdölkrise vom Herbst 1973. Damals ging der langfristige Aufschwung der Nachkriegszeit zu

Ende. Dieser Zeitpunkt gibt Anlaß, hier jene Elemente des Sonderfalls zu skizzieren, die aus der Nachkriegszeit stammen.

Die Schweiz galt in früheren Jahrhunderten zeitweise als »Armenhaus« von Europa. Es gehörte bis zum Ende des Zweiten Weltkrieges nicht zu den reichen Nationen. Das änderte sich in der Nachkriegszeit entscheidend. Dank intakter Produktionskapazitäten und einer rasch wachsenden Nachfrage aus dem Ausland expandierte die schweizerische Volkswirtschaft derart, daß die Schweiz schon im Laufe der sechziger Jahre in die Gruppe der »reichen Länder« aufstieg und gegen Ende des Jahrzehntes über das (welt-)höchste reale Einkommen je Einwohner verfügte. Das machte aus dem Land einen Sonderfall an wirtschaftlicher Leistungsfähigkeit und bedeutete »Wohlstand für alle«.

## Der Ausbau des Sonderfalls

Berühmt geworden ist die Schweiz vor allem als Finanzplatz. Dessen Aufstieg begann 1935, als die Nationalbank die Banken anwies, künftig Zurückhaltung bei der Erteilung von Auskünften über ausländische Guthaben in der Schweiz zu üben. Das führte faktisch zum totalen Bankgeheimnis; ausgelöst durch die Entwicklung in Deutschland und darüber hinaus. Von dort stammten die zunehmend in die Schweiz verfrachteten jüdischen und anderen Fluchtgelder. Als die Schweiz den Zweiten Weltkrieg unbesetzt überstand, galt sie hinfort als ein sicheres Land. Man war überzeugt, hier könne Kapital in guten und schlechten Zeiten geparkt werden, um es überleben zu lassen. Der schweizerische Finanzplatz durchlief eine stürmische Expansion, obwohl die Erträge dazu kaum Anlaß gaben und die fiskalische Belastung schon damals sehr ungünstig war. Das Sicherheitsstreben dominierte derart, daß Ausländer bereit waren, zeitweise sogar Negativzinsen zu bezahlen, entsprechende Verzichte in Kauf zu nehmen.

In der Nachkriegszeit kam ein in der Welt einmaliges politisches Element des Sonderfalls dazu, namentlich die bereits erwähnte Konkordanzdemokratie. Sie ist wohl eine logische Fortsetzung der Einführung des Proporzwahlsystems (1919) und des Friedensabkommens (1937). Sozusagen als historischer Kompromiß wurde ein zweiter Sozialdemokrat in den Bundesrat gewählt.

Diese Vier-Parteien-Regierung ist bis heute nahezu ausschließlich auf einen möglichst weitgehenden Ausgleich der politischen Interessen bedacht: Sie tat bis dato alles, um den sozialen Frieden und die politische Stabilität zu erhalten, die als helvetische Markenzeichen gelten. Die Konkordanzdemokratie steht im Zeichen des Auf- und Ausbaus eines Wohlfahrtsstaates, zu dem man weltweit nur wenige Parallelen findet, der inzwischen aber zu einem zentralen Problem geworden ist.

Das letzte Element des Sonderfalls ist die permanente Vollbeschäftigung der Nachkriegszeit bis 1973. Ausländische Arbeitskräfte wurden stets als »Konjunkturpuffer« eingesetzt. Wenn man sie nicht mehr benötigte, ließ man sie nach Hause gehen, entlastete so den eigenen Arbeitsmarkt. Im Laufe der sechziger Jahre wurden die ausländischen Arbeitnehmer aber zu einem wachsenden Bestandteil der Wirtschaftsstruktur. Nun war das Land, unabhängig von der Konjunktur, dauerhaft auf mindestens fünfhunderttausend ausländische Arbeitnehmer in der Bauwirtschaft, im Gastgewerbe und im Gesundheitswesen, aber auch in traditionellen Branchen der Industrie angewiesen. Diese Zahl wurde am Ende des langfristigen Aufschwungs 1973 zu einer schweren ökonomischen Hypothek. Die Schweiz erlebte einen so starken Bruch des Wachstumstrends wie kein anderes Industrieland. Trotzdem gelang es ihr bis Ende der siebziger Jahre, zur Vollbeschäftigung zurückzukehren, was anderen Industrienationen nicht gelang. Das hat zwei herausragende Ursachen: Zum einen kehrten zahlreiche Ausländer in ihre Heimat zurück. Zum anderen verloren viele heimische Frauen ihre Beschäftigung, wurden aber nicht als Arbeitslose registriert, sondern verschwanden in den privaten Haushalten. So gesehen ging das Zeitalter der echten Vollbeschäftigung doch schon 1973 zu Ende.

## Das Ende des Aufstiegs

Mit dem Bruch des Wachstumstrends der Nachkriegszeit ab 1974 zeichnete sich eines klar ab: Die schweizerische Industrie war nun massiv mit global gesättigten Märkten und technologischen Defiziten konfrontiert. Im Rahmen des extensiven Wachstums der Nachkriegszeit hatte sie es versäumt, zu rationalisieren und zu innovieren. Rund die Hälfte der schweizerischen Industrie war damals nicht mehr zukunftsträchtig. Dazu gehörten die Uhren-, die Textil-, die Werkzeug- und die Maschinenindustrie. Ihren Aufschwung seit 1945 hatten sie mit einer verbesserten Technologie der achtziger Jahre des neunzehnten Jahrhunderts bestritten. Je rascher sich der weltweite Wechsel von der »mechanischen« zur »elektronischen« Produktion vollzog, desto mehr verloren traditionelle Industrien an Boden. Nun war die Zukunft der Industrie ernsthaft in Frage gestellt. Zu Recht wurde bemängelt, daß sie über zu wenige Produkte in wachsenden Exportmärkten verfüge. Schon tröstete man sich mit der Zukunft des Landes als Anwender, nicht als Produzent neuer Technologien. Diese Rechnung ging leider nicht auf, wie man inzwischen weiß.

Wie nicht anders zu erwarten war, setzte ein enormer Abbau an Arbeitsplätzen in Industrie und Bauwirtschaft ein. Jene Kapazitäten, die ab den sechziger Jahren auf- und ausgebaut worden waren, mußten nun bei radikal veränderten Nachfrage- und Wettbewerbsverhältnissen redimensioniert werden. Über den Verlust an Arbeitsplätzen gibt es keine offiziellen Daten, es kursieren aber Schätzungen zwischen dreihundertfünfzigtausend und einer halben Million; das sind zwischen fünfzehn und zwanzig Prozent der Arbeitsplätze von 1973. Der Abbau erfolgte in Schüben, die parallel zur Konjunktur verliefen. Zum stärksten Aderlaß kam es zwischen 1974 und 1976. Danach verlangsamte sich die Erosion, insbesondere während der konjunkturellen Erholung zwischen 1979 und 1981. Nun kam die tiefe Rezession von 1982, die sich beschleunigend auswirkte. Vor dem Aufschwung, der 1983 einsetzte, verlor das Land aber jedes Jahr zwischen dreißig- und vierzigtausend Arbeitsplätze. Die Bereinigung der extrem verzerrten Strukturen von 1973 war trotzdem nicht abgeschlossen.

Ab 1973 vollzog sich der Übergang von der Industrie- zur Dienstleistungsgesellschaft. Der Anteil der hier Beschäftigten nahm stetig zu und überflügelte jenen von Industrie und (Bau-) Gewerbe. Er kletterte bis gegen Mitte der achtziger Jahre auf fünfundfünfzig Prozent. Diese Schwergewichtsverlagerung ist aber insofern unecht, als sie nicht viel mehr als ein Reflex auf den Abbau im sekundären Sektor war. Der Verlust an industriellen und gewerblichen Arbeitsplätzen trieb den Anteil der Dienstleistungen – ohne autonome Explosion – in die Höhe. Der tertiäre Wirtschaftsbereich entwickelte nämlich selbst nur eine schwache Dynamik: Der Expansion im öffentlichen Sektor wurden unter anderem durch Personalstopps enge Grenzen gezogen; der Fremdenverkehr bekam die veränderte Wirtschaftslage ebenfalls negativ zu spüren; in anderen tertiären Branchen kamen zwar neue Arbeitsplätze hinzu, die aber nicht für einen nachhaltigen Schub ausreichten.

# Abstieg zum Normalfall

Der Abstieg vom Sonderfall zum Normalfall dauerte von 1974 bis 1990. Er vollzog sich in zwei sehr unterschiedlichen Phasen. Zwischen 1974 und 1983 herrschte wirtschaftliche Stagnation: Das reale Volkseinkommen kam per Saldo kaum voran. Dem schloß sich ein konjunktureller Aufschwung bis 1990 an. In dieser Periode konzentrierte sich die Wirtschaft auf die Konjunktur, vernachlässigte aber den Strukturwandel. Sie ging nämlich davon aus, daß nun wieder und dauerhaft bessere Zeiten angebrochen seien. Daher wiegte sie sich in Sicherheit, weiterhin an der Weltspitze mithalten zu können. Derweil holten andere Industrienationen, wie zum Beispiel Japan und die USA, zügig auf – die Schweiz verlor entsprechend an Glanz. Erneut staute sich ein großer Nachholbedarf an Strukturwandel auf: Er wurde zur Hypothek der neunziger Jahre.

## Die Verlagerung ins Ausland

Im Rahmen des beschleunigten weltwirtschaftlichen Strukturwandels vollzog sich eine anhaltende Verlagerung von Arbeitsplätzen ins günstigere Ausland. Als Standort für traditionelle Erzeugnisse, die wenig qualifizierte Arbeitskräfte erfordern, verlor die Schweiz an Konkurrenzfähigkeit. Die Auslagerung erfolgte in Billiglohnländer und in Volkswirtschaften, die an der Schwelle des industriellen Aufstiegs standen oder diesen schon geschafft hatten. Dazu kam eine wachsende Konkurrenz von billigen ausländischen Erzeugnissen, was den heimischen Unternehmen und Branchen anhaltend zusetzte.

Obwohl die schweizerische Wirtschaft unter starken Druck geriet, kam es nicht zu einem substantiellen Abbau der Lohnkosten. Vielmehr war das Gegenteil der Fall: Die Lohn(stück-)kosten stiegen nach 1973 bis weit in die achtziger Jahre hinein stetig an. Die Schweiz zählte schon Anfang der achtziger Jahre zu den Industrienationen mit den höchsten Lohnkosten. Erst im Laufe der Rezession von 1982 kam es zu einer ernsthaften Diskussion darüber, ob man den vollen Teuerungsausgleich leisten solle. In der Folge wurde er nicht mehr durchwegs gewährt. Die Gewerkschaften waren jedoch nicht bereit, substantielle Lohnverzichte zugunsten unter Druck geratener Unternehmen und Branchen hinzunehmen.

## Mehr Staat – weniger Markt

In Zeiten beschleunigten Strukturwandels ist die Wirtschaft unbedingt auf einen großen Handlungsspielraum angewiesen, um sich flexibel erneuern zu können. Das wurde aber laufend durch »mehr Bürokratie« verhindert. Die Gesetzes- und Verordnungsflut ging ungebremst, sogar beschleunigt weiter. Auf diese Überforderung reagierten die einen Unternehmen – insbesondere die kleinen und mittleren (KMU) – mit Verärgerung und auch Resignation. Die anderen verloren zunehmend Zeit und Geld, verpaßten so Chancen am Markt. Die Regelungsdichte wurde so intensiv, daß sie sich zunehmend leistungs- und innovationshemmend sowie dämpfend auf die Risikobereitschaft auswirkte. Das Erneuerungspotential, das in der schweizerischen Wirtschaft steckte, konnte nicht mehr ausgeschöpft werden.

Ausgebaut wurden auch die Schutzmaßnahmen zugunsten von Arbeitnehmern und Mietern. Der Mieterschutz ging bald so weit, daß es uninteressant wurde, in den Wohnungsbau zu investieren. Die Schweiz ist ein »Land von Mietern«, in dem sich die Eigentümer in einer unterdrückten Minderheit befinden. Letztere haben daher politisch keine Chance, ihre Rechte zu erhalten oder gar zu stärken.

Bei den Arbeitnehmern wurde der Kündigungsschutz zügig ausgebaut, um Entlassungen möglichst zu verhindern. Zwar geht er gesetzlich nicht so weit wie in anderen Wohlfahrtsstaaten; es gilt aber als unschweizerisch, jemanden zu entlassen. Man ist daher nicht überrascht zu erfahren, daß dies dem wachstumsbedingten und wachstumserforderlichen Strukturwandel der Wirtschaft geschadet hat.

Im Zuge des Ausbaus des Konsumentenschutzes wurde 1982 eine Volksinitiative für die Preisüberwachung angenommen. Die Preise wurden hinfort am Markt vorbei verpolitisiert. Die Preisüberwachung ist ein weiterer Schritt in Richtung »administrierter« Preise. Es gibt immer weniger Sektoren, in denen sich die Preise an Angebot und Nachfrage orientieren und nicht vom Staat – direkt oder indirekt – bestimmt werden. Im Laufe der achtziger Jahre wurde die Fünfzig-Prozent-Schwelle nach oben durchbrochen, die Mehrheit der Preise wird nun administriert.

Die Schweiz wechselte schon 1971 zum Deficit-Spending. Sie nahm damals von der Finanzpolitik des »guten Hausvaters« Abschied. Das stand in krassem Widerspruch zum Haushaltsgesetz von 1968, das den Bund verpflichtete, sein Budget jährlich auszugleichen. Zahlreiche Anläufe, die Staatsausgaben im allgemeinen und die wuchernden Subventionen im besonderen unter Kontrolle zu bringen, scheiterten kläglich. Vielmehr setzte sich die Überzeugung durch, die Sanierung der Bundesfinanzen sei über zusätzliche Einnahmen zu leisten. Auf dem Weg dorthin wurden in zahlreichen kleinen Schritten alte Steuern erhöht und neue eingeführt. So flossen dem Bund zwischen 1971 und 1986 zusätzliche sechs Milliarden zu. Die Einführung der Mehrwertsteuer scheiterte zweimal in der Volksabstimmung. Sie kam erst in einem späteren Anlauf, in den neunziger Jahren, durch. Damit wurden die Schleusen für »mehr Steuern« weit geöffnet.

## Der Wohlfahrtsstaat expandiert

Der Sozialstaat wurde bis Anfang der siebziger Jahre unter der Annahme ausgebaut, das wirtschaftliche Wachstum setze sich langfristig, sozusagen ewig, fort, und diese Entwicklung würde es der Wirtschaft ermöglichen, zusätzliche Soziallasten zu verkraften. Kurz vor dem Bruch des Wachstumstrends machte der Sozialstaat einen großen Sprung von der Existenzsicherung für jedermann zur »Fortführung des gewohnten Lebensstandards«. Das geschah mit der Annahme der beruflichen Vorsorge (der zweiten Säule) in einer Volksabstimmung im Jahre 1972. Nun begab sich die Schweiz definitiv auf den Weg vom Sozial- zum Wohlfahrtsstaat.

Wer nun nach dem Einbruch von 1974–1976 wünschte oder hoffte, beim Ausbau des Wohlfahrtsstaates käme es wenigstens vorübergehend zu einem Marschhalt, der täuschte sich gründlich. 1976 wurde die Arbeitslosenversicherung – wohl zu Recht – eingeführt. Die Renten der AHV wurden nicht mehr periodisch angepaßt, sondern dynamisiert.

Die Kostendeckung in den Krankenhäusern erreichte historische Tiefpunkte. Es ertönte der Ruf nach mehr Subventionen, um die Nutznießer des Gesundheitswesens zu schonen. Schon damals erwiesen sich die Überkapazitäten in den Spitälern als kostentreibender Faktor.

In den folgenden Jahren baute man den Wohlfahrtsstaat Zug um Zug aus. Dazu gehörte das Unfallversicherungsgesetz, das neue Lohnprozente brachte. Die Inkraftsetzung der beruflichen Vorsorge zum 1. Januar 1985 brachte eine paritätische Finanzierung durch Lohnprozente der Arbeitnehmer und Arbeitgeber. Gleichzeitig war eine rege Aktivität im sozialpolitischen Bereich zu beobachten. Hier wurden für verschiedene Initiativen, so zugunsten der Krankenkassen, erfolgreich Unterschriften gesammelt. Sie liefen in der Regel auf mehr Lohnprozente und vor allem mehr Subventionen hinaus.

Wenn in einer stagnierenden oder schwach wachsenden Wirtschaft sowohl Steuern und Sozialabgaben als auch Lohn(stück-)kosten anhaltend steigen und eine Überwälzung durch die Exportpreise nicht möglich ist, so kann das nur zu Lasten von Erträgen, Selbstfinanzierung und Reserven gehen. Exakt das geschieht seit 1974. Die Margen sind nicht nur gedrückt, sie verlaufen im Trend nach unten. Dasselbe gilt für die Eigenkapitelrendite und die Eigenfinanzierungsquote. Die festen Reservepolster, die bis 1973 angelegt worden waren, erlebten nun einen schweren Aderlaß. Zwar war um die Wende zu den achtziger Jahren eine Stabilisierung zu verzeichnen, aber sie dauerte nur bis zur schweren Rezession von 1982/83.

In jenen Jahren ging vielen der Glaube verloren, gute Zeiten würden von selbst wiederkommen, wenn man nur geduldig darauf warte. Doch Wirtschaft und Staat träumten weiterhin von der Rückkehr zu guten alten Zeiten.

## Der Strukturwandel wird verpaßt

Der Aufschwung von 1983 bis 1990 gab vordergründig jenen recht, die nicht davon überzeugt waren, daß die schweizerische Wirtschaft technologisch in Rückstand geraten sei, entscheidend an Konkurrenzfähigkeit eingebüßt habe. Sie nutzten den Aufschwung daher nicht aus, um zu rationalisieren, zu restrukturieren und zu innovieren; sie bewegten sich statt dessen unbeirrt in traditionellen Bahnen. Je länger der Aufschwung anhielt, desto mehr fühlten sie sich bestätigt, schlugen alle Warnungen in den Wind. Es ist daher überraschend, daß im günstigen konjunkturellen Umfeld dieser Jahre, 1985 eine intensive Auseinandersetzung über die Wettbewerbsfähigkeit der schweizerischen Volkswirtschaft in Gang kam. Im Mittelpunkt stand dabei die Frage, ob die Schweiz auf Dauer mit den anderen Industrienationen mithalten könne.

Das Jahr 1985 ist insofern interessant, als damals das Weißbuch der Europäischen Gemeinschaft (EG) herauskam, in dem die Vollendung des Europäischen Binnenmarktes für das Jahr 1992 angekündigt wurde. Das erklärte Ziel war es, die EFTA über den Europäischen Wirtschaftsraum (EWR) mit der EG zur EU zu fusionieren. Damit geriet die Schweiz als Mitglied der EFTA definitiv unter Zugzwang. Sie entschied sich am 19. Dezember 1989 für Verhandlungen über einen EWR-Beitritt, was Anlaß gab, die eigene Position kritisch zu überprüfen. Vom äußeren Druck abgesehen, machte eine Studie der Schweizerischen Bankiervereinigung (N. Blatter) aus dem Jahre 1987 über die Wettbewerbsfähigkeit der Schweiz den Weg dazu frei. Daran schloß sich eine rege Forschungstätigkeit an, deren Ergebnisse nun auch öffentlich diskutiert wurden. Um 1990 stand unter Experten fest, daß die Schweiz ihre historische Position als Sonderfall verloren habe. Der Abstieg zum Normalfall hatte sich zwischen 1973 und 1990 endgültig vollzogen.

Zwar verfügte die Schweiz bei unkorrigierten Wechselkursen noch immer über das höchste Pro-Kopf-Einkommen, daraus darf man aber nicht unbesehen auf eine Spitzenleistungsfähigkeit schließen. Es geht nämlich letztlich nicht nur um das Wohlstandsniveau, sondern auch und vor allem um dessen langfristige Entwicklung. Um an der Spitze zu bleiben, muß man entsprechend wachsen und leistungsfähig bleiben, mit den anderen zumindest mithalten können. Doch genau das war schon seit 1973 nicht mehr der Fall, wie einige repräsentative Indikatoren zeigen:

*Fehlende Dynamik*

Das schweizerische reale Wirtschaftswachstum ist im internationalen Vergleich schon von 1950 bis zur Mitte der achtziger Jahre unterdurchschnittlich ausgefallen. Das Land ist demnach langfristig (relativ) zurückgeblieben, andere haben aufgeholt. Bemerkenswert ist die Periode von 1973 bis 1983, in der die schweizerische Wirtschaft nahezu stagnierte. Das waren sozusagen zehn verlorene Jahre in der Entwicklung des Wohlstandes. Damals war bereits abzusehen: Wenn sich der Nachkriegstrend fortsetzte, war die Zeit nicht mehr fern, in welcher der Wohlstand unter den Durchschnitt vergleichbarer Nationen sinken würde.

*Sinkende Produktivität*

In der Schweiz wird regelmäßig mit der hohen (Arbeits-)Produktivität operiert, wenn es um den Nachweis der Leistungsfähigkeit geht. Aber auch hier sieht die Wirklichkeit anders aus: Die Produktivität, definiert als Zuwachs des realen Bruttosozialprodukts je Erwerbstätigen, ist im Durchschnitt der Jahre 1960–1968, 1968–1973, 1973–1979 und 1979–1984 ohne Ausnahme tiefer als in vergleichbaren Industrieländern (OECD, 1986). Das trifft sowohl für die Rezessions- als auch für die Boomjahre dieser Periode von über fünfundzwanzig Jahren zu.

Auch die Produktivität im Einsatz von Kapital (J. Chr. Lambelet, 1989) läßt zu wünschen übrig: Zwar hat die Schweiz eine der höchsten Investitionsquoten realisiert, verzeichnet aber gleichzeitig ein außergewöhnlich niedriges Produktivitätswachstum. Eine wichtige Ursache dafür ist das extensive Wachstum, das vom Zuzug ausländischer Arbeitnehmer ab den fünfziger Jahren stammt. Es wurde zuwenig rationalisiert und innoviert. Die Investitionen in den Wohnungsbau und in die staatliche Infrastruktur, die bis 1973 dominierten, weisen ohnehin eine niedrige gesamtwirtschaftliche Produktivität auf.

*Innovationsschwäche*

Ein herausragendes Problem ist die gravierende Innovationsschwäche der Schweiz. Zwar gehört das Land in bezug auf die Forschungs- und Entwicklungsausgaben pro Kopf weltweit zur Spitzengruppe. Diese Aufwendungen konzentrieren sich aber auf Chemie und Pharma, die Maschinen- und Elektroindustrie und hier auf relativ wenige Großunternehmen. Es liegt demnach keine Breitenwirkung vor. Es kommt hinzu, daß Forschung und Entwicklung unter anderem bei der Informationstechnologie, neuen Werkstoffen und der Biotechnologie völlig ungenügend waren und sind. Dabei handelt es sich um Schlüsselbranchen, die das langfristige Wirtschaftswachstum maßgeblich bestimmen. Die dominierenden Klein- und Mittelbetriebe forschen kaum selbst, sie betreiben eine anwendungsorientierte Strategie und greifen dabei auf allgemein zugängliche Forschungsergebnisse zurück. Untersuchungen haben ergeben, daß diese Unternehmen ein chronisches Informationsdefizit gegenüber ihren ausländischen Konkurrenten aufweisen (Schweizerischer Bankverein, 1988).

*Mangelnde Anpassung*

Die vielgepriesene hohe Anpassungsfähigkeit der schweizerischen Wirtschaft hält kaum einer objektiven Prüfung stand. So wurden in den siebziger Jahren weder das Ende der Nachkriegszeit noch der Anbruch des elektronischen Zeitalters erkannt. Damals war es üblich, auf bessere Zeiten zu warten und von der Substanz zu leben. Erst im Laufe der achtziger Jahre wurden die neuen technologischen und ökonomischen Trends allmählich zur Kenntnis genommen, ohne jedoch darauf zu reagieren, ohne grundlegend zu erneuern.

In bezug auf die integrationspolitische Herausforderung verhielt sich das Land nicht anders als in den Jahrzehnten zuvor: Es setzte weiterhin auf bilaterale Verhandlungen, erlebte Ende der achtziger Jahre aber ein »spätes Erwachen«, sah sich nun mehr oder weniger ratlos in die Enge getrieben. Da die heimische Wirtschaft sich weder auf den EWR noch die EU einstellte, verpaßte sie die Chancen, die im europäischen Binnenmarkt liegen, in erheblichem bis entscheidendem Ausmaß.

Sowohl die Standortfaktoren im allgemeinen als auch die staatlichen Rahmenbedingungen im besonderen erlebten von den Fünfzigern bis Ende der achtziger Jahre eine nicht zu übersehende Erosion: Von »paradiesisch« in den fünfziger Jahren ging es über »sehr günstig« in den sechziger Jahren in die »noch günstigen« siebziger Jahre. In den achtziger Jahren bewegte sich die Schweiz auf den Durchschnitt zu. An der Schwelle zu den neunziger Jahren verfügte das Land nur noch über durchschnittliche Rahmenbedingungen. Es war auch in dieser Beziehung nicht mehr »out-standing«, sondern – wie manche andere Industrienationen – ein Normalfall geworden.

## Der Wegfall der Sicherheitsfunktion

Der Sonderfall ist über die Wirtschaft hinaus allzu lange durch den kalten Krieg begünstigt worden. Doch je mehr die atomare Bedrohung – durch Kurz- und Mittelstreckenraketen – zunahm, desto klarer zeichnete es sich ab: Einen atomaren Krieg in Europa kann man auch in der Schweiz nicht überleben, seine Auswirkungen machen nicht an Landesgrenzen halt. Es kam hinzu, daß selbst konventionelle Bedrohungsszenarien Zweifel darüber aufkommen ließen, ob die Schweiz ungeschoren davonkäme. Das führte folgerichtig zur Frage, ob das Land in einem solchen Umfeld weiterhin ein sicherer Hafen für Fluchtgelder und andere (Kapital-)Anlagen bliebe. Daher wurde zunehmend nach anderen, gleichwertigen Standorten außerhalb Europas Ausschau gehalten.

Die Entspannungspolitik, die um die Mitte der achtziger Jahre einsetzte und rasche Fortschritte machte, hat die »Sicherheitsfunktion« der Schweiz entscheidend geschwächt oder weitgehend überflüssig gemacht. Immer öfter wurde die Frage gestellt, ob man weiterhin auf die Schweiz angewiesen sei, um Gelder sicher zu parken und Kapital anzulegen. Dieses Problem gewann schlagartig an Brisanz, als der reale Sozialismus zusammenbrach und der Warschauer Pakt aufgelöst wurde. Das läutete das Ende der Schweiz als »sichere Insel« ein. Sie wurde nicht mehr aus Angst vor Kriegen, sondern nur noch dank ihres Bankgeheimnisses angelaufen. Doch selbst in dieser Beziehung steht sie nicht allein da, sieht sich mit einer globalen Konkurrenz konfrontiert.

## Vorlaufindikatoren

Im Laufe der achtziger Jahre erlebte die Schweiz eine Reihe von an sich eher unbedeutenden Ereignissen. Doch aufsummiert haben sie ihr Image in der Welt erheblich verändert. Das Positive ist am Abbröckeln, das Negative nimmt entsprechend zu. Damit ist die Gefahr verbunden, daß sie nicht Normalfall bleibt, sondern allmählich zum negativen Sonderfall gestempelt wird. Der traditionelle Bonus ist auf gutem Wege, in einen Malus umzuschlagen. Dazu zählen unter anderem folgende Elemente, die hier zwar nicht ausreichend ausgeleuchtet und abschließend beurteilt werden können, die jedenfalls aber nicht zu vernachlässigen sind.

*»Zürcher Krawalle«*

Die »Zürcher Krawalle« aus den Jahren 1979/80, die wirksam vor allem vom Fernsehen verbreitet wurden, trafen das kapitalistische Herz der Schweiz, namentlich die Bahnhofstraße und den Paradeplatz. Zuvor hielt das nahe und ferne Ausland solche Ereignisse in der Schweiz schlicht und einfach für unmöglich. Nun begann man international darüber nachzudenken, ob die Schweiz noch immer jene heile Insel sei, für die man sie lange unreflektiert gehalten hatte. Einige vergaßen diesen »Betriebsunfall«, andere dachten aber weiter darüber nach, registrierten nun kritischer, was sich in der Schweiz abspielte.

*Autobahnvignette*

Bei der Einführung der Autobahnvignette (1984) erfaßten nicht wenige, um was es dabei wirklich ging: die Ausländer treffen! Nun begann man über die Ausländerfreundlichkeit des Landes nachzudenken und darüber, ob diese mehr materiell als ideell geprägt sei. Unterschätzt oder gar in Abrede gestellt wurde das dadurch wachsende – psychologisch bedingte – Negativimage der Schweiz: Ausländische Autofahrer müssen einen »Eintrittspreis« bezahlen, wenn sie einreisen wollen. Das ist besonders negativ, wenn es sich um Touristen handelt, die in der Schweiz Geld ausgeben und nicht nur – ohne zu tanken – durchreisen.

*UNO-Abstimmung*

Das negative Ergebnis der UNO-Abstimmung (1986) machte der ganzen Welt sichtbar, daß die Schweiz nicht gewillt ist, sich wie andere Staaten in internationale Organisationen zu integrieren. Halten sich die Schweizer selbst für so einzigartig, daß sie mit allen anderen Nationen möglichst wenig, am liebsten nichts zu tun haben wollen? Diese Frage ist schon deshalb berechtigt, weil es keine überzeugenden Argumente gegen den UNO-Beitritt gibt. So ist es geradezu lächerlich, wenn das »reichste Land der Welt« die direkten Kosten der UNO-Mitgliedschaft für nicht tragbar hält. Es ist eine Anmaßung, wenn die UNO zu einer Institution degradiert wird, der man besser fernbleibt. Zu überzeugen vermag auch die Ausrede mit der Neutralität nicht. Der UNO gehören mehrere neutrale Staaten an, so zum Beispiel Finnland, Österreich und Schweden. Folgerichtig stellt sich die Frage, ob die Schweiz sich in bezug auf ihre Neutralität für einen einmaligen Sonderfall hält.

*Insiderfälle*

Die Insiderfälle der achtziger Jahre haben nicht nur dem Finanzplatz, sondern dem ganzen Land negative Schlagzeilen beschert. Dabei geriet die Schweiz zunehmend unter den Druck der USA: Sie mußte Prinzipien des amerikanischen Rechts übernehmen, um Vergeltungsmaßnahmen zu vermeiden. Die Schweiz wird mehr und mehr als ein Land betrachtet, in dem weiter jene Geschäfte gemacht werden (können), die anderswo als illegal oder gar kriminell gelten.

*Blockade von Vermögen*

Zu unerfreulichen Problemen führten Gelder exponierter ausländischer Persönlichkeiten mit negativem Image. Mehr als Verwunderung löste die Blockierung der Vermögenswerte von Ferdinand Marcos aus, obwohl damals kein Rechtshilfegesuch der Philippinen vorlag. Nun mußten Ausländer befürchten, daß ihre Guthaben bei schweizerischen Banken Gefahr laufen, wie ein Blitz aus heiterem Himmel blockiert und entblößt zu werden – auch dann, wenn sich die Inhaber nichts haben zuschulden kommen lassen. So ging damals ein sicherheitspolitisches Element des Finanzplatzes verloren. Darauf reagierte das Kapital besonders empfindlich: Es sucht nun vermehrt Finanzplätze auf, die mehr Sicherheit als die Schweiz zu bieten haben.

*Geldwäsche*

Im Laufe der achtziger Jahre hat die weltweite Publizität um die Geldwäscherei dem Sonderfall ein negatives Image beschert. In dem Maße, wie man die Geldwäsche mit dem Drogenhandel in Verbindung brachte, geriet die Schweiz zusätzlich unter Druck. Das Land wurde nun verdächtigt, die internationale Wirtschaftskriminalität zu begünstigen. Im gleichen Atemzug wurden die finanziellen Transaktionen aus dem weltweiten Waffenhandel angeprangert. Dies und andere Vorkommnisse summierten sich zu einem schlechten Ruf, dessen schädliche Auswirkungen unterschätzt wurden.

*Drogenprobleme*

Schon damals nahm das Ausland vermehrt zur Kenntnis, daß auch die Schweiz Drogenprobleme hatte. Die Massenmedien berichteten regelmäßig von den Ereignissen am »Platzspitz«, die in der öffentlichen Meinung den »Paradeplatz« zu verdrängen vermochten. Nun stand nicht mehr der Finanz-, sondern der Drogenplatz Zürich im Mittelpunkt bestimmter Interessen. Als auch noch die AIDS-Statistiken alarmierend ausfielen, war es um die heile Schweiz geschehen. Zugleich kam an die Öffentlichkeit, was einigen seit langem bekannt war: Die Schweiz hat eine der höchsten Selbstmordraten in der Welt.

*Abschaffung der Armee*

Die intensiven Bemühungen um die Abschaffung der Armee wurden im Ausland mit großem Erstaunen registriert. Zum ersten, weil die Armee – eine heilige Kuh – überhaupt in Frage gestellt wurde. Zum zweiten ist der Spielraum für die Interpretation des Ergebnisses der Volksabstimmung von 1989 weit gespannt. Eine Variante ist die nüchterne Feststellung, daß fast zwei Drittel der Wähler ja zur Armee sagten. Ob mit Vorbehalten und mit welchen, wird dabei kaum berücksichtigt. Die anderen argumentieren, daß zweiunddreißig Prozent der Stimmberechtigten nicht zur Urne gingen. Zählt man die (fast) sechsunddreißig Prozent hinzu, die gegen die Armee gestimmt haben, so ergibt das zusammen rund sechsundfünfzig Prozent der Wahlberechtigten: Sie haben sich nicht zugunsten der Armee geäußert. Es versteht sich von selbst, daß es für das Ansehen der Schweiz einen Unterschied macht, ob man das eine oder andere Ergebnis in Betracht zieht.

## Das Image nimmt Schaden

Es ist zwar schwierig, die Faktoren zu quantifizieren, die das Image der Schweiz im Ausland prägen, es wäre aber auf jeden Fall fahrlässig, diese systematisch herunterzuspielen. Es kann dem Land nicht egal sein, was im Ausland gedacht, gesagt, geschrieben und gezeigt wird. Letztlich handelt es sich um Schritte nicht nur vom Sonderfall zum Normalfall, sondern auch in Richtung des negativen Sonderfalls. Man muß sich davor hüten, sich an angenehmen Fehlsignalen zu orientieren. Sind schweizerische Politiker und Manager im Ausland unterwegs, so wird man ihnen kaum Negatives unter die Nase reiben, sondern die Schweiz mit Lob überschütten. Die Gefahr ist groß, daß diese und andere Schweizer ein viel besseres Bild ihres Landes vermittelt erhalten, als es in den Köpfen der maßgebenden Ausländer tatsächlich existiert. Man darf dabei nie vergessen: Ein guter Ruf hält manchen Sturm aus; hat die Wende zum Negativen aber erst einmal eingesetzt, so vollzieht sie sich in der Regel rascher, als man im allgemeinen annimmt. Diese Gefahr wurde nicht erkannt.

# Niedergang

Der Wechsel vom Abstieg in den Niedergang vollzog sich um 1990. Die sieben mageren Jahre wurden Realität. Die sieben fetten Jahre, die manche in biblischer Analogie erwarten, sind nicht in Sicht. Während mit dem Abstieg eine kaum merkliche relative Verschlechterung einhergeht, zeichnet sich der Niedergang durch absolut sinkende Indikatoren, wie zum Beispiel den Lebensstandard, aus. Gleichzeitig nehmen negative Werte, wie die Verschuldung, zu. Der Niedergang der neunziger Jahre manifestiert sich an einer Reihe weiterer repräsentativer, gesamtwirtschaftlicher Indikatoren.

Die realen Wachstumsraten des Bruttoinlandsprodukts (BIP) sind im Trend nach unten gerichtet. Es dominieren die Minus-Jahre, die Wirtschaft bildet sich per saldo zurück. Noch deutlicher ist der Niedergang an den realen Wachstumsraten des BIP je Einwohner zu erkennen. Dieser traditionelle Wohlstandsindikator nahm nur 1994 (+ 0,3 %) zu, befindet sich sonst auf dem Rückzug. Nicht minder aufschlußreich ist die Entwicklung des realen verfügbaren Einkommens je Einwohner. Es schrumpfte per saldo stärker als die beiden anderen Indikatoren. Das überrascht insofern nicht, als die Bruttoeinkommen je Einwohner sanken, während die fiskalische Belastung stieg.

## Die Arbeitslosigkeit

Eines der herausragenden negativen Ereignisse ist der Niedergang der Beschäftigung, der Anfang einer steigenden Arbeitslosigkeit in der Schweiz. Zwischen 1945 und 1990 herrschte nahezu permanent Vollbeschäftigung. Von Beginn der neunziger Jahre an sahen sich die Arbeitnehmer mit dem für sie neuen Phänomen der Arbeitslosigkeit konfrontiert. Bis zum Jahre 1997 waren mehr als zweihunderttausend Menschen arbeitslos geworden, demnach rund sechs Prozent der Arbeitnehmer. Doch in der Schweiz wird die Arbeitslosigkeit nicht voll registriert. Wer sich selbst verabschiedet, ins Ausland zurückkehrt, »Hausfrau« oder ausgesteuert wird, erscheint nicht in der Arbeitslosenstatistik. Die Größe dieser Personengruppe ist auf rund die Hälfte der ausgewiesenen Arbeitslosen zu veranschlagen. Die tatsächliche Arbeitslosigkeit liegt demnach nicht bei sechs, sondern bei neun Prozent, das heißt dreihunderttausend Arbeitslosen. Dazu kommen rund fünfhunderttausend Teilzeitbeschäftigte. Nimmt man an, daß diese halbtags, also nur zu fünfzig Prozent beschäftigt sind, so ergibt das eine zusätzliche Arbeitslosigkeit (Unterbeschäftigung) von zweihundertfünfzigtausend.

Der Niedergang der Beschäftigung hat klar erkennbare Ursachen. Die Schweiz hat während der ganzen Nachkriegszeit bis 1990 enorme Altlasten aufgebaut, die nun unter dem Druck der Globalisierung und wegen fehlenden internen Wachstums nicht mehr tragbar sind und abgebaut werden müssen. Das Land ist heute mit der Schattenseite einer jahrzehntelangen Wirtschaftspolitik, die am Markt vorbei zielte, konfrontiert.

Die Schweiz hat die höchste Kartelldichte der Welt. Das hat zur Folge, daß mehr Personen beschäftigt werden, als für eine effiziente Produktion erforderlich sind: Kosten und Preise sind entsprechend überhöht. Eine solche Politik läßt sich bei stagnierenden und schrumpfenden realen Einkommen nicht mehr ohne Schaden fortsetzen, die Überwälzung der Kosten ist nicht möglich. Davon geht ein anhaltender Druck auf Umsätze, Margen und Gewinne aus. Die Unternehmen, wie Banken und Versicherungen, sehen sich gezwungen, zu redimensionieren und zu restrukturieren, um leistungsfähiger zu werden. Sie bauen dabei Arbeitsplätze ab.

Zu beachten sind auch jene Branchen, die vor der ausländischen Konkurrenz geschützt wurden. Dazu gehören neben anderen die Bauwirtschaft und die Landwirtschaft: Sie und andere zögerten den erforderlichen Strukturwandel bereits seit den siebziger Jahren hinaus. Das funktioniert nun nicht mehr, sie müssen sich gesundschrumpfen. Der Tourismus hat jahrzehntelang von billigen Arbeitskräften aus dem Ausland (Saisoniers) profitiert, seine Konkurrenzfähigkeit vernachlässigt. Nun ist auch er an der Reihe, muß redimensionieren und – vor allem – innovieren. Nicht zuletzt sind der Staat und seine Unternehmen zu erwähnen, deren Personalbestände viel zu hoch sind. Im Zuge von Privatisierungen und Sanierungen der öffentlichen Haushalte werden zahlreiche Arbeitskräfte freigesetzt; dieser Abbau steckt erst in den Anfängen.

Die Exportwirtschaft im allgemeinen und die Maschinenindustrie im besonderen leiden unter anderem unter den sich verschlechternden Rahmenbedingungen. Die Produktionskosten sind prohibitiv hoch, können im Export kaum mehr überwälzt werden. Daher gehen auch hier seit Jahren massiv Arbeitsplätze verloren. Es kommt hinzu, daß die Exportwirtschaft vornehmlich zyklisch orientiert ist. Ihr fehlt es an (Wachstums-)Dynamik. Das ist ein weiterer Grund, weshalb keine (zusätzlichen) Arbeitsplätze entstehen (können), sondern vielmehr stetig abgebaut werden. Eine löbliche Ausnahme ist die Basler Pharma-Industrie; sie expandiert aber im Ausland, vorwiegend in den USA. Die jungen, neuen und dynamischen Unternehmen fallen nicht derart ins Gewicht, daß sie in fühlbarem oder gar gesamtwirtschaftlich relevantem Ausmaß Arbeitsplätze zu schaffen vermögen.

## Die Expansion ins Ausland

Die neunziger Jahre stehen im Zeichen einer massiven Verlagerung wirtschaftlicher Aktivitäten ins Ausland. Das geschieht aus der Notwendigkeit heraus, von wachsenden Märkten und günstigeren (Produktions-)Kosten zu profitieren. Im Zuge dieser Entwicklung nahm die Attraktivität des heimischen Standorts deutlich ab. Negativ haben sich auch das Nein zum EWR-Beitritt (1992) und die bisher nicht erfolgreich abgeschlossenen bilateralen Verhandlungen mit der EU ausgewirkt. Unternehmen verlassen das Land, weil es keinen dauerhaft gesicherten Zugang zum alles dominierenden EU-Markt hat. Daher ist es sozusagen ein Muß, aus der Schweiz heraus in bessere Standorte zu verlagern. Das geschieht denn auch seit einigen Jahren: mit Arbeitsplätzen, in Forschung und Entwicklung (F & E), bei Innovationen und nicht zuletzt mit Direktinvestitionen (Kapital).

Während im Inland Arbeitsplätze massiv abgebaut wurden, vor allem in der Industrie, schufen schweizerische Unternehmen Hunderttausende von Arbeitsplätzen im Ausland und erhöhten ihren Personalbestand zwischen 1990 und 1995 von neunhundertsiebzigtausend auf eine Million vierhundertvierzigtausend. Dieser Trend hat sich in den letzten Jahren fortgesetzt. Das hat verschiedene Gründe, von denen hier nur die wichtigsten angeführt werden: Der Standort Schweiz hat gegenüber dem Ausland an Attraktivität verloren, so insbesondere bei den Produktionskosten. Der heimische Markt ist zu klein, daher weichen die Unternehmen in große Märkte, wie die EU und die USA, aus. Das ist auch notwendig, um einer potentiellen Diskriminierung zu entgehen: Man muß in den relevanten Märkten mit eigenen Produktionsstätten anwesend sein. Nicht zuletzt ist zu beachten, daß die Schweiz viel zu wenige Unternehmen hat, die sich in zukunftsträchtigen Branchen betätigen. Übernahmen und Expansion sind entsprechend nur im Ausland möglich. Es ist daher abzusehen, daß die Entindustrialisierung des Landes weitergeht, Arbeitsplätze im Inland verlorengehen, während im Ausland welche geschaffen werden. In einer nicht allzu fernen Zukunft dürften schweizerische Unternehmen mehr Arbeitsplätze im Ausland als im Inland haben.

Die Schweiz gehört zu den Industrienationen mit den höchsten Pro-Kopf-Ausgaben für Forschung und Entwicklung (F & E). Diese konzentrieren sich aber auf die chemische Industrie. Zugleich setzt sich seit den achtziger Jahren ein Trend zur Auslagerung ins Ausland durch. Inzwischen vollzieht sich F & E mehrheitlich im günstigeren Ausland. Zum einen fehlt es in der Schweiz nicht erst heute an hochqualifizierten (Forschungs-) Kräften, sie wurden nicht in der erforderlichen Zahl und Qualität ausgebildet. Zum anderen ist die fehlende internationale Freizügigkeit für Personen ein entscheidender Nachteil: Sie macht es unmöglich, genügend Forscher aus dem Ausland zu beschäftigen. Zum dritten sind die Voraussetzungen für F & E im Ausland, insbesondere in den USA und in Großbritannien, ungleich günstiger. Der Niedergang der inländischen F & E wird sich daher fortsetzen, zu einer entsprechenden Ausblutung von Wissen und »Human Capital« führen. Das wirkt sich verheerend auf wachstumsnotwendige Innovationen aus.

## Innovationsschwäche

Die Frage nach der Innovationsfähigkeit der schweizerischen Wirtschaft wird zwar kontrovers diskutiert, aber tendenziös zugunsten des Landes beantwortet. Diese Position ist bei näherem

Hinsehen unhaltbar. Das Technologieportfolio ist vorwiegend konservativ, auf traditionelle Branchen ausgerichtet, nicht innovativ in bezug auf jene Produkte, Verfahren und Dienstleistungen, die als Wachstumsträger von Gegenwart und Zukunft gelten. Auf den Gebieten Telekommunikation, Roboter, Computer und Software ist die Schweiz gewissermaßen nicht existent. In der Biotechnologie, bei Werkstoffen und in der Umwelttechnik herrscht Nachholbedarf. Die Schweiz leidet insgesamt unter einer eklatanten Innovationslücke, die sie kaum zu schließen vermag: Der Zug ist abgefahren, und es wird schwierig sein, noch aufzuspringen.

Die schweizerische Wirtschaft ist aber in hohem Maße im Ausland innovativ. Das herausragende Beispiel ist die Basler Chemie mit dem Schwergewicht auf Pharma, ihren strategischen Übernahmen und Beteiligungen in den USA. Aber auch Banken, Versicherungen, die Elektro- und Maschinenindustrie innovieren und expandieren im Ausland, wenn auch nicht in demselben Ausmaß. Wer zugunsten der Schweiz auf ihre Multinationalen verweist, tut das mit Recht. Leider sind diese Musterunternehmen jedoch nicht typisch für die heimische Wirtschaft: Sie betätigen sich im Ausland innovativ, nicht im Inland. Im Inland dominieren traditionelle Unternehmen und Branchen, die in stagnierenden und schrumpfenden Märkten angesiedelt sind.

Die Direktinvestitionen ausländischer Unternehmen in der Schweiz befinden sich in den neunziger Jahren im Niedergang. Im Jahre 1990 lagen diese netto noch bei über sechs Milliarden Franken. Danach bildeten sie sich kontinuierlich zurück, machten 1993 nur noch einhundert Millionen Franken aus. Der Saldo der EU-Länder ist bei den Direktinvestitionen seit 1992 negativ: Die Investoren zogen Kapital aus der Schweiz ab. Das ist keine vorübergehende Erscheinung, sondern ein neuer Trend, der für die neunziger Jahre typisch ist. Das kontrastiert offensichtlich mit der Behauptung von Politikern, das Interesse an der Schweiz sei im Ausland gewachsen – das Gegenteil ist der Fall. Derweil haben die schweizerischen Direktinvestitionen im Ausland sich innerhalb weniger Jahre verdoppelt. Der entsprechende Kapitalbestand stieg von fünfundachtzig Milliarden (1990) auf einhundertvierundsechzig Milliarden im Jahre 1995. Das wirkt sich in den betreffenden Ländern, aber nicht in der Schweiz positiv auf Innovationen, Wachstum und Beschäftigung aus.

## Die Immobilienkrise

Nicht zu übersehen ist der Niedergang der Immobilienpreise im Verlauf der neunziger Jahre. Die Schweiz befindet sich mitten in einer schweren Immobilienkrise, die Spuren im Bankensystem hinterlassen hat. Schon in der ersten Hälfte des Jahrzehnts mußten über dreißig Milliarden Franken aus faulen Hypothekenkrediten abgeschrieben werden. Das überforderte eine Reihe kleiner und mittlerer Banken. Sie wurden von den Großbanken übernommen oder schlossen sich zu Regionalbanken zusammen.

Im Gegensatz zum Ausland sind die Immobilienpreise von 1945 bis 1990 ohne fühlbare Korrekturen angestiegen. Es kam nicht zu zyklischen Schwankungen, wie sie etwa in den USA üblich sind. Dort und anderswo sinken die Preise nicht selten um ein Drittel oder gar die Hälfte, um danach wieder zyklisch zu steigen. Im Laufe der achtziger Jahre erlebte die Schweiz eine Eskalation der Immobilienpreise. Nach dem Börsencrash von 1987 wurde um jeden Preis gekauft. Man ging damals offenbar davon aus, Immobilien seien die einzigen sicheren Kapitalanlagen. Doch gegen Ende des Jahrzehnts zeichnete es sich für Kenner dieses Marktes klar ab, daß der Boom nicht anhalten könne, sondern demnächst vorbei sei. Die Preise hatten sich nämlich extrem weit von jeder ökonomisch vertretbaren Bewertung entfernt. Dabei hatte die Kreditfinanzierung von Immobilienkäufen extreme Rekorde erreicht. Nicht selten gewährten Banken Kredite von hundert Prozent (und mehr) des Kaufpreises, abgestuft bis zu Hypotheken im dritten Rang. Damals schlugen sie alle Warnungen in den Wind, die Euphorie war nicht zu bremsen, das Ende der Spekulation mußte zwangsläufig sehr nahe sein.

Inzwischen sind die Immobilienpreise im landesweiten Durchschnitt um rund ein Drittel gesunken. Ein Ende der Abwärtsbewegung ist noch nicht abzusehen. Zum einen drücken erhebliche Leerbestände auf den Markt – vor allem bei gewerblichen Immobilien im allgemeinen und Büroräumen im besonderen. Eine Besserung ist so lange nicht zu erwarten, wie sich die schweizerische Wirtschaft im Niedergang befindet und sich weiter ins Ausland verlagert. Die Phase der entscheidenden Bereinigung des Immobilienmarktes kommt erst, wenn die Mehrheit der Eigentümer sich von der Überzeugung anstecken läßt, daß es mit den Preisen nicht nach oben, sondern weiter nach unten gehen wird. Dann werden sie ihre Immobilien panikartig auf den Markt werfen, um jeden Preis verkaufen, um sich so von ihren »lästigen« Immobilien zu befreien. Dann bricht der Immobilienmarkt zusammen, wird Preise erreichen, die langfristig wieder interessant sein könnten. Doch davon ist der schweizerische Immobilienmarkt mindestens fünf bis zehn Jahre entfernt. Die sich weiter zuspitzende Immobilienkrise entwickelt sich zu einer schweren Belastung für die Banken. Nicht wenige von ihnen, so vor allem Kantonal- und Regionalbanken, werden nicht überleben.

## Gigantische Hypothekenschulden

Zusammen mit Japan ist die Schweiz globaler Spitzenreiter in der Hypothekenverschuldung. Diese macht rund hundertdreißig Prozent des Bruttoinlandsproduktes aus. Das hat verschiedene Ursachen: Die Schweizer haben die »Bauernmentalität« auch als Industrienation beibehalten, sie investieren am liebsten ausschließlich in Grund und Boden, haben kein Verhältnis zu anderen Anlagen, insbesondere Aktien. Die Zinsen sind traditionell sehr niedrig, was es möglich macht, sich hier mehr als anderswo zu verschulden. Hypotheken müssen in der Regel nicht getilgt werden, man braucht daher keine entsprechende Vorsorge zu treffen.

Im Laufe der Zeit kam es in Mode, eine zweite Hypothek, zum Beispiel bis fündundzwanzig Prozent, zu gewähren, was mit der ersten fünfundachtzig Prozent ergibt. Schließlich kam eine dritte Hypothek, etwa bis fünfzehn Prozent, dazu. Das machte es möglich, sich mit hundert Prozent zu verschulden. Es kommt hinzu, daß die »Eigenmiete« im Rahmen der Einkommensteuer belastet wird. Um hier ein Gegengewicht zu haben, ist man bestrebt, sich mindestens so hoch zu verschulden, daß die Hypothekenschuldzinsen die Eigenmiete zu neutralisieren vermögen.

Die rekordhafte Hypothekenverschuldung wirkt sich bei sinkenden Immobilienpreisen, rückläufigen real verfügbaren Einkommen der Schuldner und schrumpfenden (Geld-)Vermögen ungünstig bis bedrohlich auf Banken und Eigentümer aus. Noch verläuft die Restrukturierung in mehr oder weniger geordneten Bahnen, es gibt jedoch keine Sicherheit, daß das Problem nicht aus dem Ruder läuft. Bisher haben die Banken zahlreiche Immobilien selbst übernommen, um den Markt nicht zu verderben. Das ist aber bereits an Grenzen gestoßen; die Marktkräfte kommen daher zunehmend und schließlich ganz – und brutal – zum Zuge.

Immer mehr Eigentümer, die sich in bezug auf die langfristige Entwicklung in den achtziger Jahren verkalkuliert haben, sehen sich gezwungen, allmählich Konsequenzen zu ziehen. Sie müssen nun um jeden Preis verkaufen. Nicht selten decken die Erlöse nicht einmal mehr die Hypothekenschulden. Das verdammt sie dazu, übriggebliebene Schulden lebenslang zu verzinsen und zu tilgen, ohne Eigentümer zu sein. Sie fristen ein Leben als hochverschuldete Mieter und gehen nicht selten bankrott. Die Immobilienkrise führt so zu persönlichen Tragödien. Extrem betroffen ist dabei der Mittelstand, der traditionell in hohem Ausmaß in Immobilien aller Art investiert.

## Die Erosion der Selbstfinanzierung

Der Niedergang der Selbstfinanzierung der schweizerischen Wirtschaft hat sich in den neunziger Jahren beschleunigt. Zwischen 1981 und 1995 stieg der Anteil der Verschuldung am BIP um siebenundvierzig Prozent auf einundachtzig Prozent. Von der Substanz zu leben ist für nicht wenige Unternehmen seit dem Trendbruch der siebziger Jahre üblich. Das kontrastiert offensichtlich mit der landläufigen Meinung, die schweizerische Wirtschaft sei kerngesund, vor allem selbstfinanziert, könne noch lange von ihren Reservepolstern zehren. Man darf sich nicht von den wenigen multinationalen Unternehmen wie etwa Nestlé, der Basler Chemie oder den großen Versicherungen täuschen lassen. Sie sind keineswegs typisch für die heimische Privatwirtschaft. So arbeitet die Bauwirtschaft im Durchschnitt mit über neunzig Prozent Fremdkapital: Sie ist demnach pleite und gehört faktisch den Banken. Aber auch in der wichtigen Elektro- und Maschinenindustrie sieht es nicht rosig aus. Die Eigenkapitaldecke nimmt seit 1973 im Trend ab, zahlreiche Unternehmen bewegen sich auf dünnem Eis. Dazu gehören ABB und Sulzer, um nur zwei klingende Namen zu erwähnen.

## Wachsende Staatsschulden

Im Niedergang ist auch und vor allem der Selbstfinanzierungsgrad der öffentlichen Hand, also von Bund, Kantonen und Gemeinden. Das kann man am besten an der Entwicklung der Staatsschulden in Prozenten des BIP verfolgen. Die Schuldenquote belief sich 1990 auf lediglich einunddreißig Prozent, ist inzwischen aber auf über fünfzig Prozent angestiegen. Die öffentlichen Defizite sind hauptsächlich strukturell bedingt: Die Staatsausgaben wachsen, konjunkturunabhängig, rascher als die laufenden Einnahmen. Bisher ist es nicht gelungen, das Wachstum der Ausgaben fühlbar zu bremsen oder gar zum Stillstand zu bringen. Von einer Sanierung der Staatsfinanzen ist die Schweiz weit entfernt. Dabei ist der Bund aufgrund eines Verfassungsartikels aus dem Jahre 1958 und des Haushaltsgesetzes von 1968 verpflichtet, Schulden zu tilgen und den Haushalt permanent auszugleichen. So gesehen verletzt er in eklatanter Art und Weise Verfassung und Gesetze. Dafür kann er aber von niemandem zur Rechenschaft gezogen werden.

Immerhin ist die Schuldenquote nicht auf ein untragbares Niveau gestiegen. Da die Zinsen in der Schweiz traditionell niedrig sind, stellt der Zinsendienst kein wirkliches Problem dar. Zur Besorgnis Anlaß gibt allerdings das Tempo, in dem die Schulden in den neunziger Jahren wachsen. Dieser Trend wird sich fortsetzen, da keine entscheidenden Ausgabenkürzungen zu erwarten sind. Dafür gibt es keine Mehrheit in Regierung und Parlament. Zudem können, im Gegensatz zum Ausland, Referenden Sanierungsmaßnahmen in Volksabstimmungen zu Fall bringen.

Der Finanzminister verkündete 1995, er werde den Bundeshaushalt bis zum Jahre 2001 ausgleichen. Doch das beruht auf unrealistischen Annahmen. Er ging nämlich von zwei Prozent realem Wachstum pro Jahr aus. Die Schweiz wächst aber nicht, sie stagniert. Mehr als eine schwache Erholung der Wirtschaft ist nicht zu erwarten: Der Ausgleich des Bundeshaushalts bleibt daher eine Illusion.

## Sozialwerke im Defizit

Ein herausragendes Phänomen der neunziger Jahre ist der Niedergang der sozialen Sicherheit. Alle Sozialwerke zeichnen sich durch steigende Defizite aus. Für deren Finanzierung ist die

Endzeit angebrochen, was verschiedene Gründe hat: Das fehlende Wachstum der Wirtschaft produziert Ausfälle bei den Einnahmen, die sich meist auf Lohnprozente abstützen. Die Überalterung der Bevölkerung setzt sich fort, was sich negativ auf das Gesundheitswesen und die Altersvorsorge auswirkt. Eine Sanierung des Sozialwesens über den Abbau von Leistungen ist nicht in Sicht: Man versucht über immer mehr Steuern im allgemeinen und die Mehrwertsteuer im besonderen Abhilfe zu schaffen. Wachsende Fiskallasten sind Gift für eine stagnierende oder gar schrumpfende Volkswirtschaft. Diese Lasten wirken sich kontraproduktiv aus, sie be- und verhindern wirtschaftliches Wachstum.

Die Arbeitslosenversicherung ist finanziell überfordert. Die Schere zwischen Einnahmen und Ausgaben öffnet sich immer mehr. Man hat lange Zeit alle Warnungen vor einer wachsenden Arbeitslosigkeit in den Wind geschlagen und daher keine Vorsorge betrieben. Nun muß die öffentliche Hand mit Subventionen in Milliardenhöhe einspringen: Das geht nur über eine zusätzliche Verschuldung, finanzielle Lasten werden – ohne künftige Erträge – auf künftige Generationen verschoben.

Die Krankenkassen leiden unter Defiziten im Gesundheitswesen im allgemeinen und bei den Krankenhäusern im besonderen. In dem Maße, wie man diese Defizite abbaut, müssen die Prämien der Krankenkassen angehoben werden. Das überfordert zahlreiche private Haushalte, die ihr Leben an der Grenze zur Armut fristen, finanziell. Derweil expandieren die Gesundheitsausgaben weiter progressiv zum BIP: Die in den achtziger Jahren versprochene Stabilisierung oder gar Senkung der Ausgaben ist nicht gelungen. Daher ist künftig mit wachsenden Subventionen für Spitäler, Krankenkassen und direkt für notleidende Versicherte zu rechnen. Reicht der Weg über Steuererhöhungen dazu nicht aus, so wird eine massive Neuverschuldung nicht ausbleiben.

## Die Eskalation im Steuerstaat

Die gesetzliche Altersversicherung, die AHV, ist aus dem Gleichgewicht geraten: Um hier Ausgaben und Einnahmen im Gleichgewicht zu halten, bedarf es mindestens zwei Prozent realen

Wirtschaftswachstums, das in den neunziger Jahren gänzlich ausblieb. Die Zahl der Rentner nimmt zu, jene der Erwerbstätigen ab: Die Einnahmen vermögen nicht mehr mit den Ausgaben Schritt zu halten. Bis zum Jahre 2025 werden die kumulierten Defizite der AHV mehr als einhundertfünfzig Milliarden Franken betragen. Diesem Szenario liegt ein angenommenes reales Wachstum von einem Prozent zugrunde. Bleibt Wachstum aus, so ist die AHV schon zuvor pleite. Daher können massive Rentenkürzungen nicht ausbleiben. Um das möglichst lange zu vermeiden, wird man mit Sondersteuern, etwa einer zweckgebundenen Erbschafts- und Schenkungssteuer, und auf jeden Fall mit einer anhaltenden Erhöhung der Mehrwertsteuer die Lücken zu stopfen versuchen: Je mehr die Steuerbelastung aber wächst, desto hemmender wirkt sich das auf das Wirtschaftswachstum aus.

Beschleunigt hat sich in den neunziger Jahren auch der Niedergang der Wettbewerbsfähigkeit der Schweiz. Er schließt sich nahtlos an den Abstieg der achtziger Jahre an, den man damals kaum zur Kenntnis nahm. Die Wettbewerbsfähigkeit eines Landes verändert sich in der Regel nicht schlagartig, sondern eher heimlich, still und leise, um sich in einer späteren Phase dann zu beschleunigen. Diesem Muster folgt auch die schweizerische Wirtschaft, was man an einer Reihe von Indikatoren ablesen kann. Doch vorweg ist zu betonen, daß sowohl mit quantitativen (wie dem BIP je Einwohner) als auch mit qualitativen Indikatoren (etwa Freiheit) operiert wird. Dabei kommen dem Ermessen und traditionellen Einschätzungen große Bedeutung zu. Durch ihren Bonus im Ausland hat die Schweiz einen Vorsprung gegenüber ihren Konkurrenten. Lage und Entwicklung werden daher rosiger gesehen und dargestellt, als sie es tatsächlich sind. Ein Beispiel dafür ist die Heritage Foundation, welche die Schweiz in puncto Freiheit an die erste Stelle weltweit setzt. Offensichtlich kennt sie die Schweizer Verhältnisse nicht, denn Freiheit ist hier, wie später bewiesen wird, mehr Mythos als Realität. Doch wie auch immer: Die üblichen Indikatoren zeigen sowohl in bezug auf die Gegenwart als auch hinsichtlich der Zukunft, daß sich die Schweiz im beschleunigten Niedergang befindet.

## Sinkende Wettbewerbsfähigkeit

Große Beachtung erfahren die jährlichen Bewertungen des World Economic Forum, das zahlreiche Industrienationen mit einem System von über zweihundert Indikatoren unter die Lupe nimmt. Hier rangierte die Schweiz lange an erster Stelle, fiel in den neunziger Jahren zurück, hält sich aber noch immer in den vorderen Rängen. Es fällt dabei auf, daß zahlreiche qualitative Elemente, wie die politische Stabilität, in einem extrem vorteilhaften Licht gesehen werden. Die politische Stabilität ist zur politischen Sterilität verkommen: Das Land läßt jede Flexibilität in der Durchsetzung marktwirtschaftlicher Reformen vermissen. Folgerichtig ist diese politische Stabilität nicht mit einem Plus, sondern mit einem Minus zu versehen. Bedient man sich anderer Indikatoren, wie der Lebensqualität, so liegt nach Untersuchungen der UNO nicht die Schweiz, sondern Kanada an der Spitze. Berücksichtigt man auch die Eigentumsverhältnisse, so rangiert die Schweiz als »Land von Mietern« unter »ferner liefen«. Diese und andere Indikatoren zeigen, daß und wie die Schweiz in den neunziger Jahren an Glanz verloren hat.

Im Mittelpunkt des Interesses liegt nicht so sehr die aktuelle, sondern die zukünftige Wettbewerbsfähigkeit der Schweiz. Welche Trends sich abzeichnen, kann man im World Competitiveness Report aus dem Jahre 1995 nachlesen. Damals lag die Schweiz weltweit noch an fünfter Stelle, einzelne wichtige Indikatoren deuteten aber bereits auf den Niedergang hin. Der Indikator Regierung fiel auf Rang sieben zurück. In bezug auf Infrastruktur und die lokale Wirtschaftskraft landete die Schweiz nur auf Rang fünfzehn. Besorgniserregend ist der Rückfall bei der Internationalisierung vom dritten (1989) auf den achtzehnten Platz innerhalb von nur sechs Jahren. Gemäß einer regelmäßig durchgeführten Studie der UBS bleiben die USA zwar der Hauptkonkurrent der Schweiz, vor ihr werden aber spätestens 2005 Singapur, Malaysia, Thailand, China, Japan und Korea sowie Irland rangieren (*International Finance*, Nr. 26, 1996). Ebensogut wie die Schweiz schneidet Indonesien ab, knapp gefolgt von den Niederlanden und Deutschland.

## Der Bonus geht verloren

Das Ansehen der Schweiz im Ausland erlebt seit 1996 einen beschleunigten Niedergang. Dieser Erosionsprozeß begann schon Ende der siebziger Jahre und verstärkte sich in den achtziger Jahren bis hin zur Siebenhundert-Jahr-Feier der Eidgenossenschaft im Jahre 1991. Damals ergab eine weltweite Umfrage, daß man die Schweiz nicht nur positiv sieht; das traditionelle Wohlwollen in der Beurteilung des Landes war schon damals im Schwinden.

Im Herbst 1996 setzte unvermittelt von den USA und Großbritannien aus eine Kampagne gegen die Schweiz ein, die zum Verlust des Bonus, den das Land seit jeher genossen hat, führen könnte. Die Rolle der Schweiz im allgemeinen und jene des Finanzplatzes im besonderen während des Zweiten Weltkrieges wurde nun schlagartig und radikal anders gesehen und bewertet: Es ging plötzlich nicht mehr um die angeblich heldenhafte Neutralität gegenüber dem Dritten Reich, sondern um Nazigold, Zusammenarbeit mit Hitler-Deutschland und die tödliche Zurückweisung zahlreicher Flüchtlinge an der rettenden Schweizer Grenze. Innerhalb von Monaten wurden die Verhältnisse sozusagen auf den Kopf gestellt. Die Schweiz sieht sich nun permanent – unabhängig davon, was war (und ist) – mit negativen Schlagzeilen in den international maßgebenden Medien konfrontiert. Da die erdrückende Mehrheit der Einwohner dieses Landes sich an inländischen Informationen orientiert, dringen nicht alle »World News« zu ihnen vor. Nicht wenige von ihnen leben daher weiter so, als ob nichts geschehen wäre, orientieren sich weiter an den Mythen des Zweiten Weltkrieges.

## Die Politiker sind überfordert

Mit der radikal veränderten Situation wird die verwöhnte Schweiz nicht fertig. Sie findet zu keinem adäquaten Umgang mit diesem Problem, ist aus allen Wolken – auf denen sie einst schwebte – gefallen. Die Probleme werden heruntergespielt, als vorübergehend bezeichnet; man merkt nicht, daß die »gute alte Zeit« ein für allemal vorbei ist.

Die Zerstörung des Mythos Schweiz ist voll im Gange, ist durch nichts und niemanden mehr aufzuhalten. Die Welt sieht die

Schweiz zunehmend so, wie sie wirklich ist. Man wird dabei entdecken, daß dieses Land überhaupt nie das war, wofür es gehalten wurde. So ist die Parole der Weltausstellung in Sevilla (1992) – »La Suisse n'existe pas« – auf dem Wege, bittere Realität zu werden. Ob und wie das Land überleben wird, wenn es einmal erkannt hat, was es nie war, ist nicht nur eine akademische, sondern auch eine existentielle Frage. Die Schweiz ist, wie aus der nun folgenden Analyse hervorgeht, in mancherlei Hinsicht nicht viel mehr als ein Mythos.

# Die Legende von der Freiheit

Die Schweiz gilt weltweit als das Land mit der längsten freiheitlichen Tradition. »Freiheitlich« wird synonym mit »demokratisch« verwendet. Nach gängiger Meinung ist die Schweiz die älteste Demokratie der Welt. In der Schweiz soll die Freiheit seit jeher in einem Ausmaß verwirklicht gewesen sein, wie man es von keinem anderen Land her kennt. Das geht so weit, daß man »Schweiz«, »Demokratie« und »Freiheit« gleichsetzt. Der Beginn dieser Entwicklung wird offiziell auf das Jahr 1291 datiert, als die alte Eidgenossenschaft gegründet worden sein soll.

Nun stellt sich die alles entscheidende Frage, ob dieses Bild, das man sich im In- und Ausland von der Schweiz macht, einer Überprüfung standzuhalten vermag. In dem Maße, wie Abweichungen zwischen Einschätzung und Realität nachgewiesen werden können, entpuppt sich die Freiheit als ein Mythos. Um es vorwegzunehmen: Die Freiheit ist ein Mythos, der vom Mittelalter bis in die Gegenwart mehr oder weniger systematisch gepflegt wurde, um die Schweiz anders, besser, erscheinen zu lassen, als sie es wirklich war und ist. Daher ist es notwendig und nützlich, Aufklärung zu betreiben. In groben Zügen soll daher nun der aktuelle Forschungsstand der schweizerischen Geschichte skizziert werden.

## Die Gründung der Eidgenossenschaft

Wer nach den Anfängen der Eidgenossenschaft forscht, wird mit großen Schwierigkeiten konfrontiert, »denn die Ereignisse und Zustände in der Innenschweiz um die Wende vom 13. zum 14. Jahrhundert sind dermaßen von sagenhaften, mehr oder weniger ideologisch-patriotisch durchtränkten Erzählungen überlagert, daß nach Ausschaltung von Erfindungen, Fälschungen und Fehldeutungen aus späteren Zeiten wenig historische Substanz übrigbleibt, die als gesichertes Wissen bezeichnet werden kann (W. Meyer: 1291. Die Geschichte, S. 6).

Die schweizerische Gründungssage ist erst im beginnenden fünfzehnten Jahrhundert entstanden (U. Imhof: Mythos Schweiz, S. 51 ff.). Damals wurde der gesamteidgenössische Mythos geboren. Dazu gehören die Landvögte, der Rütlischwur durch die »drei Eidgenossen«, welche die drei Urkantone Uri, Schwyz und Unterwalden personifizieren, sowie der »Burgenbruch«. Gleichzeitig tritt Wilhelm Tell im Lied vom »ersten Eydgenossen« auf den Plan. Er erschießt Gessler, den Tyrannen, die Burgen der Landvögte werden gestürmt und geschleift. Die »freie Schweiz« ist geboren.

Die »drei Eidgenossen« werden im Verein mit Tell im Laufe des fünfzehnten/sechzehnten Jahrhunderts zum eidgenössischen Gemeingut. Sie erscheinen, als Fresko oder Statuen, auf zahlreichen Rathäusern und anderen Gebäuden von Mühlhausen (im Elsaß) bis ins Oberwallis. Der »Burgenbruch« gegen Zwing-Uri und Landenberg steht für sämtliche Schleifungen im ganzen Schweizerland. Die eidgenössische Mythologie ist ausgesprochen kommunal und republikanisch, hat einen anderen Charakter als die Mythologie der Monarchien.

Nach einer alten, bis ins Spätmittelalter zurückreichenden Überlieferung ist die Eidgenossenschaft nach dem Abschluß des Bundes von Brunnen ins Leben gerufen worden: »1315, am St.-Niklaus-Tag, da machten die drei Länder Uri, Schwyz und Unterwalden die ersten Bündnisse untereinander, und das war der Anfang der Eidgenossenschaft.« So ist es in einer Zürcher Chronik aus dem frühen fünfzehnten Jahrhundert nachzulesen. Diese Aussage wurde aber mit der Entdeckung des lange verschollenen und vergessenen Bundesbriefs von 1291 in Frage gestellt. Zweifel, ob man diesen als »Gründungsurkunde« bezeichnen darf, kommen schon deshalb auf, weil darin von einem älteren Bund die Rede ist. Schließlich stellt sich die Frage, ob die Eidgenossenschaft überhaupt auf einem Gründungsakt beruht.

Und eben dies ist ein Mythos. Die Schweiz ist vielmehr allmählich aus sich heraus entstanden. Sie hat sich erst im Laufe des fünfzehnten Jahrhunderts als »Nation« unter die anderen »europäischen Nationen« eingereiht (U. Imhof, S. 11). Dabei ist zur Kenntnis zu nehmen, »dass weder im Bund von 1291 noch in dem inhaltlich leicht erweiterten Vertrag von 1315 Andeutungen enthalten sind, die auf die Gründung eines neuen Staatswesens schliessen lassen könnten«. Die Bestimmungen des Bundesbriefes von 1291 beschränken sich »im wesentlichen auf die Zusicherung gegenseitiger Hilfe im Kriegsfall, auf die Wahrung des Landfriedens sowie die Ablehnung fremder Richter. Nicht einmal die Frage des Verhandlungs-, Vertrags- und Bündnisrechts, die dann 1315 aufgegriffen wird, ist erwähnt, noch viel weniger eine Bestimmung über gemeinsame Beratungs- und Beschlussorgane oder gar Verwaltungseinrichtungen. Diese Andeutungen sollten genügen, um zu zeigen, dass der Bundesbrief von 1291 keinesfalls den Anspruch erheben kann, eine Gründungsurkunde zu sein.« (W. Meyer, S. 156)

Es sind einige weitere nicht unwesentliche Details zu beachten. Zum einen fehlt im Bundesbrief von 1291 die Erwähnung des Ortes, an dem er ratifiziert wurde. Zum anderen verschweigt er die Personen, die den Bund geschlossen haben. Zum dritten ist das Datum nicht eindeutig fixiert worden: »Anfang des Monats August« heißt es darin; das kann, muß aber nicht der erste Tag des Monats sein – auch wenn die Gründung der Eidgenossenschaft, offiziell und definitiv, im Jahre 1891 auf den 1. August 1291 angesetzt wurde. Das machte es damals möglich, das sechshundertjährige Jubiläum der Eidgenossenschaft und damit einen Mythos zu feiern.

Konzentriert man sich auf die Bundesbriefe von 1291 und 1315 und führt man die Eidgenossenschaft und ihre spätere Entwicklung ausschließlich darauf zurück, so wird man der Geschichte nicht gerecht. Im dreizehnten Jahrhundert existierten nämlich insgesamt drei Bünde auf dem Gebiet der heutigen Schweiz. Zum einen gab es den Bund von Uri, Schwyz und Unterwalden, dem sich Luzern, Glarus und Zug anschlossen, der heute die Innerschweiz ausmacht. Bei Zug und Luzern handelte es sich nicht um die heutigen Kantone, sondern um die beiden Städte. Zum anderen existierte das Bündnis von Zürich. Zürich hatte ursprünglich zum System der Bodenseestädte gehört. Neu bestand es aus Zürich, Schaffhausen, Stein am Rhein und St. Gallen mit Verbindungen nach Konstanz. Zum dritten ging es um Bern, das mit Solothurn, Biel, Freiburg, Neuenburg, Moutier-Granval, La Neuveville und Payern die »burgundische Eidgenossenschaft« bildete und diese dominierte (U. Imhof, S. 27 ff.). Vorweg ist zu betonen, daß die Bündnisse von Bern und Zürich für die weitere Entwicklung der Eidgenossenschaft ungleich wichtiger waren als das Bündnis in der Innerschweiz, das vor allem wirtschaftlich keine bedeutende Rolle zu spielen vermochte.

## Der »Freiheitskampf«

Einer näheren Überprüfung hält auch die traditionelle »Befreiungsgeschichte« nicht stand. Dazu gehören eine Volkserhebung gegen die Fremdherrschaft der Habsburger und der Abbruch von Burgen, was gemeinsam von Uri, Schwyz und Unterwalden geplant und gleichzeitig durchgeführt wurde (W. Meyer, S. 163 ff.). Die Habsburger besaßen seit dem elften Jahrhundert Güter am Vierwaldstätter See. Bis ins vierzehnte Jahrhundert hinein zeigten sie jedoch wenig Interesse am Gebiet der Urschweiz. Doch: »In den Urkunden des 12. bis 14. Jahrhunderts fehlen sämtliche Hinweise auf Innerschweizer Burgen in habsburgerischer Hand.« Man kennt nur einige kleinere Anlagen, die von Parteigängern oder Lehensträgern der Habsburger bewohnt wurden, so vor allem in Unterwalden. »Ein Burgenbruch, so wie die spätmittelalterlichen Geschichtsschreiber und verschiedene moderne Historiker ihn uns weismachen wollen, kann unmöglich stattgefunden haben.« Es ist aber wahrscheinlich, daß es im Rahmen lokaler Fehden zur Zerstörung der einen oder anderen Burg gekommen ist. Das ist aber ein internes Ereignis, das nichts mit der Befreiung von einer Fremdherrschaft zu tun hat.

Die Habsburger hatten zahlreiche Anhänger in den Landstädtchen, denen für eine politische Autonomie die wirtschaftliche Grundlage fehlte. Sie waren daher froh, unter der Kontrolle des habsburgischen Amtmanns von Markt- und Handelsprivilegien zu profitieren. Zu den Habsburgern hielt auch der Kleinadel: Er kämpfte damals gegen große wirtschaftliche Schwierigkeiten an, hatte daher Mühe, seinen aufwendigen, standesgemäßen Lebensstil zu finanzieren. Die Habsburger hatten nicht nur Lehen, sondern auch Ämter zu vergeben, die Macht und Reichtum versprachen. Es kam hinzu, daß sich so dem Kleinadel die Möglichkeit bot, am höfischen Leben teilzunehmen.

Aus der habsburgischen Ordnungsmacht zog auch – und vor allem – die bäuerliche Bevölkerung großen Nutzen. Für sie war die Wahrung des Landfriedens besonders wichtig. Ohne die Habsburger wäre die bäuerliche Bevölkerung den verheerenden Auswirkungen der Privatkriege des rauflustigen Adels schutzlos ausgesetzt gewesen. »Der Erfolg der habsburgischen Territorialpolitik beruhte nicht, wie in älteren Geschichtsbüchern behauptet wird, auf einer abgebrühten Ruch- und Rücksichtslosigkeit, sondern auf einer von weiten Teilen der Bevölkerung getragenen Bereitschaft, sich der habsburgischen Herrschaft zu unterwerfen und sich in deren Schutz und Schirm eines gesicherten Wohlstands zu erfreuen.« (W. Meyer, S. 159)

Den entscheidenden Anstoß für den Bund von 1291 gab wohl der Tod von König Rudolf von Habsburg am 15. Juli 1291. Damals herrschte große Unsicherheit darüber, ob das Haus Habsburg weiterhin in der Lage sei, die Urschweiz zu schützen. Davon war die Führungsschicht, der sogenannte Herrenstand, direkt und existentiell betroffen. Der Herrenstand war eine Verflechtung »freier Dorfmagnaten« und »ritterlicher Dienstleute«. Er verfügte über einen großen Teil des nutzbaren Bodens, als Eigenlehen oder als Amtsgut. Gleichzeitig hatten diese »Herren« die wichtigsten Ämter inne, so vor allem jenes des Landammanns, sowie auch die Vogtei- und Gerichtsbefugnisse. Bei kriegerischen Konflikten befehligten sie die bewaffneten Haufen. Es ist unbestritten, daß der Bund von 1291 und in dessen Folge auch der Vertrag von 1315 auf Betreiben der damaligen Machthaber aus dieser Führungsschicht geschlossen wurde. Sie hatten dabei nicht nur das Wohl des Landes, sondern auch die Interessen ihrer Familien und ihres Standes im Auge (W. Meyer, S. 58). Es ging ihnen letztlich wohl um die Erhaltung und Mehrung ihrer Macht, die sie über die bäuerliche Bevölkerung im Rahmen des Feudalismus ausübten.

Die Eidgenossenschaft aber entstand nicht, wie es seit jeher dargestellt wird, in einem heroischen Freiheitsakt, der sich gegen die Habsburger richtete. Vielmehr hat die damalige Schwäche der Habsburger die Entstehung ermöglicht. Tatsache ist, »dass sich die Eidgenossenschaft im 14. Jahrhundert bilden konnte, weil das Land am Vierwaldstättersee in einer wirtschaftlichen und politischen Randzone lag, gewissermassen in einem Machtvakuum, dessen Einbau in einen grösseren Territorialverband sich für keinen fürstlichen Landesherrn zu lohnen schien« (W. Meyer, S. 239).

## Die demokratische Tradition

Entgegen einer weitverbreiteten Meinung existierte im dreizehnten/vierzehnten Jahrhundert keine kollektive Meinungsbildung, die zu demokratischen Entscheidungen geführt hätte, das »Volk« war nicht involviert. Es herrschte weder Versammlungs- noch Niederlassungs- und Gewerbefreiheit. Die wirtschaftliche und politische Führung lag ausschließlich bei einer relativ dünnen Schicht, die rund zehn Prozent der Bevölkerung ausmachte. Sie bestand aus dem Adel, dem ländlichen Magnatentum und der Geistlichkeit. Daran änderte in der Regel auch die Landgemeinde nichts, da dort nur ihre Vertreter wählbar waren. Es ist daher völlig verfehlt, die Schweiz, wie sie vor dem Einmarsch von Napoleon 1798 existierte, als Demokratie zu bezeichnen. Wer sie auch noch für die älteste Demokratie der Welt hält, der liegt vollends daneben. So hatte Island, um nur ein Beispiel zu nennen, schon um das Jahr 1000 ein Parlament. Die Niederlande und England haben eine echte freiheitliche Tradition, die weit über jene der alten Eidgenossenschaft hinausreicht.

In der erdrückenden Überzahl befanden sich die Unfreien in der Abhängigkeit unter anderem von Klöstern und Grundherren. Zwar konnten sie sich grundsätzlich freikaufen, doch dazu fehlten ihnen die Mittel. Es vermag daher nicht zu erstaunen, daß bis ins vierzehnte Jahrhundert hinein davon kaum Gebrauch gemacht wurde.

Bei der Entstehung der Eidgenossenschaft gab es keine Freiheitsideen im modernen Sinn. Die Gesellschaft war ganz mittelalterlich, feudalistisch geprägt. Freiheit war auch kein erstrebenswertes Ziel, denn wer frei sein wollte, riskierte zugleich, vogelfrei zu werden: Er genoß keinen Schutz mehr. Im übrigen ist Freiheit eine Schöpfung der Aufklärung, die dem Mittelalter folgte. Der Ausdruck »freie Schweizer« tauchte erst im achtzehnten Jahrhundert auf.

Im achtzehnten und neunzehnten Jahrhundert wurden die Urschweizer als ein friedfertiges Volk dargestellt, das von Viehzucht und Milchwirtschaft lebte. Es unterbricht sein idyllisches Dasein nur, um zu den Waffen zu greifen und mit ihnen die Freiheit zu verteidigen. Die historischen Quellen des zwölften und dreizehnten Jahrhunderts zeigen aber ein ganz anderes Bild (W. Meyer, S. 112 ff.). Es wird darin immer wieder von bewaffneten Auseinandersetzungen berichtet, die geschlichtet wurden, aber nicht zur Ruhe kamen. Zum einen ging es um Adelsfehden, wobei Lösegeld erpreßt und Rache für vorangegangene Übergriffe geübt wurde. Zum anderen gab es Grenzstreitigkeiten und

Auseinandersetzungen um landwirtschaftliche Nutzungsrechte in Rodungs- und Alpengebieten – so zwischen Schwyzern und den Urnern um den Besitz der Surenalp.

## Der Überfall auf Kloster Einsiedeln

In den Mittelpunkt des Interesses rückt das Kloster Einsiedeln. Die Schwyzer lagen mit diesem Kloster vom zehnten bis zum vierzehnten Jahrhundert im Streit um die March, ein Gebiet, das an den oberen Zürichsee grenzt. Um 1311 wurden Klagen des Klosters über die Übergriffe der Schwyzer aufgelistet. Die Verhältnisse waren insofern kompliziert, als die Habsburger seit 1283 auch Kastvögte des Klosters Einsiedeln waren. Sie befanden sich daher in der Zwickmühle, mußten sowohl dem Kloster wie auch den Schwyzern Schutz und Schirm gewähren.

Am Dreikönigstag 1314 überfielen die Schwyzer Kloster Einsiedeln, das die Habsburger zu Hilfe rief. Diese bereiteten daraufhin eine Strafaktion vor: Im Jahre 1315 kam es zur Schlacht am Morgarten. Die Habsburger wurden in die Flucht geschlagen. Dieses Ereignis wird noch heute jährlich gefeiert. Der Sieg am Morgarten steht für den heldenhaften Freiheitskampf der Eidgenossen gegen den »Erzfeind« Habsburg. Doch die Wirklichkeit sieht ganz anders aus: Im Einsatz der Habsburger zugunsten des Klosters Einsiedeln gegen dessen eigene Landsleute, die Schwyzer, ging es um die Wiederherstellung von Ruhe und Ordnung innerhalb des heutigen Kantons Schwyz. Die Habsburger kamen nicht als äußerer Feind, sondern als Schutzmacht des Klosters und der Schwyzer. Von einem Freiheitskampf der alten Eidgenossen kann daher keine Rede sein.

## Das freiheitsliebende Schweizer Volk

Zwischen den Polen »böser Zwingherr« und »braver Bauer« »soll in der Innerschweiz eine freiheitsliebende, von Landwirtschaft lebende Bevölkerung gewohnt haben, die vorübergehend unter die Herrschaft übermütiger Ritter und Landvögte geraten sei, deren sie sich aber bald in einem Gewaltstreich entledigte und damit den alten Urzustand der Freiheit wiederhergestellt hat. Ein solcher Freiheitsmythos entspricht nicht der historischen Wirklichkeit« (W. Meyer, S. 67 ff.).

Die Innerschweizer werden in einer landläufigen Beschreibung als eigener Menschenschlag geschildert, der die schweizerische Eigenart repräsentiere, was als Argument für eine gemeinsame Abstammung angeführt wird.

Hinter dem »Menschenschlag« steckt die regelmäßig in neuen Varianten erscheinende Idee von einer anthropologischen und kulturell-wirtschaftlichen Geschlossenheit und einer bewußt empfundenen Zusammengehörigkeit, die sozusagen automatisch zur politischen Einheit, zum (National-)Staat führt. Diese Vorstellung basiert auf dem im fünfzehnten Jahrhundert geschaffenen Mythos von der gemeinsamen Abstammung. Weil die Eidgenossenschaft aus der Urschweiz hervorging, war die Bereitschaft seit jeher groß, dort den Ursprung aller als typisch schweizerisch empfundenen Eigenschaften anzusiedeln. Von da aus ist es kein großer Schritt mehr bis zu der Behauptung, der »Nationalcharakter« sei der Eidgenossenschaft bereits in die Wiege gelegt worden.

Zur Verbreitung der »schweizerischen Eigenart« hat auch das Ausland, so vor allem die Süddeutschen und die Italiener, maßgeblich beigetragen. Doch das reduzierte sich letztlich auf das Tragen oder Vorzeigen einfacher, gut sichtbarer Symbole. So zeichnete es den Schweizer aus, daß er eine Straußenfeder am Hut und das Mauritiuskreuz auf dem Wams trug. Dazu gesellte sich der spöttische Vorwurf, die Schweizer würden sich vorwiegend bis ausschließlich mit der Viehhaltung beschäftigen. Das trug ihnen unter anderem das Prädikat »Kuhschweizer« ein. Die Schweizer gingen nun dazu über, ihre Charakterisierung durch Ausländer zur nationalen Eigenart emporzustilisieren.

Ein Mythos ist auch die gemeinsame Abstammung der Eidgenossen. Die über Jahrhunderte anhaltenden Zuwanderungen zeugen von vielfältigen Beziehungen nach außen. Von einem Volk im Sinne einer gemeinsamen Kultur, Herkunft oder Interessenlage kann daher bei den Einwohnern von Uri, Schwyz und Unterwalden im dreizehnten Jahrhundert keine Rede sein. Das gilt für die drei Kantone sowohl im einzelnen als auch zusammen und damit für die alte Eidgenossenschaft.

## Der »alpine« Mythos

Im Laufe des achtzehnten Jahrhunderts wurde die Schweiz zum »Naturwunder« (U. Imhof, S. 106 ff.). Hier ragt zunächst Johann Jakob Scheucher aus Zürich heraus: Er begründete die Hochgebirgsforschung. Nach seinen Vorstellungen genossen die Schweizer die reinste und subtilste Luft unter allen europäischen Völkern. »Wir wissen ja, dass unser Land den obersten Gipfel macht von Europa und hiermit andere Lande unter uns liegen …« So wird der oberste, durch die Alpen gegebene Rand des schweizerischen Vaterlandes fixiert. Nicht minder wirksam erwies sich das Lehrgedicht »Die Alpen« des Albrecht von Haller. Dieses gewaltige Alpenepos beeinflußte die nationale Identität der Schweizer und deren guten Ruf im Ausland nachhaltig. Das wurde später durch die Idylle Salomon Gessners ergänzt, der die Voralpen in den Mythos der Alpen integrierte. Inzwischen hatte das Reisen in die Schweiz eingesetzt. »Es war also kein Wunder, dass Tausende begierig waren, ein Land zu sehen, das so grosse und so reizend ausgemalte Naturszenen darbot.«

Die Alpen erhielten nun auch eine politische Funktion. Man erkannte, daß sie Charakter und Verhaltensweise der Menschen prägen. Der Schweizer leidet unter »unaussprechlichen Begierden nach dem Vaterland«. Er wird von »Heim-Weh« und »Nostalgia« heimgesucht. Johannes Hofer erblickte (1688) darin ein medizinisches Phänomen. Daran schließt sich Heidis Heimweh (in Frankfurt), das als des Schweizers eigenes Leiden gilt, sozusagen nahtlos an. Es ist ein Heimweh nach der unvergleichlichen Alpenwelt, in der eigentlich bessere Menschen leben: Der Älpler, der Hirt, wird nun zum menschlichen Vorbild.

Zur »Schweizerbegeisterung« haben auch und vor allem Ausländer beigetragen. So schreibt der Elsässer Ramond de Carbonnières über den Besuch der Glarner Landsgemeinde (1777): »Kann man sich ein feierlicheres Schauspiel denken, als eine Versammlung freier Männer, welche zusammen ihr Gemeindebestes unter freiem Himmel beraten, im Angesichte des Vaterlandes, welches sie gegen Zwangsherrschaft und Dienstbarkeit, die auf der Welt lasten, beschützen, im Angesicht ihrer Kinder, die schon beim Namen Freiheit aufglühen, und von ihren Vätern lernen, dieses Gut unangetastet den Enkeln zu übergeben?« … »Alles schien mir den ersten Zeiten der Völker würdig; so waren die alten Römer und die freien Männer Griechenlands, so die tugendhaften Gallier, die mutvollen Germanier unserer ehrwürdigen Vorväter.« Für ihn reihte sich die Schweiz in die lange Tradition großer freier Völker ein: Sie war über alles, was es in dieser Welt gab, erhaben.

## Freiheit nicht für alle

Zu Freiheit und Demokratie paßt ein bestimmtes eidgenössisches Element überhaupt nicht. Es geht um die »interne Kolonialisierung«, die erst 1798 beendet wurde. Die alte Eidgenossenschaft zeichnete sich durch große Gebiete der heutigen Schweiz aus, denen die Freiheit vorenthalten wurde: »besetzte Gebiete«, in denen man nicht selten rücksichtslos herrschte und Menschen ausbeutete. Kaum hatten die einen Freiheiten erlangt, schon gingen sie dazu über, den anderen die Freiheit zu nehmen, machten sie zu Untertanen. Davon legen unter anderem die Eroberungen der Berner, Freiburger und Walliser Zeugnis ab. Nach der Schlacht beim Sempach (1415) verleibte sich Bern mit kaiserlichem Segen den Aargau ein. Im Jahre 1536 eroberten die Berner die Waadt. Nachträglich drangen hier auch Freiburger und Walliser ein. Das nennt man in der Schweiz »äußeres Untertanengebiet«. Dazu zählen des weiteren auch die Leventina (im Kanton Tessin) und die March (im Kanton Schwyz).

Ein anderes Element der Kolonialisierung sind die »gemeinen Herrschaften«. Die Vögte der alten Eidgenossenschaft wechselten regelmäßig, konfrontierten die Untertanen stets mit neuen Verhältnissen. Zu diesen Vogteien zählten etwa der Tessin, Teile des Aargaus, der Thurgau, das sankt-gallische Rheintal und Gebiete am oberen Zürichsee, die heute zum Kanton St. Gallen gehören. Darüber hinaus waren kleinere »gemeine Herrschaften« über die ganze Schweiz verstreut (G. Kreis: Der Weg zur Gegenwart, S. 12).

Es vermag kaum zu erstaunen, daß die alte Eidgenossenschaft zahlreiche Aufstände von Untertanen kennt. Berühmt und berüchtigt ist die Revolte der Leventiner gegen die Urner (1754). Sie verlief zunächst unblutig, brach vor der Ankunft der Urner zusammen. Doch diese begnügten sich nicht damit, sondern riefen alle Männer des Tales nach Faido ein. Dort mußten sie barhäuptig und mit »gebogenen Knyen« der Hinrichtung dreier Führer beiwohnen. Den Leventinern wurde verboten, hinfort Waffen zu tragen und öffentliche Ämter innezuhaben. Zugleich verloren sie das Versammlungsrecht und wurden nicht mehr an den Einkünften des Solddienstes beteiligt. In ihren Schreiben an die Urner mußten sie seitdem die Anrede »An die Erlauchtesten und Mächtigsten, unsere Allergnädigsten Herren« und die Schlußformel »Allerergebenste und treueste Diener und Untertanen« verwenden.

Leider war die Leventina kein Einzelfall. Im achtzehnten Jahrhundert kam es in verschiedenen Orten zu spontanen und lokal begrenzten Revolten von Untertanen. Meist reagierte die Obrigkeit wie in der Leventina: Die Anführer wurden hingerichtet, so in Lausanne, im Jura, in Bern, Zürich und Freiburg. Andere wurden zu lebenslänglichem Kerker verurteilt oder in die Verbannung geschickt. Es war allmählich üblich geworden, daß jene, die gegen Angehörige regierender Familien klagten, Gefahr liefen, als Unruhestifter selbst dann bestraft zu werden, wenn sich ihre Vorwürfe als berechtigt erwiesen. Sie verloren die politischen Rechte und hatten Einbußen an oder gar den Ausfall von Einkommen in Kauf zu nehmen.

## Die Glaubenskriege

Mit der Reformation kam Sprengstoff in die alte Eidgenossenschaft. Nun stellte sich die Frage, wer ist ein richtiger Schweizer? Gehört er dem alten oder dem neuen Glauben an? Als erste Stadt wechselte Zürich, mit Zwingli, den Glauben. Es folgten Basel, Bern, St. Gallen, Schaffhausen und andere. Der alte Glaube konnte sich im Kern in der Innerschweiz halten. Dort lebte man in der Überzeugung, die alte Eidgenossenschaft allein weiterzuführen. Die Orte, die sich dem neuen Glauben anschlossen, zeichneten sich durch eine puritanische Lebensweise und das calvinistische Arbeitsethos aus (U. Imhof, S. 59 ff.). Das machte sie auf Dauer wohlhabender und stärker als die katholischen Schweizer, die in ihrem traditionellen Denken verharrten und daher ökonomisch nicht mitzuhalten vermochten. Nur beiläufig sei erwähnt, daß diese Diskrepanz mehr als vierhundert Jahre lang bis weit nach dem Zweiten Weltkrieg angedauert hat. Erst in den letzten

Jahrzehnten haben die katholischen Kantone, die nun konfessionell »gemischt« sind, aufholen können.

Zu heftigen Auseinandersetzungen und Absetzbewegungen kam es besonders dann, wenn Probleme gemeinsam gelöst werden mußten. Eine Ausnahme bildeten die Untertanengebiete, sie mußten den Glauben der Eroberer und Herrscher übernehmen. Es gab hier keine Freiheit in bezug auf die Wahl der Religion. Im Mittelpunkt stand die »gemeine Herrschaft«. Die eidgenössischen Vögte waren mal katholisch, mal reformiert, Anhänger des neuen Glaubens. Daher waren Konflikte aller Art vorprogrammiert.

Kamen die Stände der Eidgenossenschaft zu ihrer Bundesbeschwörung zusammen, so ging es nun um den richtigen Eid. Im Jahre 1526 schworen Zürich und Basel in Bern getrennt. Sie konnten und wollten die gemeinsame Formel »... und bei allen Heiligen« nicht akzeptieren. Der neue Glaube kannte keine Heiligen. Vom nächsten Jahr an wurde auf eine gemeinsame Beschwörung verzichtet.

Nach der Glaubensspaltung kam es in Mode, mit Schimpfworten aller Art zu operieren, die sich über Jahrhunderte hinweg halten konnten. Die Reformierten im allgemeinen und die Zürcher im besonderen bedienten sich antibäuerlicher Ausdrücke aus der Zeit der Schwabenkriege: So bezeichneten sie die fünf katholischen Orte der Innerschweiz als die »fünf Kuhdreckli«. Katholische Geistliche waren »Päpstler«, »Sprützler«, Sacrificulus«. Die Katholiken bezeichneten die Neugläubigen unter anderem als »Ketzer«.

Wie kaum anders zu erwarten, führten die anhaltenden Spannungen vor allem wegen der »gemeinen Herrschaften« zu kriegerischen Auseinandersetzungen zwischen Alt- und Neugläubigen. Im Jahre 1529 kam es zum ersten Kappelerkrieg. Er verlief dank diplomatischer Vermittlung unblutig und endete mit einem Kompromiß. Er fand in der Kappeler Milchsuppe, die gemeinsam gegessen wurde, seinen symbolischen Ausdruck. Damals entstand der Versöhnungsmythos »Einigkeit und Treu ... alte Redlichkeit«. Doch schon bald flammte der alte Streit erneut auf. Zürich erließ einen Lebensmittelboykott gegen die inneren, katholischen Orte. Im Oktober des gleichen Jahres brach der zweite Kappelerkrieg aus, der erste protestantisch-katholische Religionskrieg in Europa. Die katholischen Orte siegten über die

Reformierten, deren Führer Zwingli kam dabei ums Leben. Danach kam es zu einem Friedensschluß, zum Landfrieden: Der politische und kirchliche Status quo blieb erhalten, die katholischen Orte wurden in den »gemeinen Herrschaften« begünstigt.

Es ist nicht zu übersehen, daß die Schweiz damals in zwei religiöse Lager gespalten wurde. Die reformierte Seite gewann an Bedeutung, so durch den Religionswechsel in der Waadt, erzwungen durch die Eroberer aus Bern und die engen Beziehungen zwischen Bern und der Stadt Genf. Letztere entwickelte sich unter der Führung von Johannes Calvin zu einem europäischen Zentrum des Protestantismus. Auf der katholischen Seite wurde die Gegenreformation eingeleitet. Der Klerus wurde besser ausgebildet. Man orientierte sich an den Vorstellungen von Carlo Borromeo, dem Erzbischof von Mailand. Damals kam es zum ersten borromäischen (Sonder-)Bund der katholischen Orte. Noch größeren Einfluß übten die Jesuiten aus, die Kollegien (Mittelschulen) gründeten, um darin »Eliten« auszubilden. Mit dem katholischen Fußvolk beschäftigte sich der Kapuzinerorden. Ausdruck des Aufbruchs sind die barocken Klosteranlagen des siebzehnten und achtzehnten Jahrhunderts.

## Die Bauernkriege

Die Schweiz litt unter ständigen und wachsenden Spannungen zwischen regierenden Städten und Ländern einerseits und ihren Untertanen andererseits. Es kam immer wieder zu Aufständen der bäuerlichen Bevölkerung, die zu Kriegen führten. So zum Beispiel zum Bauernkrieg von 1653, in dem die revoltierenden Bauern aus Bern und Luzern in einer gemeinsamen Aktion der Herrschenden niedergeschlagen wurden. Wenn solche Konflikte eine konfessionelle Dimension annahmen, konnte das der Anlaß für einen Glaubenskrieg sein. Das trifft auf den Ersten Villmergerkrieg von 1656 zu, der mit einem Erfolg der katholischen Orte endete. Im Jahre 1712 fand der zweite Villmergerkrieg statt, aus dem Bern und Zürich als Sieger hervorgingen. Der Friede von Aarau brachte eine Korrektur des Friedensschlusses von 1531. Hinfort hatten die reformierten Orte in den »gemeinen Herrschaften« ein Übergewicht gegenüber den katholischen Ständen.

Die alte Eidgenossenschaft war sozusagen um jeden Preis darauf bedacht, ihre Unabhängigkeit von außen zu erreichen und zu bewahren. Das führte zu einer Entfremdung gegenüber dem Deutschen Reich. Die endgültige völkerrechtliche Loslösung vollzog sich beim Westfälischen Frieden von 1648. Das ist nicht die Leistung der Eidgenossenschaft, sondern die einer einzelnen Person, namentlich von Johann Rudolf Wettstein aus Basel. Doch nun geriet die Schweiz in eine rasch wachsende Abhängigkeit von Frankreich, das damals zur ersten Großmacht in Europa aufstieg.

Im Jahre 1663, nur fünfzehn Jahre nach dem Westfälischen Frieden wurde die Soldallianz erneuert. Gegen das Recht, Truppen in der Schweiz anzuwerben, garantierte Frankreich die territoriale Integrität der Eidgenossenschaft. Es sicherte zugleich diplomatische und militärische Hilfe bei Konflikten zu und gewährte zusätzliche handelspolitische Vergünstigungen. So wurde die Schweiz damals faktisch zu einem Protektorat von Frankreich, verlor seine Unabhängigkeit.

## Freiheit aus Frankreich

Die Französische Revolution übte einen nachhaltigen Einfluß auf die alte Eidgenossenschaft aus (G. Kreis, S. 22 ff.). Es kam immer wieder zu Aufständen gegen die Obrigkeit, die allerdings niedergeschlagen wurden. Im Jahre 1797 reiste General Bonaparte durch die Schweiz und wurde in Lausanne begeistert empfangen. Danach überstürzten sich die Ereignisse, die Forderungen nach »Freiheit und Gleichheit« waren nicht mehr zu überhören und zu übersehen.

Doch ohne Druck und Hilfe von außen hätte die Freiheits- und Gleichheitsbewegung sich wohl nicht durchzusetzen vermocht.

Nun versammelten sich die Gesandten der Kantone in Aarau, das zu Bern gehörte, um die alten Bünde zu erneuern. Es war ihr erklärtes Ziel, gegen außen und gegen innen, gegenüber Frankreich und gegenüber den revolutionären Kräften im eigenen Land Einigkeit und Geschlossenheit zu demonstrieren, den Zerfall der Eidgenossenschaft zu verhindern, das traditionelle System zu retten. Das konnte aber nicht erreicht werden: Basel verweigerte sich, andere Kantone wie Appenzell und Glarus waren nur halbherzig dabei. Es gab Auseinandersetzungen darüber, ob man das ganze Volk, demnach auch die Untertanen, in den Schwur einbeziehen sollte. Schließlich blieb der Schwur auf die Vertreter der regierenden Oberschichten beschränkt. Diese übersahen offensichtlich, daß die politische und rechtliche Ordnung nicht mehr den gesellschaftlichen Verhältnissen entsprach. Die alte Eidgenossenschaft war dem Ende nahe.

Am 25. Januar 1798 überschritten die französischen Truppen die Grenzen. Ihre Invasion erfolgte im Namen von »Freiheit und Gleichheit«. Sie konnten davon ausgehen, vor allem von den Untertanen mit offenen Armen empfangen zu werden. Nach der Besetzung von Lausanne und der Ausrufung der Lemanischen Republik kapitulierte ein Kanton nach dem anderen, so auch die aristokratischen Stände Freiburg und Solothurn. Bern trat nun allein gegen Frankreich an und verlor. Im Februar und März 1798 wurden in der ganzen Schweiz Republiken ausgerufen. Am 4. April gab es kein einziges Untertanengebiet mehr. Das Land war in vierzig Landschaften zerstückelt, die vorhatten, als gleichberechtigte Republiken den Schweizer Bund fortzuführen.

Frankreich wollte die Schweiz ursprünglich in drei voneinander unabhängige Republiken aufteilen. Rhodanien mit der Waadt, dem Wallis und dem Tessin. Der Tellgau hätte aus der Innerschweiz bestanden. Mit dem Rest wäre die Republik Helvetien gebildet worden. Doch schließlich wurde die Schweiz statt dessen in achtzehn Kantone eingeteilt. Diese durften aber keine eigene Verfassung haben, wurden zu Verwaltungsbezirken degradiert. Unter massivem Druck der französischen Truppen stimmten die kantonalen Räte im März 1798 einer oktroyierten Einheitsverfassung zu. Am 12. April 1798 wurde die eine und unteilbare Helvetische Republik proklamiert.

## Das Ende der alten Eidgenossenschaft

An diesem Tage ging die alte Eidgenossenschaft endgültig unter. Aus ihr war nun ein Satellit Frankreichs, eine uneheliche Tochter der Französischen Revolution geworden. Mit dem Untergang des »Ancien régime« wurde die Schweiz zum erstenmal eine Demokratie mit echter Freiheit und Gleichberechtigung. Das Zeitalter von Obrigkeit und Untertanen, das der Unfreiheit, ging mangels Flexibilität und Einigkeit der alten Eidgenossenschaft abrupt zu

Ende. Die alte Eidgenossenschaft hatte die Zeichen der Zeit nicht erkannt, sie ging sang- und klanglos unter; sie scheiterte letztlich an sich selbst. Den Gnadenstoß erhielt sie von außen, durch fremde Truppen aus Frankreich.

Die Helvetik dauerte lediglich fünf Jahre. Sie stand im Zeichen von Kämpfen zwischen den Anhängern des Einheitsstaates (Unitarier) und des Staatenbundes (Föderalisten) (G. Kreis, S. 44 ff.). Es gab innerhalb von nur zweieinhalb Jahren vier Staatsstreiche. Als Napoleon seine Truppen im Sommer 1803 aus der Schweiz abzog, brach offener Bürgerkrieg aus. Napoleon intervenierte erneut, seine Vermittlung führte zur Mediation vom 30. September 1803, die dem Lande eine neue Verfassung aufzwang. Darin fehlt die Idee der Einheitlichkeit und Unteilbarkeit der Helvetischen Republik. Sie ließ die zentralistische Organisation fallen. Nun wurde an die föderalistische Tradition der alten Eidgenossenschaft angeknüpft. In der neuen Verfassung erschienen die einstigen Untertanenländer Aargau, Thurgau, Tessin, Waadt und die ehemaligen zugewandten Orte St. Gallen und Graubünden als selbständige Kantone. Erhalten blieben zunächst die politische Gleichberechtigung, die individuellen Rechte und die Handels- und Niederlassungsfreiheit. Als Napoleon aber 1814 definitiv besiegt wurde, witterten jene Morgenluft, die ihre Macht 1798 verloren hatten: Sie wollten zu den alten Zeiten – zum Ancien régime – zurückkehren.

## In sich gespalten

Auf dem Wiener Kongreß von 1815 entstand die Schweiz in ihren heutigen Grenzen als unabhängiger und neutraler Bundesstaat. Im August des gleichen Jahres gab sich das Land eine neue Verfassung. Sie wurde allerdings nur mit einer bescheidenen Mehrheit der Kantone angenommen. Doch schon unmittelbar nach ihrer Verkündigung drohte der Bund mehrmals zu zerfallen. Ohne massiven Druck von außen, durch die verbündeten Mächte, wäre selbst eine elementare Einigung nicht zustande gekommen.

Den Kantonen wurde es nun weitgehend überlassen, die innerstaatliche Ordnung zu gestalten. Das führte zu einer Dreiteilung des Landes. Die einen kehrten zum ständisch-patrizisch-zünftischen System zurück, waren darauf aus, Zustände wie vor der Revolution von 1798 wiederherzustellen. Dabei beschnitten sie unter anderem die Rechte der ländlichen Bevölkerung. Das trifft etwa auf Basel, Bern, Freiburg, Genf, Luzern und Zürich zu: Sie gaben hinfort den Ton im losen Bundesstaat an. Die innerschweizerischen Kantone kehrten zur alten Landsgemeinde zurück, betrieben eine restaurative Politik. Die inzwischen befreiten Kantone, so Aargau, Thurgau, St. Gallen, Tessin und Waadt, führten ein demokratisch-repräsentatives System ein, orientierten sich an den Idealen der Französischen Revolution. Spannungen zwischen diesen drei Gruppen von Kantonen waren vorprogrammiert.

## Das Volk erhebt sich

Im Jahre 1830 verlief in Paris die Revolution gegen den »Bürgerkönig« erfolgreich. Das drang bis in die Schweiz durch, führte zu Volkserhebungen in den bedeutenden Kantonen. In den Jahren 1830/31 versammelte sich die Landbevölkerung zu »Volkstagen«: Sie protestierte gegen die rechtliche Zurücksetzung, die sie seit 1815 gegenüber den herrschenden Familien der Hauptorte hatte erfahren müssen. Nun wurde das Ende der Restauration eingeläutet. Der Liberalismus erlebte einen durchschlagenden Erfolg. Eine liberale Verfassung scheiterte aber 1833 auf Bundesebene. Die Konservativen hatten damit einen bedeutenden Sieg errungen, begannen sich nun zu formieren (Sonderbund). Sie waren nämlich nicht bereit, ihre Errungenschaften, ihre Privilegien, aufzugeben.

Als Reaktion darauf kam es zu einer Radikalisierung der Liberalen. Der Graben zu den Konservativen vertiefte sich. Um 1840 eskalierten die Gewalttätigkeiten und führten 1847 zum »Sonderbundskrieg«. Die katholischen Orte hatten sich zuvor geweigert, sich den Mehrheitsbeschlüssen zu unterwerfen. In diesem kurzen Bürgerkrieg standen die Bundestruppen unter dem Befehl von General Dufour, der einen raschen Sieg errang.

Nun übernahmen die Liberalen auch in den Kantonen des Sonderbundes die Macht, nachdem man sie dort zuvor unterdrückt hatte. Daraus ging eine starke gesamtschweizerische radikal-liberale Mehrheit hervor. Sie arbeitete eine Verfassung aus, die von der Tagsatzung und dem Volk angenommen wurde. Am

22. September 1848 löste sich die Tagsatzung auf. Schon im Oktober fanden die ersten Wahlen für den Nationalrat statt. Sie endeten mit einem überwältigenden Erfolg der Liberalen. Am 1. November nahm die Bundesversammlung ihre Arbeit auf. Das war der krönende Abschluß einer liberalen Revolution, die in der Schweiz fünfzig Jahre, von 1798 bis 1848, gedauert hatte. Hinfort mußten sich die traditionellen Kräfte mit einem Bundesstaat abfinden, in dem die Mehrheit den Ausschlag gab, von der Minderheit eine loyale Unterwerfung verlangte.

## Der Sieg der Radikalen

Mit der Gründung der neuen Eidgenossenschaft waren nicht alle Probleme gelöst. Die Konservativen lehnten den neuen Staat ab, waren nicht bereit, sich in ihn zu integrieren. Die katholischen Kantone, die eigentlichen Verlierer von 1847, zogen sich sozusagen ins Ghetto zurück. Das spaltete die Schweiz tief in zwei religiöse Lager. Parallel dazu verlief nun auch die wirtschaftliche Entwicklung. In den reformierten, liberalen Gebieten expandierte die Wirtschaft, während die katholischen Regionen sich weiter in traditionellen gewerblichen Bahnen bewegten, wirtschaftlich nicht mithalten konnten. Diese doppelte Zweiteilung der Schweiz – religiös und ökonomisch – dauerte bis weit in die Zeit nach dem Zweiten Weltkrieg hinein: Sie konnte bis heute nicht ganz überwunden werden.

## Der Kulturkampf

Die katholisch-konservativen Kantone entwickelten sich allmählich zum »politischen Katholizismus« hin. Das führte, angeheizt durch das Vatikanische Konzil von 1870, welches das Dogma der Unfehlbarkeit des Papstes verkündete, zum Kulturkampf. Dabei kam es zu harten, auch feindseligen Auseinandersetzungen, vor allem auf kantonaler Ebene, zwischen der katholischen Kirche und der Staatsgewalt. Damals wurden die Bestimmungen gegen die Jesuiten und die Gründung von Klöstern verschärft. Der Bund brach die Beziehungen zum Nuntius des Vatikans ab; sie ruhten bis 1920. Während des Kulturkampfes entstand die katholische Tagespresse, so 1871 das »Vaterland« in Luzern und »La Liberté« in Freiburg. Im Jahre 1889 kam es schließlich zur Gründung der katholischen Universität in Freiburg. Zwar flaute der Kulturkampf Ende der siebziger Jahre des vorigen Jahrhunderts allmählich ab, die damals geschlagenen Wunden sind aber bis heute nicht ganz vernarbt.

Zu vielfältigen Spannungen, auch zu Zerreißproben kam es während und kurz nach dem Ersten Weltkrieg. So erhitzte die Wahl von Ulrich Wille zum General die Gemüter. Die »Welschen« stießen sich an seiner Sympathie für das Deutsche Reich. Aber auch sein Gegenkandidat, Generalstabschef Theophil von Sprecher, sorgte für Ärger. Er führte für den Fall eines Angriffs durch Dritte eigenmächtig Gespräche mit Nachbarstaaten, was mit der Neutralität nicht zu vereinbaren war. Wirtschaftlich war die Schweiz schlecht auf den Weltkrieg vorbereitet. Es fehlte an Gütern im allgemeinen und an Nahrungsmitteln im besonderen. Eine galoppierende Teuerung heizte die sozialen Spannungen an. Auf Importe angewiesen, geriet die Schweiz in die Abhängigkeit von den Alliierten. Zugleich kam es auch zu psychologischen Schwierigkeiten, da die »Welschen« mehrheitlich mit Frankreich sympathisierten. So tat sich ein Graben zwischen den beiden Landesteilen auf, der »Röstigraben«, der bis heute nicht überwunden werden konnte.

## Der gescheiterte Generalstreik

Die eskalierenden sozialen Spannungen mündeten in den Generalstreik von 1918, der mit Gewalt niedergeschlagen wurde. Es war erneut der »bürgerliche Staat«, den die »Linke« ablehnte, der den Sieg davontrug. Es kam allerdings zu substantiellen Zugeständnissen, so zur Einführung des Proporzes bei den Nationalratswahlen von 1919. Die großen Gewinner waren dabei die Sozialdemokraten und die neugegründete Bauern- und Bürgerpartei. Das schaffte eine völlig neue Ausgangslage, die in den folgenden Jahrzehnten zu einschneidenden innenpolitischen Veränderungen führte.

Der Klassenkampf ging in der Schweiz aber trotzdem weiter, in den dreißiger Jahren erreichte er seinen Höhepunkt. Im Jahre 1933 töteten Truppen dreizehn Personen, als sie in Genf beim

Schutz einer faschistischen Versammlung in die Menge schossen. Im Jahre 1935 verwarf das Volk eine Initiative der Linken zur Bekämpfung der Krise und der Arbeitslosigkeit. Das gleiche Schicksal erlitt drei Monate später der Versuch einer Totalrevision der Bundesverfassung. Darin war vorgesehen, sich geistig an Deutschland zu orientieren, die Demokratie durch das Führerprinzip abzulösen. Die Wende zum Positiven brachte unter dem Druck der äußeren Bedrohung das Friedensabkommen von 1937: Arbeitnehmer- und Arbeitgeberorganisationen einigten sich darauf, ihre Streitigkeiten hinfort auszutragen und sich gegebenenfalls einem Schiedsgericht zu unterwerfen. Von da an ging es in der Schweiz bis heute nicht mehr um ökonomische, sondern um soziale »Gerechtigkeit«.

## Die Bedrohung durch den Faschismus

Die Schweiz konnte den Zweiten Weltkrieg ohne großen Schaden überleben: Es war eine schwierige Zeit von »Anpassung und Widerstand«. Die Wahl von Henri Guisan zum General erwies sich als ein hervorragender politischer Schachzug. Nun stand der Armee ein »Welscher«, nicht wie im Ersten Weltkrieg ein Deutschschweizer vor. Das brachte die nötige Distanz zu Nazi-Deutschland. Am gefährdetsten war das Land 1940, als Frankreich kapitulierte, die Schweiz nun vom Faschismus eingekreist war. General Guisan demonstrierte seinen Widerstandswillen am berühmten Rütlirapport. Die Armee konzentrierte sich nun auf die Alpen, baute diese zu einer Festung aus, zog sich ins Réduit zurück. Diese geistige Haltung griff auf breite Volksschichten über. Damit war der Weg der Schweiz vorprogrammiert. Das Land ist mehrheitlich noch heute davon überzeugt, auf sich selbst gestellt, im Alleingang, die Zukunft am besten meistern zu können.

Eine herausragende Rolle spielte ab den dreißiger Jahren die »geistige Landesverteidigung«. Sie wurde als notwendige Ergänzung der militärischen Landesverteidigung konzipiert. Es versteht sich von selbst, daß man sich dabei der »glorreichen« Vergangenheit und damit auch zahlreicher Mythen bediente. Zwar waren die meisten von ihnen in der Zeit nach 1848 entlarvt worden. Diese wissenschaftlichen Erkenntnisse vermochten aber im Volk so gut wie nichts zu bewirken. Typisch dafür ist die Aussage: »Und ob Gelehrte streiten, es lebe unser Tell.«

Zuerst pflegten patriotische Vereinigungen die »geistige Landesverteidigung«. So formulierten die »Schweizer Schriftsteller« 1935 die Aufgabe ihres Verbandes wie folgt: »Sie schenken dem Schweizer Volk das stolze Bewusstsein seines Wertes, sie verteidigen die schweizerische Seele gegen fremde Beeinflussung und tragen die Grundsätze, auf denen unser Staat beruht, über die Grenzen hinaus.« (U. Imhof, S. 247) Die »geistige Landesverteidigung« nahm nun zunehmend staatlichen Charakter an. Im Jahre 1937 erließ der Bundesrat eine Botschaft zur Schweizer Kulturpolitik. Darin fixierte er die schweizerische Identität: »Bündische Gemeinschaft, Eigenart und Eigenwert der eidgenössischen Demokratie, Ehrfurcht vor der Würde und Freiheit des Menschen« sind die Konstanten des staatlichen Wesens der Schweiz. Die Landesausstellung in Zürich von 1939 stand völlig im Zeichen der »geistigen Landesverteidigung«. Der sogenannte »Höhenweg« verkörperte in kräftig-massivem Stil die Selbstdarstellung nationalen Denkens und Daseins.

## Der Mythenkult

Während des Zweiten Weltkrieges erlebte die »glorreiche« nationale Geschichte eine Renaissance. Man belebte den eidgenössischen Mythos, um damit den Widerstandswillen zu stärken (U. Imhof, S. 251 ff.). In den Mittelpunkt rückte der Rütlibrief von 1291. Im Jahre 1941 wurde seine sechshundertfünfzigjährige Existenz gefeiert. »Wilhelm Tell« erlebte einen lebhaften Boom. Er verkörperte den konservativen Familienvater, wurde zum übermächtigen Mahner und Warner vor fremden Richtern und Einflüssen hochstilisiert. Das Ideal einer »wahrhaften« Schweiz schaffte auch im zivilen Leben mehr oder weniger den totalen Durchbruch.

General Guisan versammelte die hohen Offiziere nicht nur auf dem Rütli, sondern danach auch bei Sempach (Winkelried) und am Morgarten, um frühere Siege zu feiern. Zugleich beschwor er aber auch heroische Niederlagen wie jene bei St. Jakob an der Birs, deren Fünfhundert-Jahr-Feier auf das Jahr 1944 fiel. Im Gedenken an den Aufstand der Nidwaldner gegen die französischen

Truppen 1799 lautete das Losungswort der Offiziersverschwörung von 1940 »Nidwalden«. Man benützte somit die Franzosenzeit als Warnung vor einer möglichen deutschen Invasion.

Bruder Klaus und Ulrich Zwingli wurden als katholisch-reformiertes Gespann, als Mahner präsentiert. Dabei ging es auch um den Abbau konfessioneller Spannungen. Als Vatergestalten kamen Jeremias Gotthelf, Gottfried Keller, Jakob Burckhardt, Heinrich Pestalozzi und General Dufour zum Zuge. Die Schweizer Fahne wurde zusammen mit jener des Roten Kreuzes und dem christlichen Kreuz zu einem Dreifachsymbol verschmolzen. Der Dank-, Buß- und Bettag drang intensiv in das Bewußtsein des Volkes ein. Die Kirchen waren voll, der betende Krieger von Hodler galt dafür als Symbol.

Der »alpine Mythos« wurde neu belebt, man dehnte die Gotthardfestung auf das ganze Land aus. Die besonders gepflegte Bauernideologie geriet mit dem Anspruch, »Grund und Boden« zu verteidigen, in die Nähe des nationalsozialistischen »Blut und Boden«. Als beliebtestes Zitat machte »Im Haus muß beginnen, was leuchten soll im Vaterland« die Runde. Die für jedermann verständliche Mundart eroberte die deutsche Schweiz. Mit ihr konnte und wollte man sich vom schriftdeutschen Jargon distanzieren, der dem potentiellen Feind eigen war.

Die Konstanten der schweizerischen Identität, die sich im neunzehnten Jahrhundert herausgebildet hatten, wurden nun überakzentuiert. Zu ihnen gehörten etwa Demokratie, Freiheit, Föderalismus, Wehrhaftigkeit, Heimatliebe, Arbeitsethos und Neutralität. Eine besondere Rolle spielte zugleich die Forderung von Zwingli: »Tut um Gottes willen etwas Tapferes.«

Der Aktivdienst ging 1945 mit einem eindrücklichen Defilee aller Armee-Einheiten zu Ende. Als sich aber der kalte Krieg abzeichnete, zur bedrohlichen Realität wurde, übertrugen die Schweizer das Feindbild des Nationalsozialismus auf den Kommunismus. Dabei gerieten all jene, die »links« waren, in Verruf, galten nicht als zuverlässige Schweizer.

In den sechziger Jahren erlebte die »geistige Landesverteidigung« eine intensive Kritik. Nun warf man der Kriegsgeneration vor, sie schwelge in Erinnerungen und weiche vor den Problemen der Gegenwart in die »glorreiche Vergangenheit« aus. Manche hielten den Ausdruck »geistige Landesverteidigung« nicht mehr für angemessen, er spreche die Jugend nicht an. Konkret kritisiert wurden die Abwehrhaltung, die Einigelung, die Verkrampfung in sich selbst, Angst, Unsicherheit und Verbote. Für den damaligen geistigen Zustand typisch sind Schriften wie »Helvetische Malaise« von Max Imboden, »Unbehagen im Kleinstaat« von Karl Schmid und »Ungeist des Föderalismus« von Herbert Lüthy.

Die Landesausstellung in Lausanne 1953 stand im Geiste des Zweiten Weltkrieges. Der Pavillon der Armee wurde als Igel gestaltet. Der Landwirtschaft räumte man eine überdimensionierte Position ein. Bei der »Voie Suisse« wurde zwar versucht, den »Höhenweg« der Landi von 1939 zu modernisieren, der »Weg der Schweiz« endete aber in einer bildgetreuen Kopie des alten Höhenwegs. Es war nicht zu übersehen, daß die Mehrheit der Bevölkerung weiter im Geiste des Zweiten Weltkrieges lebte, für die neue Zeit kein Verständnis aufzubringen vermochte.

## Ausgleich um jeden Preis

In der Nachkriegszeit kam es zu einer Reihe politischer Innovationen, die man unter keinen Umständen vernachlässigen darf, denn sie haben die Schweiz bis heute maßgeblich beeinflußt. Zum einen geht es um die Wirtschaftsartikel in der Bundesverfassung, die 1947 angenommen wurden. Sie knüpfen an das Friedensabkommen von 1937 an und tragen dem Anliegen der Wirtschaftsverbände voll Rechnung. Das machte aus der Schweiz eine korporative Wirtschaft, die sich mehr am sozialen Ausgleich als am Markt orientierte. Dazu paßt die Einführung der Alters- und Hinterbliebenen-Versicherung (AHV) zum 1. Januar 1948, die während des Krieges versprochen worden war. Zum dritten ist an die »Zauberformel« aus dem Jahre 1959 zu erinnern. Der für die Parlamentswahlen typische Proporz wurde nun auf die Zusammensetzung der Regierung übertragen. Dabei nahm man zu Lasten der FDP einen zweiten Sozialdemokraten in den siebenköpfigen Bundesrat auf. Damit wurden die traditionellen Grenzen zwischen links und rechts weitgehend verwischt. Man machte hinfort um jeden Preis in Konkordanz, nahm dabei vom grundsätzlichen Denken und Handeln Abschied. Zum vierten wurden 1973 die konfessionellen Ausnahmeartikel in der Bundesverfassung aufgehoben, der erste Anlauf war 1959 gescheitert. Nun wurden die Katholiken wieder gleichberechtigte Bürger, zogen mit den Reformierten gleich.

Der krönende Abschluß der Nachkriegszeit ist die Einführung des Frauenstimmrechts im Jahre 1971. Damit ging die schweizerische »Männer-Demokratie« zu Ende. Die Frauen erhielten endlich die ihnen seit jeher zustehenden politischen Rechte. Denkt man konsequent, so ist die Schweiz erst seit damals eine vollständige Demokratie – mit großem Abstand als letzte Industrienation. Sie schneidet in dieser Beziehung schlechter ab als manche Entwicklungsländer, in denen es schon zuvor das Frauenstimmrecht gab.

## Keine organische Entwicklung

In der Schweiz sind langjährige Bestrebungen nicht zu übersehen, Grundzüge, Konstanten und Elemente des Zusammenhalts zu finden, die es erlauben, eine organische Entwicklung von 1291 über 1848 bis in die Gegenwart abzuleiten (U. Imhof, S. 233). Freiheit und Demokratie stehen bei jenen im Mittelpunkt, welche die historische Entwicklung so zurechtbiegen, daß jenes Bild entsteht, das ihnen am meisten zusagt. Dabei bedient man sich bereitwillig und ausgiebig bestimmter Mythen, um aus ihnen – nicht ohne Erfolg – Realitäten für das Volk zu machen. Man darf daher nicht staunen, daß traditionelle Vorstellungen von der Schweiz und ihrer Entwicklung seit 1291 nicht selten meilenweit von der Wirklichkeit abweichen.

Die Schweiz ist nicht organisch, aus sich heraus, entstanden. Der Bezug auf den Bundesbrief ist verfehlt, die Eidgenossenschaft wurde nicht 1291 gegründet: Sie ist vielmehr im Laufe der Zeit entstanden. Von einer Nation darf man erst ab dem fünfzehnten Jahrhundert sprechen. Zugleich fällt es auf, daß und welch große Mühe das Land mit den echten Meilensteinen in seiner Geschichte hat, sie nicht selten einfach verdrängt.

Im Jahre 1648 erlangte die Eidgenossenschaft ihre definitive Unabhängigkeit vom Deutschen Reich. Der Westfälische Friede jährt sich 1998 zum dreihundertfünfzigsten Mal. Nun mag die Schweiz dieses Ereignisses aber nicht gedenken. Die versteckte Begründung lautet: Es sei vor allem das Werk eines einzelnen, des Baslers Johann Rudolf Wettstein, nicht jenes der Eidgenossenschaft. Der Westfälische Friede wird 1998 aber europäisch gefeiert. Gerade deshalb sei höchste Zurückhaltung geboten, um nicht jene zu reizen, die gegen den Anschluß der Schweiz an die Europäische Union eingestellt sind.

Mit Problemen ist auch 1798 behaftet, obwohl hier Vorbedingungen für 1848 geschaffen wurden. Das paßt aber nicht so recht zu den Feiern von 1998, weil die Demokratie der Schweiz von außen, durch die französische Invasion von 1798 aufgezwungen wurde. Damals ging das Ancien régime auch in der Schweiz zu Ende. Das mögen jene nicht feiern, die das heute noch bedauern. Ohne die französische Intervention wäre die liberale Revolution, die fünfzig Jahre, bis 1848, dauerte, nicht möglich gewesen. Wer das verdrängt, verkennt, daß die Schweizer ihre Freiheit und die Demokratie dem Jahre 1798 verdanken.

Die Bundesverfassung von 1848 wurde zum letztenmal 1948 gefeiert. Damals wurde kaum auf 1798 Bezug genommen: Man war nicht bereit, daß einhundertfünfzigjährige Jubiläum der Helvetik gebührend zu feiern. Beim einhundertfünfzigjährigen Geburtstag der Eidgenossenschaft spielt die Freiheit eine herausragende Rolle. Die Schweiz versteht sich weiterhin als das älteste freiheitliche Land der Welt. Nun wissen wir aber, daß dies nicht zutrifft. Die Freiheit war mehr Mythos als Realität, so vor allem in der Zeit vor 1798, aber auch während der Restauration bis in das neunzehnte Jahrhundert hinein. Danach sind entscheidende Fortschritte zu melden, wobei sich die beiden Weltkriege allerdings sehr ungünstig auswirkten. Nun stellt sich im Jubiläumsjahr die Frage, ob und in welchem Ausmaß die Schweiz 1998 ein wirklich freiheitliches Land ist.

## Konform statt frei

Zuerst gilt es, ein fundamentales Mißverständnis zu klären. Die Schweiz war seit jeher extrem darauf bedacht, vom Ausland unabhängig zu sein, die Selbständigkeit um jeden Preis zu erkämpfen und zu bewahren. Daraus darf man aber nicht unbesehen schließen, die Schweiz sei innerhalb ihrer Grenzen ein freiheitliches Land. Dazu gibt es eine allgemeine und eine schweizerische Erfahrung. Je mehr sich ein Land nach außen abschirmt, das zur alles dominierenden Priorität erhebt, desto mehr muß die innere

Freiheit sich diesem Ziel unterordnen. In der Schweiz werden innere Freiheiten in vielfältiger Art und Weise beschränkt, wie die nachfolgenden Beispiele zeigen.

Die Bundesverfassung sieht die Niederlassungsfreiheit vor. Die Realität sieht anders aus: Öffentliche Arbeitgeber schreiben den kommunalen oder kantonalen Wohnort verbindlich vor. Kantone und Gemeinden üben nicht selten massiven Druck auf private Arbeitgeber aus, damit diese ihren Mitarbeitern nahelegen, am Arbeitsort zu wohnen, um dort Steuern zu bezahlen. Die Freizügigkeit wird durch unterschiedliche kantonale Regelungen massiv eingeschränkt, so zum Beispiel im Bildungswesen, wo krasse Unterschiede bei einem Kantonswechsel zu gravierenden (Schul-)Problemen führen. Kantonsbezogene Ausbildungen und Zeugnisse sind oft so unterschiedlich, daß man eine Umschulung benötigt, um sich in einem anderen Kanton auszukennen und eine bestimmte Funktion ausüben zu dürfen. Das gilt auch und insbesondere für die freien Berufe, vor allem für Rechtsanwälte.

Der Arbeitsmarkt ist nicht frei von betrieblichen, branchenmäßigen und kantonalen Beschränkungen. Ein typisches Beispiel ist das Saisonierstatut für Ausländer. Die »goldenen Fesseln« bei der beruflichen Vorsorge sind eines freiheitlichen Landes unwürdig. Arbeitnehmer sind über die Pensionskassen an den Arbeitgeber gebunden, können nicht ohne massive Einbußen wechseln. Arbeitnehmer werden um so mehr diskriminiert, je älter sie sind. Ein Wechsel jenseits von fünfzig Jahren scheitert nicht selten an der Pensionskasse. Die größten Nachteile haben jene in Kauf zu nehmen, die in jeder Beziehung mobil sind, den Strukturwandel der Wirtschaft so erst ermöglichen. Es versteht sich von selbst, daß sich die eingeschränkte Freiheit am Arbeitsmarkt volkswirtschaftlich negativ auswirkt.

Die Schweiz kennt extreme Bauvorschriften. Von der Freiheit, das zu bauen, was einem zusagt, kann keine Rede sein. Die Regulierungen variieren nicht nur kantonal, sondern auch und vor allem lokal. Bauten müssen meist zum Ortsbild und auch zum Quartier passen, sonst gibt es keine Baubewilligung. Das kann nur zu Einförmigkeit und Eintönigkeit führen, macht erwünschte Innovationen weitgehend unmöglich. Das beeinträchtigt nicht nur die Bauwirtschaft, sondern auch Eigentümer und Mieter.

In der Schweiz existiert eine Vielzahl von Empfehlungen, Verhaltensregeln oder Geboten, deren Einhaltung nicht durch Gesetze und Verordnungen erzwungen wird. Es ist aber klug, sich nach ihnen zu richten, denn sonst läuft man Gefahr, als »schlechter Schweizer« zu gelten. In dem Maße, wie solche ungeschriebenen Gesetze wirksam sind, ist die Freiheit auf dem Rückzug oder existiert faktisch gar nicht. Die freiheitliche Schweiz verkommt zu einer Fiktion. Es wäre zwar verdienstvoll, sich eingehend mit den ungeschriebenen Gesetzen zu befassen, im folgenden können aber nur einige der typischen Normen unter die Lupe genommen werden.

In der Schweiz ist vieles »üblich«. Es werden bestimmte Verhaltensweisen erwartet, die sich eingebürgert haben. Es ist unüblich, sich nicht daran zu halten. So ist es gängig, von der Pieke auf zu lernen, unten anzufangen, bevor man aufsteigen darf. Als Politiker etwa muß man auf der Gemeindeebene beginnen, freiwillig unbezahlte Ämter übernehmen, ganztägig arbeiten, in einem gewissen Alter heiraten, eine Mindestzahl von Kindern haben und sich vor allem nicht zu früh pensionieren lassen. Je mehr solche Regelungen existieren, denen man aus sozialem Zwang nachleben muß, um nicht negativ aufzufallen und gemieden zu werden, desto schlechter ist es um die individuelle Freiheit bestellt. Letztlich kann man um jene froh sein, die sich unüblich verhalten und so zu Pionieren der Freiheit für jene werden, die nichts tun, was von der Norm abweicht.

Personen, die eigenwillig sind, haben in der Schweiz erhebliche Probleme. Wenn sie auch noch zeigen, daß sie nicht bereit sind, sich bedingungslos einzuordnen, machen sie sich nachgerade unbeliebt. Jedermann hat nämlich im Dienste der Gemeinschaft zu stehen und auf eigene Wege zu verzichten. Dabei stellt sich die Frage, ob jene die besseren Schweizer sind, die keinen eigenen Willen bekunden und sich fremdbestimmen lassen. Da ohne Initiative aber nichts läuft, muß es doch so sein, daß bestimmten Personen Eigenwilligkeit zugestanden wird. Diese bilden das sogenannte Establishment, das letztlich darüber entscheidet, was für die Schweiz gut oder schlecht ist. Das zumindest kann jenen nicht zusagen, die einen eigenen Willen bekunden wollen. Es liegt folgerichtig im Interesse einer freiheitlichen Schweiz, möglichst viele Einwohner zu veranlassen, vom eigenen Willen Gebrauch zu machen.

Es wird nicht gerne gesehen, wenn jemand kritisch ist. Ein guter Schweizer lobt, kritisiert nicht sein Land! Entdeckt er aber

Schwächen, so muß er diese schonungsvoll schildern. Unzulänglichkeiten sind zufälliger Art, auf keinen Fall systembedingt. Kritik wird schlecht vertragen. Wer sie übt, »fällt dem Bundesrat in den Rücken«. Er stellt dabei das angeblich beste System, das weltweit existiert, in Frage. Lehnt er dieses ab, so wird er zum Nestbeschmutzer. Letztlich ist es nur ein gradueller Unterschied, woher Kritik kommt. Von links mag man sie gar nicht. Noch weniger aber, wenn sie aus der liberalen Ecke kommt, wo die Schweiz doch ein so liberales Land ist! Ist Kritik überhaupt erwünscht, so muß sie stets konstruktiv sein. Dabei ist es schon gefährlich, die Verhältnisse möglichst objektiv zu analysieren und offen zu kritisieren. An sich ist es die Aufgabe der Politik, daraus konkrete Reformen abzuleiten. Wer sich aber redlich bemüht, Möglichkeiten der Realisierung aufzuzeigen, dem legt man sofort nahe, sich doch lieber auf die Analyse zu beschränken. Was man auch immer macht oder unterläßt, richtig ist es wohl selten. Wer sich über bestimmte Grenzen hinwegsetzt, der wird gewarnt: »Das landesübliche Maß an Kritik ist erreicht.« Wann ist dieser Tatbestand aber erfüllt? Bestimmen das jene, die kritisiert werden? An Grenzen sollte Kritik erst dann stoßen, wenn sie gegen strafrechtliche Normen verstößt, auf keinen Fall zuvor.

Inzwischen ist es üblich geworden, Andersdenkende grundsätzlich willkommen zu heißen. Die Schweiz brauche kritische Bürger, um jene Reformen zu formulieren und zu realisieren, auf die das Land angewiesen sei, um den Herausforderungen der Zukunft gewachsen zu sein. Wer diesem Lockruf folgt, dem geht es wie den Pionieren: Sie dürfen Vordenker spielen, vorpreschen, um so die Bahn für jene frei zu machen, die selbst nicht denken, aber »reife Produkte« anderer an sich reißen – ohne zu erwähnen, wer für sie vorgedacht hat.

Es ist auch nicht üblich, Dogmen, Mythen und Tabus in Frage zu stellen. Dazu zählt schon, Dinge beim Namen zu nennen. Zustände realistisch zu schildern und eine eindeutige, kompromißlose Position zu beziehen. Mutig zu sein lohnt sich meist nicht. Man kann zwar seine Meinung frei äußern, wird aber übergangen, wenn die Gaben des Systems verteilt werden: Zum Zuge kommen Lobredner, Mitläufer und Schweiger. Mutige läßt man in der Hoffnung gewähren, daß sie ins Leere stoßen, von selbst aufgeben oder sich totlaufen. Gelingt das nicht, so werden sie klugerweise integriert oder auch ausgeschlossen, das aber nie offiziell, sondern heimlich, still und leise, ohne Aufsehen zu erregen.

Wenn alle Stricke reißen, operiert man mit dem Argument: »Das ist unschweizerisch.« Diese Phrase ist das Machtinstrument jener, die auf keinen Fall zulassen wollen, daß etwas geschieht, was sie nicht für richtig, opportun, eben für schweizerisch halten. Es ist im Interesse der Freiheit überfällig, zu definieren, was unter schweizerisch zu verstehen ist. Das ist jeweils gegeben, wenn sich jemand an Verfassung, Gesetze und Verordnungen hält. Es impliziert aber Kritik an der jeweils geltenden Rechtsordnung mit dem Ziele, sie zu verändern, zu verbessern. Wer sich rechtskonform verhält, ist auch dann ein guter Schweizer, wenn er sich eigenwillig, kritisch, unüblich und mutig äußert. Ohne eine Mindestzahl solcher Menschen ist Freiheit in der Schweiz auch heute nicht mehr als ein Mythos.

## Konkordanz über alles

Die Schweiz betreibt seit 1959 eine ausgeprägte Konkordanzpolitik. Darauf wird später noch umfassend eingegangen. Hier wird lediglich auf einen erheblichen Nachteil hingewiesen. Konkordanz statt Konkurrenz ist zum alles dominierenden Verhalten geworden, so daß nur jene gute Landsleute sind, die sich konkordant verhalten. Sie zielen jeweils direkt auf den Kompromiß ab, verzichten bewußt darauf, klare ordnungspolitische Alternativen zu entwickeln und zu verfechten. Die schweizerische Politik ist daher pragmatisch, vollzieht sich nur in kleinen Schritten. Sie zeichnet sich durch eine weitgehende Gleichschaltung im Denken und Handeln aus. Die Folge war und ist ein massiver Verlust an Freiheit.

In der Schweiz ist es üblich, alles möglichst paritätisch zu gestalten. Beispiel: Arbeitgeber und Arbeitnehmer beraten und entscheiden gemeinsam. Das Spiegelbild ist die enge Verflechtung der tragenden Funktionen in Wirtschaft, Staat und Gesellschaft. Der helvetische Kompromiß ist die oberste Handlungsmaxime. Das schweizerische Mischsystem gerät daher immer mehr in den Sog des Wohlfahrtsstaates. Es ist auf dem Wege in den demokratischen Sozialismus mit dominierenden planwirtschaftlichen Elementen.

## Eine Bilanz

Nun ist es an der Zeit, eine grobe Bilanz zu erstellen. Zwischen 1291 und 1798 war die Freiheit ein Mythos; sie kam erst mit der Französischen Revolution und Invasion in die Schweiz. Damals begann eine wechselvolle liberale Revolution mit im Trend mehr Freiheit im Laufe der folgenden fünfzig Jahre. Den krönenden Abschluß bildete die Gründung der neuen Eidgenossenschaft im Jahre 1848. Die Freiheit schaffte den Durchbruch. Der Höhepunkt wurde 1874 erreicht. Dann begann die (relative) Einschränkung bis 1914. Vom Ersten Weltkrieg an stand die Schweiz unter massiven Spannungen, die von außen und selbst verursacht waren und mit »weniger Freiheit« entschärft oder überwunden wurden.

Im Zweiten Weltkrieg wurde der Mythos Freiheit in extremer Art und Weise gepflegt und wurden die Mythen der alten Eidgenossenschaft vor 1798 mit aller Kraft erneuert. Die Freiheit erlebte in der Nachkriegszeit zunächst eine Renaissance, doch schon 1959 begann der Aufstieg der Konkordanz zur alles beherrschenden Maxime. Über die Situation im ausgehenden zwanzigsten Jahrhundert gehen die Einschätzungen diametral auseinander. Wer aber behauptet, die Schweiz sei ein freiheitliches Land im allgemeinen und in bezug auf alle anderen Nationen im besonderen, der ist verblendet. Freiheit in der Schweiz ist mehr Mythos als Wirklichkeit.

# Überlebte Neutralität

Die schweizerische Neutralität wird auf Bruder Klaus von der Flüh zurückgeführt. Als 1481 Krieg zwischen städtischen und ländlichen Gebieten innerhalb des Landes auszubrechen drohte, betätigte er sich erfolgreich als Vermittler. Die involvierten acht Orte schlossen damals einen Bund, der die Einheit der Eidgenossenschaft sicherte. Bruder Klaus mahnte die Eidgenossen nachhaltig, sich aus fremden Händeln herauszuhalten, nach außen eine neutrale Position zu beziehen. Das erwies sich damals – und später – als probates Mittel, um innere Zerreißproben im voraus zu vermeiden, die immer wieder von unterschiedlichen Interessen einzelner Kantone und fremder Mächte auszugehen drohten. Konflikte wären ohne Neutralität vorprogrammiert gewesen. Vor allem nach der Reformation, die das Land in zwei einander mißtrauisch bis feindlich gegenüberstehende Lager spaltete.

## Der Weg in die Neutralität

Von ausschlaggebender Bedeutung für die Neutralität erwies sich der Dreißigjährige Krieg von 1618 bis 1648. Die Schweiz gelangte damals, veranlaßt durch das Kriegsgeschehen im Ausland und die Verletzung ihrer Grenzen, zur Einsicht, ihre Neutralität sei ohne bewaffneten Grenzschutz wertlos. Daher schaffte sie mit dem »Defensionale von Wil« 1647 die erste gesamteidgenössische Heeresordnung. Das war der bescheidene Anfang der bewaffneten Neutralität. Im Westfälischen Frieden von 1648 erlangte die Eidgenossenschaft die völkerrechtlich anerkannte Unabhängigkeit vom Deutschen Reich, wurde ein freier und selbständiger Staat. Im siebzehnten Jahrhundert war es üblich, »Neutralitätserklärungen« gegenüber kriegführenden Mächten abzugeben und Grenzbesetzungen durchzuführen. Es ging dabei aber ausschließlich um die Selbsterhaltung des Landes, nicht etwa um eine Ideologie der Neutralität.

Während der Französischen Revolution und der Napoleonischen Kriege erlebte die schweizerische Neutralität turbulente Zeiten (U. Imhof, S. 183 ff.). Sie konnte die französische Besetzung des Landes nicht verhindern. In den Jahren 1814/15 zogen die Truppen der Alliierten ungehindert durch die Schweiz. Die Teilnahme am Kreuzzug gegen Napoleon in der Franche-Comté erwies sich als verfehlt. Auf dem Wiener Kongreß wurde die Neutralität der Schweiz international anerkannt und als immerwährend erklärt. Damals begann die Neutralität der Schweiz zu einem Identitätsfaktor mit sakralem Charakter zu werden.

Nach dem Zusammenbruch des Napoleonischen Reiches blieb die Eidgenossenschaft in Europa als einzige Republik übrig. Die anderen Staaten kehrten zur Monarchie zurück. Damit geriet die Schweiz in die Isolation, wurde aber zugleich attraktiv für ausländische »Revolutionäre«, die hierzulande Unterschlupf fanden. Die Schweiz gab 1847/48, ohne es zu wollen, das Signal zur europäischen Revolution, verhielt sich selbst allerdings neutral. Sie verzichtete 1848 auf ein Engagement zugunsten der Piemonteser im Unabhängigkeitskrieg gegen Österreich: Sie verweigerte die erbetene Hilfe und schloß ihre Grenzen. Nun war eine neue Ära angebrochen. Für die Schweiz bedeutete Krieg hinfort eine Auseinandersetzung, die andere ohne sie führten.

## Vorteile

Künftig gelang es der Schweiz, alle Kriege in Neutralität zu überstehen, die Selbständigkeit zu bewahren. Als der Krieg zwischen Deutschland und Frankreich von 1870/71 ausbrach, wurde die allgemeine Mobilmachung durchgeführt, es kam zu einer umfassenden Grenzbesetzung. Dasselbe wiederholte sich im Ersten und im Zweiten Weltkrieg. Es versteht sich demnach von selbst, daß die bewaffnete Neutralität sich zu einer staatlichen Maxime entwickelte, zur Ideologie und zum Dogma wurde und von niemandem mehr ernsthaft in Frage gestellt werden durfte.

Die Schweiz schaute den europäischen Kriegen militärisch zwar neutral zu, zog aber aus ihnen einen großen ökonomischen Nutzen. So trieb sie jeweils mit allen Seiten, als »Courant normal«, intensiven Handel, wurde so zum eigentlichen Kriegsgewinner. Aus dem Zweiten Weltkrieg ging das Land mit dem größten Wohlstand Europas hervor. Viele andere Nationen mußten wieder bei null anfangen, konnten lange nicht aufholen, geschweige denn überholen.

Als überaus günstiger Schachzug erwies sich im nachhinein die Gründung des Roten Kreuzes in den Jahren 1863/64 durch fünf Genfer, darunter General Dufour. Doch als Gründer ging Henri Dunant in die Geschichte ein. Die Umkehrung der Schweizer Farben Rot-Weiß in Weiß-Rot auf der Fahne des Roten Kreuzes verlieh dem Land eine neue Dimension. Die Neutralität erhielt eine humanitäre Perspektive: Sie sprengte die drohende egoistische Isolation des Landes. Die Schweiz verstand sich nun als ein Hort der Moral in internationalen Beziehungen.

## Beschränkung

Die Schweiz hält seit 1815 am Grundsatz der integralen Neutralität fest. Davon ist sie nur während der Zeit des Völkerbundes abgewichen. Sie praktizierte damals eine »differenzierte«, eingeschränkte Neutralität. Die knappe Zustimmung des Volkes zum Völkerbund ist wohl darauf zurückzuführen, daß Genf als dessen Sitz auserkoren wurde. Das geschah allerdings nicht aus Liebe zur Schweiz, sondern auf Veranlassung des damaligen US-Präsidenten, der ein überzeugter Anhänger des Calvinismus war. Die Schweiz kam deshalb unvermeidbar zum Zuge, weil die Calvin-Stadt sich auf ihrem Gebiet befindet. Das veranlaßte später viele Schweizer, stets davon auszugehen, sie könnten von der UNO profitieren, ohne eines ihrer Mitglieder zu sein. Im Jahre 1938 beendete die Schweiz die Episode des Völkerbundes, kehrte zur integralen Neutralität zurück.

Die schweizerische Neutralität ist schon lange nicht mehr das, was sie einmal in ihren Anfängen war. Im neunzehnten Jahrhundert konnte sie dank günstiger äußerer Bedingungen einigermaßen aufrechterhalten werden. Das änderte sich aber grundlegend mit dem Ersten Weltkrieg. In komplizierten, polarisierenden Situationen im allgemeinen und in Kriegen im besonderen wird man, ob man es mag oder nicht, zur »Partei«. Es ist daher seit langem überholt, von Kontinuität zu sprechen und beharrlich so zu tun, als ob nur die Welt, nicht aber die Schweiz sich verändert hätte. Betrachtet man wichtige Etappen in der Entwicklung der Neutralität (J. M. Gabriel, 1990, S. 113 ff.), so kann man sich nicht mehr um die Einsicht drücken, daß die schweizerische Neutralität sowohl ökonomisch, politisch als auch (völker-)rechtlich ausgehöhlt worden ist.

In eklatanter Art und Weise zeigt sich der Niedergang der Neutralität im ökonomischen Bereich. Die Schweiz mußte sich in Kriegen sowohl freiwillig als auch unfreiwillig zurückhalten. Sie durfte und konnte die ihr grundsätzlich zugestandenen Freihandelsrechte nicht voll ausschöpfen. Im Rahmen des Völkerbundes schränkte sie die Neutralität freiwillig so ein, daß es ihr erlaubt war, »den Handel gegenüber einem Feind des Völkerbundes auf null zu reduzieren und Partei zu nehmen.«

Der Völkerbund ist die Ausnahme, die Regel sind unfreiwillige Beschränkungen, die dem Land entweder durch mächtige Nationen und/oder internationale Organisationen aufgezwungen wurden. Im Ersten Weltkrieg veranlaßten die Engländer die Schweiz, von ihren handelspolitischen Grundsätzen abzuweichen. Im Zweiten Weltkrieg und während des kalten Krieges taten es die Amerikaner. Die USA haben die Regel des »Courant normal« sowieso nie akzeptiert – heute erst recht nicht. Sie machten aus der Schweiz regelmäßig, sowohl im Frieden als auch im Krieg, einen »Supporting State«. Die Schweiz mußte auch an den UNO-Sanktionen gegen Rhodesien ab 1965 teilnehmen. Das erfolgte nun aber unter dem Druck der Weltmeinung und nicht mehr einer Supermacht.

## Druck von außen

Nicht minder wurde die Neutralität durch die Entwicklung des Völkerrechts ausgehöhlt. Je mehr sich das UNO-Recht weltweit durchzusetzen vermochte, desto stärker geriet die Schweiz unter Druck. Ihr Neutralitätsrecht ist mit den Satzungen der UNO nicht vereinbar. Was zur Zeit des Völkerbundes noch möglich war, gilt nicht mehr für die UNO. So gelang es der Schweiz nicht, für den Fall eines UNO-Beitritts die Anerkennung ihrer neutralen Sonderstellung zu erreichen. Sie hätte sich statt mit einem Vorbehalt mit einer einseitigen Neutralitätserklärung begnügen müssen. Die Ziele der Schweiz, die aus dem neunzehnten Jahrhundert stammen, würden sich auch bei einem Beitritt zur Europäischen Union nicht (mehr) durchsetzen lassen.

Nach 1945 wurde das Neutralitätsrecht kaum noch angewendet. Im Golfkrieg von 1990 hat kein einziger Staat mehr versucht, seine Schiffe mit dem Neutralitätsrecht zu schützen. Es nützt der Schweiz unter derart radikal veränderten globalen Rahmenbedingungen nichts mehr, wenn sie erklärt, ihre Neutralität sei fest im Völkerrecht verankert: Wenn dieses nämlich nicht mehr angewendet wird, so ist es bedeutungslos. Die Neutralität ist faktisch zu einer politischen Konzeption degeneriert, die man beliebig einsetzen oder aufgeben kann. Zu dieser Entwicklung hat die Schweiz selbst beigetragen, indem sie sich 1953 entschied, die beiden Korea-Mandate zu übernehmen. Damit wurde die Neutralität auf »Nonparticipation« an einem Krieg reduziert. Nun rückt das in den Mittelpunkt, was von der Neutralität noch geblieben ist, nämlich ihre militärische Dimension.

Die bewaffnete Neutralität ist in zumindest dreifacher Hinsicht auf dem Wege, ausgehöhlt zu werden. Zum einen kann die Schweiz bei einem nuklearen Konflikt, auch wenn er sich im Ausland abspielt, nicht verhindern, daß sie involviert wird. Auswirkungen eines atomaren Krieges (in Europa) machen an keiner Grenze halt. Zum anderen wird die Schweiz durch niemanden bedroht – auch in absehbarer Zeit nicht. Die vier Nachbarn sind Mitglieder der EU und mit der NATO verbunden. EU und NATO sind Organisationen, die der Schweiz nicht feindlich, sondern freundlich gesinnt sind. Beide sind Garanten für »ewigen« Frieden in Europa. Zum dritten ist die Erosion der Landesverteidigung innerhalb der Schweiz nicht zu übersehen. Der Prozeß läuft seit Jahrzehnten, könnte auf Dauer zu einer »Schweiz ohne Armee« führen.

## Der militärische Niedergang

Der Niedergang der Landesverteidigung begann in den sechziger Jahren, als der Wohlfahrtsstaat den Durchbruch schaffte. Er zeichnete sich durch mehr soziale Sicherheit und weniger Militärausgaben aus. Der Anteil der Militärausgaben am Volkseinkommen ist seit damals rückläufig, ein Trend, der sich trotz des kalten Krieges und der atomaren Nachrüstung durchsetzen konnte. Die achtundsechziger Bewegung brachte eine Auflehnung gegen konservative Werte wie Leistung, Gehorsam und Loyalität. Dabei geriet die Bereitschaft, Dienst an der Gemeinschaft zu leisten, unter wachsenden Druck. Man ist nunmehr am eigenen Wohlergehen und an der Selbstverwirklichung interessiert. Im Zuge dieser Entwicklung kam es zu einer Leistungsverweigerung im allgemeinen und im Militär im besonderen. Dabei verlor die Armee auch als »Schule der Nation« und als »soziale Institution« an Bedeutung.

In den siebziger Jahren gelang der ökologischen Bewegung, begünstigt durch die »Grenzen des Wachstums«, der politische Durchbruch. Sie kam zwar in keinem Land an die Macht, hat aber das Denken und Handeln, auch in der Schweiz, nachhaltig beeinflußt. Zentrale Ziele sind Umweltschutz, qualitatives Wachstum und sanfte Technologie. Sie werden als Alternative zur Atom- und Militär-, zur harten Technologie begriffen. Damals ertönte auch der Ruf nach der Demokratisierung der Armee. Deren Eigenleben sei zu beenden. Es versteht sich von selbst, daß eine Institution, die ihre eigenen, spezifischen Gesetzmäßigkeiten hat und auch benötigt, mit substantiellen Problemen konfrontiert ist, wenn sie auf allen Stufen in den Sog der Mitbestimmung gerät.

## Wegfall der Bedrohung

Der entscheidende Anstoß ging wohl von der Entspannung zwischen Ost und West aus. Zwar wurden aus Feinden nicht Freunde, aber immerhin kooperationswillige Kontrahenten, die alles unternahmen, um konventionell und atomar abzurüsten. Das hat die drohende Gefahr erheblich verringert. In einem »feindlosen« Umfeld ist es nicht leicht, Politiker und Wähler von Militärausgaben im herkömmlichen Ausmaß zu überzeugen. Erhebliche bis massive Abstriche bei den Militärausgaben sind vorprogrammiert. Die Hoffnung auf die Friedensdividenden wurde so hoch geschraubt, daß kaum jemand es sich leisten kann, die Wähler zu enttäuschen.

Diese und andere Trends blieben nicht ohne Auswirkungen auf die schweizerische Landesverteidigung. Der beschleunigte Wandel, der sich in den neunziger Jahren durchsetzte, hat seine Anfänge in den fünfziger Jahren.

Nach dem Zweiten Weltkrieg gab es intensive Bemühungen, die Militärausgaben zu senken, darunter die Chevalier-Initiative (1954). Dieses Volksbegehren wurde aber mit einem dringlichen Bundesbeschluß für ungültig erklärt. Es herrschte die Vorstellung, das Land müsse auch in der Produktion von Rüstungsgütern autark sein. 1958 sollten einhundert P-16-Flugzeuge angeschafft werden. Doch sechs Tage nach der parlamentarischen Abstimmung stürzte ein P-16 in den Bodensee. Der Auftrag wurde annulliert. Im Jahre 1961 stand die Modernisierung der Luftwaffe an. Man beschloß, für über eine Milliarde Franken einhundert Mirage-Flugzeuge aus Frankreich zu kaufen. Als der Bundesrat 1964 einen Nachtragskredit von fünfhundertsechsundsiebzig Millionen forderte, kam es zum Eklat. Das Parlament setzte eine Untersuchungskommission (Furgler) ein, die vorschlug, nur siebenundfünfzig Flugzeuge zu kaufen. Seit damals haben Vorlagen für neue Flugzeuge größte Mühe. Es wurden stets weniger Flugzeuge angeschafft, als von der Armee gefordert.

Repräsentative Umfragen ergeben seit Jahrzehnten widersprüchliche Ergebnisse. Die erdrückende Mehrheit sagt zwar ja zur Armee, doch zugleich fordert sie an erster Stelle Einsparungen bei den Militärausgaben. 1971 wurde die Gesamt-Verteidigungs-Konzeption (GVK) geboren. Es ist aber nie gelungen, sie dem Volk verständlich zu machen. In einer Umfrage im Jahr 1986 gaben nun vier Prozent der Befragten Antworten, die erkennen ließen, daß sie mit der GVK und ihren Einrichtungen vertraut sind.

Zu beachten sind zwei weitere Umfragen. Die eine ergab 1986 (Leutenegger), daß das Vertrauen in die Kampfkraft der Armee vor der Rekrutenschule größer ist als unmittelbar danach. Die andere zeigte 1988 (Germann), daß die Leistungsverweigerung der achtundsechziger Generation vom Karrierebewußtsein abgelöst wurde. Nun wird man Offizier, weil das der beruflichen Laufbahn nützt.

## Druck von innen

Ab Mitte der achtziger Jahre begann eine Dynamisierung der verteilungspolitischen Auseinandersetzungen über Volksinitiativen. Davon ging bis heute ein empfindlicher Druck auf die Armee und die Militärausgaben aus. Bei Militärvorlagen hört man immer wieder, sie würden das absolute Minimum dessen darstellen, was die Armee benötige. Nachdem jeweils massive Abstriche vorgenommen wurden, wird verkündet, die bewilligten Mittel seien gerade noch ausreichend. Diese Argumentationsfolge vermag nicht zu überzeugen, begünstigt vielmehr den Trend zum Abbau der Militärausgaben. Dafür muß es aber eine Untergrenze geben, wenn sich das Land effizient verteidigen möchte.

Bisher konnten einschneidende Volksinitiativen abgewehrt werden, so zum Beispiel das Rüstungsreferendum von 1987, das Rüstungsprojekte ab einer Mindestgröße einer Volksabstimmung unterwerfen wollte. 1989 wurde die Initiative zur gänzlichen Abschaffung der Armee eindeutig gestoppt. Genauso erging es der Initiative, die ein Verbot des Baus und Ausbaus von Waffenplätzen anvisierte. Im Jahre 1993 versuchte man einen Aufschub der Beschaffung von F/A-18-Flugzeugen aus den USA zu erreichen – vergebens. Es fällt aber auf, daß seit den fünfziger Jahren weniger Flugzeuge gekauft werden. Irgendwann kommt der Tag, an dem überhaupt keine Flugzeuge mehr bewilligt werden, die schweizerische Luftwaffe aussterben wird.

In den neunziger Jahren tröstete man sich damit, daß das Engagement der Armeegegner wieder abnehmen werde. Das kann, muß aber nicht sein. Langjährige Erfahrung spricht dafür, daß sich die Trends zu Lasten der Landesverteidigung fortsetzen werden. Ohne eine massive äußere Bedrohung des Landes, die momentan nicht zu sehen ist, naht das Aus der traditionellen Landesverteidigung. Je länger der Zweite Weltkrieg zurückliegt, desto geringer wird die Zahl jener, die sich noch an die damalige Bedrohung von außen zu erinnern vermögen. Die Schweiz nähert sich einer Zeit, in der nur noch die »Alten« unter dem – abgeschwächten – Eindruck des Zweiten Weltkrieges stehen.

Die schweizerische Armee sieht sich in absehbarer Zeit mit einer Reihe eingereichter und angekündigter Volksinitiativen konfrontiert. Angekündigt sind die Abschaffung des Zivilschutzes, ein zweiter Anlauf zur Abschaffung der Armee, die Aufhebung der allgemeinen Wehrpflicht und ein Veto gegen eine Beteiligung der Schweiz an einer europäischen Militärstruktur.

Im Mittelpunkt des Interesses steht gegenwärtig die Halbierungs- beziehungsweise Umverteilungsinitiative. Sie wurde bereits eingereicht. Nachdem die Abschaffung der Armee 1989 gescheitert ist, will man nun zunächst eine allmähliche Halbierung der Militärausgaben, ausgehend vom Stand von 1987, erreichen. Das erweckt den Anschein, ein »fairer« Kompromiß zu sein. Beide Seiten gehen sozusagen aufeinander zu, treffen sich in der goldenen Mitte, eben bei fünfzig Prozent. Die zugkräftige Devise könnte dann lauten: »Die Hälfte ist genug.« Erreichen die Armeegegner damit ihr vorläufiges Ziel, so werden sie danach folgerichtig aufs Ganze gehen. Daher ist es nicht mehr auszuschließen, daß die Schweiz jenseits des Jahres 2000 ohne Armee sein wird: Die »bewaffnete« Neutralität geht dann definitiv zu Ende.

## Eine ernüchternde Bilanz

Die Bilanz der schweizerischen Neutralität fällt ernüchternd aus. Ökonomisch muß die Schweiz nicht erst heute das nachvollziehen, was anderswo, vor allem in den USA, beschlossen wird. Die bewaffnete Neutralität wurde in den neunziger Jahren sogar in ihrem ureigenen Kern verletzt: Zeugnis davon legen die Transporte von Kriegsmaterial per Bahn und in der Luft durch die Schweiz nach Bosnien ab. Der Warschauer Pakt ist verschwunden, übriggeblieben ist die NATO. Die Schweiz kann nicht so tun, als ob das für sie eine Bedrohung sei. Ihr wurde schließlich die Mitgliedschaft in der NATO-Partnerschaft für den Frieden angeboten. Die Schweiz könnte auch Mitglied der NATO werden. So viel Sicherheit wie die NATO kann ihr niemand bieten. Es kommt hinzu, daß die Neutralität völkerrechtlich faktisch keine Rolle mehr spielt. Demnach steht fest, daß alle drei Säulen der schweizerischen Neutralität zusammengebrochen sind, die Neutralität hat jegliches Fundament verloren.

Die Welt ignoriert schlicht und einfach die schweizerische Neutralität, hat dafür kein Verständnis mehr. Neutralität kann nur in dem Maße verwirklicht werden, wie sie von anderen Nationen akzeptiert wird. Das ist, wie gezeigt, weder ökonomisch noch völkerrechtlich noch militärisch der Fall. Die Neutralität ist in einem radikal veränderten europäischen und globalen Umfeld wertlos geworden. Sie ist in jeder Beziehung zu einem mythologischen Relikt aus alten Zeiten degeneriert. Wenn die Schweiz nun behauptet, die Zeiten könnten sich wieder ändern, so muß sie wissen, daß ihr das niemand mehr abnimmt.

Es ist unter den gegebenen Umständen nur folgerichtig, die Neutralität aufzuheben, um sich wie andere in die Welt zu integrieren, so zum Beispiel in die UNO und die NATO. Ferner gilt es, jedes Hindernis zu beseitigen, das einem – späteren – Beitritt zur EU im Wege stehen könnte. Diesen überfälligen Schritt muß die Schweiz nicht den anderen zuliebe, sondern aus ureigenem Interesse tun.

# Zuviel Föderalismus

Der schweizerische Föderalismus ist so alt wie das Land. Er wurde auch nach der Gründung des ersten Bundesstaates 1848 intensiv weiter gepflegt. Der Schweizer orientierte sich primär an seinem (Heimat-)Kanton, erst sekundär an der Schweiz. Dabei wird im Geist des Kantons, dem berühmten »Kantönligeist«, gelebt und gefeiert. Man ist schließlich Basler, Luzerner oder Zürcher, unvermeidbar aber auch Schweizer. So gibt es heute noch Kantone, die sich nie mit dem Bundesstaat abgefunden haben. Sie möchten am liebsten zu der Zeit vor 1848 zurückkehren. Die Kantone im allgemeinen und die kleinen unter ihnen im besonderen verstehen sich auch heute noch als selbständige Staaten in dieser Welt – selbst dann, wenn ihre Einwohnerzahl nicht die einer mittleren Stadt übertrifft. Die Kantone haben sich so erfolgreich gegen ihre Integration in den Bundesstaat gewehrt, daß dieser nicht über die Kompetenzen verfügt, die für einen funktionsfähigen modernen Staat unbedingt erforderlich wären. Schweizerische Politik wird weiterhin primär aus kantonaler, nicht aus nationaler Optik betrieben. Der Föderalismus ist denn auch in einer sich globalisierenden Welt(wirtschaft) eine »heilige« Institution, die letztlich von niemandem ernsthaft in Frage gestellt oder gar als überholt bezeichnet werden darf.

## Ein Mißverständnis

In bezug auf den Föderalismus gibt es ein fundamentales Mißverständnis. Es ist zwar richtig und notwendig, das föderalistische Prinzip als Analogie zum Wettbewerbsmechanismus der Marktwirtschaft zu sehen, die Voraussetzungen sind aber nicht in gleichem Maße erfüllt. Die Marktwirtschaft setzt zu Recht auf möglichst dezentrale individuelle Entscheidungen und auf einen funktionierenden Wettbewerb. Der Föderalismus preist den Wettbewerb zwischen den Kantonen einerseits und den Gemeinden andererseits an und geht davon aus, daß dieser sich frei abspielen könne. Es wird dabei übersehen, daß Kantone (und Gemeinden) kollektive Entscheide treffen und über die Möglichkeit verfügen, Gesetze und Verordnungen zu erlassen, die sich gegen die Marktwirtschaft wenden, letztlich protektionistischen Charakter haben. Sie machen davon, wie eine langjährige Praxis zeigt, reichlich Gebrauch. Daraus resultiert eine Be- und Verhinderung des schweizerischen Binnenmarktes. In dieser Hinsicht ist der schweizerische Föderalismus »marktwidrig« und mit zahlreichen negativen Auswirkungen für die Schweiz als Ganzes verbunden. Der Föderalismus ist nur insofern effizient und wünschenswert, als er sich ausschließlich an marktwirtschaftlichen Grundsätzen orientiert. In welchem Ausmaße er von diesem Ideal abweicht, in einen übertriebenen und ruinösen Föderalismus ausartet, zeigen die nachfolgenden Überlegungen.

## Am Binnenmarkt vorbei

Zu den unverzichtbaren Voraussetzungen eines jeden Binnenmarktes gehört die Freizügigkeit von Personen im allgemeinen und von Arbeitskräften im besonderen sowie von Gütern, Diensten und Investitionen – also letztlich von Kapital. Es muß sich daher von selbst verstehen, daß es dafür in der Marktwirtschaft eine ausschließliche Bundesgesetzgebung braucht. Wo diese fehlt, greifen autonome Regulierungen von Kantonen und Gemeinden, die den schweizerischen Wettbewerb be- und verhindern, die Marktkräfte weitgehend ausschalten (können). Die sechsundzwanzig Kantone und über dreitausend Gemeinden, die unabhängig voneinander Regelungen treffen, verwandeln den Föderalismus in einen Protektionismus.

Wie das im einzelnen geschieht, kann man in der empirischen Untersuchung »Binnenmarkt Schweiz« von R. Senti aus dem Jahre 1991 nachlesen. Es geht dabei unter anderem um den Arbeitsmarkt, die berufliche Vorsorge, den Wohnsitzzwang, die eingeschränkte Niederlassungsfreiheit in der Elektrizitätswirtschaft, das Sanitärgewerbe, das Anwalts- und Notariatswesen, die medizinischen Berufe und das Gastgewerbe. Zu beachten sind auch das öffentliche Beschaffungswesen und die staatlichen Monopole im Versicherungswesen. Das Paradebeispiel sind wohl die Anwälte, die mit der Groteske von sechsundzwanzig kantonalen Prozeßordnungen konfrontiert werden.

Die Nachteile von Mehrfachregulierungen sind vor allem in einem so kleinen Land wie der Schweiz mit nur rund einundvierzigtausend Quadratkilometern offensichtlich. Sie wirken sich negativ auf Produktivität und Wohlstand aus. Die direkten Kosten der Regulierungen sind bereits unverantwortlich hoch, nicht minder negativ sind auch die enormen Reibungs- und Zeitverluste, insbesondere für Unternehmen. In dem Maße, wie sich der kantonale und lokale Protektionismus durchsetzt, teilt er den Kleinstaat Schweiz in sechsundzwanzig kantonale und über dreitausend lokale geschützte Märkte auf. Das führt zu krassen »suboptimalen« Größenordnungen, zu »Dis-Economies of Scale«, welche die Kosten in die Höhe treiben. Daher wird man nicht staunen, daß die Schweiz das »teuerste Land« der Welt ist. Einen solchen Föderalismus kann sich nur ein reicher Staat leisten. Langfristig ist er aber nicht finanzierbar.

## Mehrfachregulierungen

Die Schweiz praktiziert einen kooperativen Föderalismus, den sie in der Nachkriegszeit stark ausgebaut hat. Das herausragende Element ist, daß die Kantone im Auftrag des Bundes Aufgaben vollziehen. Man spricht deshalb zutreffend vom Vollzugsföderalismus. Der Bund beteiligt sich mit vielfältigen Beiträgen am kantonalen Vollzug. Diese Überweisungen werden meist nach der Finanzkraft der Kantone abgestuft. Der schweizerische Föderalismus zeichnet sich durch die enge Verflechtung von Bund und Kantonen (und Gemeinden) in der Lösung fast aller öffentlichen Aufgaben aus. Das ist unvermeidbar mit Mehrspurigkeit und entsprechenden negativen Auswirkungen auf den Einsatz öffentlicher Mittel verbunden. Es ist schwierig bis unmöglich, den Überblick über ein derart kompliziertes System zu gewinnen, denn es ist nicht transparent.

Es dauert viel zu lange, bis Entscheidungen jeglicher Art gefällt werden, da jeweils mindestens drei Ebenen involviert sind. Es kommt hinzu, daß nicht selten auch Verbände mitsprechen und Beschwerden gegen Entscheide einlegen dürfen. Es versteht sich von selbst, daß dieser Föderalismus viel zu schwerfällig ist, unnötig enorme Zeitverluste verursacht und in hohem Maße ineffizient ist.

Der schweizerische Föderalismus steht in diametralem Gegensatz zum marktwirtschaftlichen System, in dem alle öffentlichen Aufgaben nach ökonomischen Kriterien, wie zum Beispiel der Größendegression (Economies of Scale), jeweils (nur) einer einzigen Ebene zur ausschließlichen Gestaltung zuzuweisen sind. In diesem Fall gibt es nur noch nationale, kantonale und lokale Aufgaben, die jeweils autonom, also weder verflochten noch kooperativ gelöst werden. Nur dieses System ist voll transparent, vermeidet Mehrspurigkeiten und beschleunigt die Entscheidungsprozesse. Es ist kostengünstig, effizient und dem kooperativen Föderalismus weit überlegen, wie zusätzliche Ausführungen zeigen werden.

Beim Vollzug von Bundesaufgaben durch die Kantone (und Gemeinden) werden sehr unterschiedliche Erfahrungen gemacht. Die meisten Kantone sind zu klein, um die Aufgaben zu vollziehen. Ihnen fehlen die dafür erforderlichen personellen und materiellen Voraussetzungen. Es kommt des weiteren vor, daß Kantone Aufgaben überhaupt nicht vollziehen, weil sie ihnen nicht zusagen. Sanktionen des Bundes gegen solche Kantone sind kaum denkbar, denn sie würden den »inneren Frieden« stören. Daher haben die säumigen Kantone so gut wie nichts vom Bund zu befürchten. Auch werden Aufgaben in bezug auf Umfang und Qualität und hinsichtlich des Zeitpunkts sehr unterschiedlich vollzogen, was den gesamtschweizerischen Wettbewerb verzerrt. Besonders benachteiligt sind dabei jene Unternehmen (und Privatpersonen), die sich über einzelne Kantone hinaus betätigen, gegen »Grenzen« anzukämpfen haben.

## Kontraproduktive Anreize

Von den Bundesbeiträgen gehen verfehlte Anreize auf die Kantone aus. Zum einen werden jeweils nur bestimmte Projekte, wie zum Beispiel der Straßenbau, gefördert. Man erhält nur dann Bundesgelder, wenn man Investitionen (in die Infrastruktur) realisiert, die im Förderungskatalog stehen. Das veranlaßt die Kantone, Investitionen durchzuführen, die in kantonaler Hinsicht weder notwendig noch positiv sind. Das führt zu Überkapazitäten, die am Bedarf vorbeizielen. Im Extremfall baut ein Kanton nur deshalb Waldwege, weil er dafür sehr hohe Subventionen, mehr als neunzig Prozent der Kosten, erhält. Zum anderen werden die Beiträge nicht pauschal in ihrer (absoluten) Höhe fixiert, sondern vielmehr in Prozenten der tatsächlichen Kosten bemessen. Das gibt Anreiz, möglichst hohe Kosten zu produzieren, um auf diesem Wege vom Bund finanziell zu profitieren. Die Kantone betätigen sich so als »Schwarzfahrer« des Bundeshaushaltes. Der Projektförderung ist demnach ein Mechanismus zu einem – gesamtschweizerischen – Fehleinsatz, zur Verschwendung von Ressourcen immanent.

Erforderlich ist ein Systemwechsel, der einerseits den autonomen Bedürfnissen der Kantone gerecht wird und andererseits den bisherigen Fehleinsatz von Ressourcen weitgehend zu vermeiden vermag. Das setzt voraus, daß der Bund hinfort nur noch ungebundene Beiträge (Transfers) zur freien Verfügung gewährt. Er hat sich dabei ausschließlich auf jene Kantone zu beschränken, die eine unterdurchschnittliche Finanzkraft aufweisen, auf die Unterstützung finanziell angewiesen sind. Die anderen Kantone gehen leer aus; das bisherige System wird somit radikal vereinfacht.

Kantonale Aktivitäten aller Art streuen in doppelter Hinsicht über ihre Grenzen hinaus in andere Kantone hinein. Diese externen Effekte werden um so größer, je kleiner die Kantone – auch flächenmäßig – sind. Zum einen werden Kosten ausgelagert, wenn bei Personen und Unternehmen Wohnort und Arbeits- bzw. Firmensitz nicht übereinstimmen. Typisch dafür sind »reiche« Vorortgemeinden: Sie kassieren Steuern von Einwohnern, deren Arbeitsplätze in der Stadt liegen. Die Stadt geht leer aus, das Verursacherprinzip kommt nicht zum Zuge. Zum anderen streuen auch Nutzen(-Erträge) über die Kantonsgrenzen hinaus. So profitieren »Auswärtige« zum Beispiel vom kulturellen Angebot der Städte. Wenn Subventionen im Spiel sind, haben sie einen zusätzlichen Vorteil. Solche Effekte wirken sich negativ auf den gesamtschweizerischen Einsatz von Ressourcen aus. Das führt zu Ungerechtigkeiten und schmälert den landesweiten Wohlstand. Diese Nachteile des Föderalismus lassen sich nur durch einen konsequenten Lastenausgleich zwischen den Kantonen einerseits und den Gemeinden innerhalb eines Kantons andererseits beheben. Doch der scheitert – im besonderen in der direkten Demokratie – in der Regel an den Wählern.

## Ohne Koordination

Die Kantone verzichteten meist darauf, miteinander zu kooperieren, wenn es um den Bau und Betrieb von Projekten der Infrastruktur wie etwa Krankenhäuser oder höhere Schulen ging. Das ist für kleine und mittlere Kantone besonders verhängnisvoll. Zum einen wurden so keine kostengünstigen Lösungen realisiert. Zum anderen führte der unkoordinierte Ausbau der Infrastruktur zu Überkapazitäten. Diese nützen niemandem, kommen aber teuer zu stehen, sind reine Verschwendung. Den herausragenden Fall bildet der Bau von Krankenhäusern in der Nachkriegszeit. In der Bilanz des verfehlten Schweizer Föderalismus stehen rund hundert Spitäler, die überflüssig und daher zu schließen sind.

Öffentliche (Infrastruktur-)Anlagen zeichnen sich durch eine meist technisch bedingte Mindestgröße aus. Ökonomen sprechen von der »Unteilbarkeit« von Objekten wie Schulen, Krankenhäusern, Klär- und Sportanlagen oder Verwaltungsgebäuden. Um solche Objekte auszulasten, ist eine bestimmte Zahl von Benützern erforderlich, die manche Gemeinde oder Kantone nicht aufweisen.

Eine Nichtauslastung ist mit hohen Kosten verbunden. Daher ist es notwendig, eine Mindestgröße von Gemeinden und Kantonen zu erreichen. Nach der Erfahrung der »Gemeindeberater« liegt diese kritische Schwelle bei Gemeinden bei dreitausend oder eher fünftausend Einwohnern. Somit steht fest, daß die erdrückende Mehrzahl der schweizerischen Gemeinden zu klein ist.

In der Praxis führt die Unterschreitung der Mindestgröße zu eindeutigen Konsequenzen: Zum einen können bestimmte Leistungen gar nicht erbracht werden, zum anderen sind die angebotenen Leistungen quantitativ und qualitativ unzureichend. Die Kosten der Leistungserstellung werden prohibitiv hoch. Analog dazu kann man auch die Kantone unter die Lupe nehmen. Man wird dabei entdecken, daß vor allem kleine Kantone die kritische

Größe nicht erreichen. Sie sind letztlich keine lebensfähigen Gebilde.

Sowohl bei Gemeinden als auch bei Kantonen, die zu klein sind, ist die Fusion mit anderen das Gebot der Stunde. Dieses Postulat läßt sich aber bei den Kantonen, die sich seit jeher als selbständige Staaten verstehen, nicht durchsetzen. Als Ersatz kommen »Spezialregionen«, sozusagen Zweckverbände bei einzelnen, die Kantone übergreifenden Aufgaben in Frage. Das hat allerdings den gewichtigen Nachteil, daß eine zusätzliche Ebene über Bund, Kantone und Gemeinden hinaus entsteht. Das produziert noch mehr statt weniger Bürokratie, ist mit zusätzlichen Kosten und weiteren zeitlichen Verzögerungen verbunden. Das ist keine optimale Lösung für Probleme, die von einem Zuviel an Föderalismus herrühren.

## Zu kleine Kantone

Die optimale Größe ist jeweils erreicht, wenn die von öffentlichen (Gebiets-)Körperschaften erbrachten Leistungen den kostengünstigsten Punkt erreichen. Dazu gibt es in der Schweiz keine repräsentativen empirischen Untersuchungen. Man ist daher auf Hilfsindikatoren angewiesen. Dabei rückt der Indikator »Arbeitsmarktregion« ins Blickfeld. Er muß sich auf rund eine Million Arbeitsplätze belaufen, erst dann erreicht er die kritische (Mindest-)Größe.

Wendet man dieses Kriterium großzügig an, so besteht die Schweiz aus höchstens fünf Regionen. Die einzig komplette Region ist jene von Zürich mit einem Einzugsgebiet, das bis Olten, Luzern, Schaffhausen, Frauenfeld, St. Gallen und Glarus reicht. Basel bildet mit den Gebieten nördlich des Juras, dem Elsaß und dem Südwesten von Baden-Württemberg die »Regio Basilensis«: Sie erstreckt sich demnach substantiell auf das benachbarte Ausland, ist folgerichtig eine europäische Region. Eine dritte Region bildet der Kanton Bern bis nach Solothurn mit den Grenzgebieten der Kantone Aargau und Luzern sowie Deutsch-Freiburg. Die nächste Region besteht aus der welschen Schweiz mit den Zentralen Lausanne und Genf. Dazu stößt noch das Genfer Einzugsgebiet in Frankreich. Der Tessin ist nicht mehr als ein Kanton. Um eine Region zu bilden, muß er sich nach Italien orientieren, mit den entsprechenden Grenzgebieten kooperieren. In einer Art von Vakuum befinden sich die hier nicht genannten Gebiete, so die Kantone Graubünden oder Uri. Ihnen bleibt nichts anderes übrig, als sich an der jeweils angrenzenden Region zu orientieren.

Die meisten Kantone betreiben eine intensive Wirtschaftsförderung. Sie arbeiten unter anderem mit erheblichen Subventionen, wie verbilligten oder zinslosen Darlehen, Steuererleichterungen und mit einer für Investoren kostenlosen Erschließung von Industriezonen. Diese Art von Wirtschaftsförderung schneidet bei objektiver Betrachtung selten günstig ab. Zum einen sind Kantone zu klein, um ihre Wirtschaft nachhaltig fördern zu können. Zum anderen verfälschen Subventionen jeder Art den interkantonalen Wettbewerb. Zum dritten diskriminieren sie ansässige Unternehmen, wenn nur Neuansiedler Förderung erhalten. Zum vierten steht der Aufwand in der Regel in einem schlechten bis nicht vertretbaren Verhältnis zum volkswirtschaftlichen Ertrag. Fünftens ist zu bedenken, daß die kantonale Wirtschaftsförderung letztlich ein Nullsummenspiel für die Schweiz ist. Was die einen Kantone gewinnen, geht zu Lasten anderer Kantone. Der Netto-Effekt tendiert somit gegen Null, ist aber mit hohen Anpassungskosten von Unternehmen (und Arbeitnehmern) verbunden. Ein positiver Effekt liegt nur dann vor, wenn sich ausländische Unternehmen ansiedeln, die nicht in schrumpfenden oder stagnierenden, sondern in wachsenden Branchen tätig sind. Solche Unternehmen können aber auch effizienter über günstigere gesamtschweizerische Rahmenbedingungen angezogen werden.

## Regional statt national

Die Schweiz betreibt eine extreme Politik der »regionalen Streuung«, um so möglichst keine Spannungen aufkommen zu lassen. So wird das Berggebiet seit langem massiv subventioniert: Davon profitieren die dortige Bau- und Landwirtschaft und der Fremdenverkehr. Es sind Branchen, die notleidend sind und/oder nicht mehr wachsen (können), über keine Dynamik verfügen. Der Ausbau der Infrakstruktur wird zusätzlich im Rahmen des Investitions-Hilfe-Gesetzes (IHG) gefördert. Davon profitieren das

Berggebiet im allgemeinen und ländliche Regionen im besonderen. Die Infrastruktur ist zwar eine notwendige, aber keine hinreichende Voraussetzung für wirtschaftliches Wachstum. Wenn sich keine neuen Unternehmen ansiedeln, verpuffen die öffentlichen Mittel, die erwünschte wirtschaftliche Entwicklung bleibt aus. Nicht zu übersehen sind auch die massiven objektgebundenen Bundesbeiträge, die in das Berggebiet und in andere Regionen fließen. Sie lösen dort nicht selten Aktivitäten aus, die gesamtschweizerisch nicht zu verantworten sind, aber aus föderalistischen Gründen beibehalten werden.

Föderalistisch operiert auch die Armee: Sie verteilt ihren Geldsegen so auf das Land, daß möglichst viele Menschen davon profitieren. Das geschieht nicht aus altruistischen Überlegungen, sondern vielmehr um die Armee im Volk zu verankern. Dabei wählt sie ihre Standorte nicht nach ökonomischen Kriterien aus, sondern nimmt eine starke, suboptimale Streuung vor. Das ist mit zusätzlichen Kosten verbunden – ohne Nutzen.

Auch der Bund legt die Infrastruktur nicht so sehr nach nationalen, sondern eher nach kantonalen und regionalen Aspekten aus. Erste Priorität hat dabei das »Gleichgewicht« zwischen den Regionen im allgemeinen und zwischen der deutschen und der welschen Schweiz im besonderen. Das Tessin ist schon deshalb zu berücksichtigen, weil man dort italienisch spricht. Im Rahmen solcher »Rücksichten« werden Infrastrukturanlagen doppelt oder sogar mehrfach ausgelegt. Ein Beispiel sind die Eidgenössischen Technischen Hochschulen (ETH): An sich würde jene in Zürich ausreichen. Doch das kann man den Welschen nicht zumuten, daher war eine ETH in Lausanne unausweichlich. Bundesanstalten werden außerhalb von Bern möglichst gleichmäßig auf das ganze Land verteilt.

Eine extreme, geradezu groteske Situation liegt beim geplanten Bau der Neuen Alpen-Transversale (NEAT) vor: Faktisch reicht zwar ein Tunnel am Gotthard aus, um den Güterverkehr von Norden nach Süden und umgekehrt abzuwickeln. Um aber die Berner und die Welschen nicht vor den Kopf zu stoßen, ist ein Tunnel auch am Lötschberg (-Simplon) vorgesehen. Und da die Ostschweiz nicht leer ausgehen darf, wird auch dort (fehl-)investiert. Man sagte den Ausbau der Verbindungen zur Bahnachse Basel–Chiasso durch den Gotthard zu, obwohl der entsprechende Verkehr aus der Ostschweiz zu vernachlässigen ist, denn innerhalb des Landes verläuft der (Güter-)Verkehr zwischen Ost und West.

## Nicht mehr tragbar

Man könnte die Reihe föderalistischer Defizite beliebig fortsetzen. Die bisherigen Ausführungen reichen aber für das Urteil aus, daß der praktizierte Föderalismus »marktwidrig«, ineffizient und zu teuer ist. Er ist schon jetzt kaum finanzierbar, auf Dauer ohnehin nicht. Der schweizerische Föderalismus kann folgerichtig weder für die Schweiz selbst noch für andere Staaten, auch nicht für die EU, ein Modell sein. Er ist daher gründlich zu reformieren. Dabei bietet sich die Fusion von Kantonen zu einigen wenigen Regionen an, welche die kritische oder gar optimale Größe erreichen. Eine solche Reform erscheint aber aus traditionellen Gründen ausgeschlossen. So bleibt letztlich nur die freiwillige Kooperation zwischen den Kantonen und dem angrenzenden Ausland. Den Weg dorthin vermag aber nur der Beitritt der Schweiz zur EU zu ebnen. Doch dieser Schritt liegt, wenn er überhaupt erfolgt, noch in weiter Ferne. Der schweizerische Föderalismus ist daher, realistisch gesehen, auf dem Wege, sich totzulaufen, sich letztlich selbst ad absurdum zu führen.

## Das ineffiziente Milizsystem

Das Milizsystem, in dem Nichtprofessionelle, demnach Amateure und Laien, unterbezahlt oder unentgeltlich tätig sind, hat eine »edle« Dimension. Hier stellt sich jemand voll in den Dienst der Gesellschaft, verzichtet darauf, sich für seine Leistungen bezahlen zu lassen, entlastet so unter anderem die Steuerzahler. Nun ist es aber nicht so, daß »Milizler« nur selbstlos tätig werden, sie üben nämlich ab einer gewissen Position auf die Politik und letztlich auf alle Lebensbereiche einen erheblichen Einfluß aus. Sich gratis zur Verfügung stellen können nur jene, die auf eine Bezahlung nicht angewiesen sind. Zum einen sind das vermögende Personen, zum anderen Beamte, Manager – insbesondere von Großunternehmen – und Verbandsfunktionäre, die ihr Gehalt auch in Abwesenheit vom Arbeitsplatz weiter beziehen. Vom Milizsystem weitgehend ausgeschlossen sind vor allem Selbständige, die Eigentümer und Manager kleiner und mittlerer Unternehmen, so gesehen auch der Mittelstand. Sie können nur unter großen persönlichen Opfern mitmachen. Ebenso zahlreiche Angehörige aus den breiten Einkommensschichten, die vor allem in den Militärdienst eingespannt werden, dort aber in der Regel nicht aufsteigen können. So erreichen sie nicht jene Positionen, die es ermöglichen, Einfluß auszuüben. Sie erbringen demnach Opfer, denen kaum Erträge gegenüberstehen. Es ist offensichtlich, daß das Milizsystem nicht mit gleichen Chancen für alle verbunden ist: Es wirkt sich vielmehr in allen Lebensbereichen diskriminierend aus. Das ist Grund genug, sich vom Milizsystem zu verabschieden, die Gesellschaft nach liberalen und marktwirtschaftlichen Grundsätzen zu gestalten.

### Marktwidrig

Es versteht sich von selbst, daß alle Leistungen, wo auch immer sie erbracht werden, nicht gratis, sondern mindestens kostendeckend zu honorieren sind. Ist dies nicht der Fall, werden die Kosten anderen angelastet, liegt eine Externalisierung auf Dritte vor. Das verstößt gegen den marktwirtschaftlichen Grundsatz, daß alle – direkten und indirekten – Kosten jeweils beim Entscheidungsträger und Verursacher anfallen müssen, da es sonst zu einem verfehlten Einsatz von Ressourcen kommt, der mit Wohlstandsverlusten verbunden ist. Das Milizsystem ist daher zum einen ineffizient, zum anderen ein Fremdkörper der Marktwirtschaft. Wer weiterhin »gratis« tätig sein möchte, dem steht es frei, seine Bezüge aus privaten und staatlichen Quellen zum Beispiel an »gemeinnützige« Institutionen zu verschenken.

Es ist eine Illusion, davon auszugehen, daß Leistungen, die »gratis« erbracht werden, auch kostenlos seien. Die Kosten entstehen nicht sichtbar, sondern versteckt, werden ausgelagert. So etwa bei den Arbeitgebern, der Wirtschaft: Sie finanzieren in hohem Maße »Gratisleistungen« in Politik und Armee. Darüber hinaus treten Kosten insbesondere bei den Familien der Angehörigen des Milizsystems auf. Das herausragende Opfer bringen hier die Frauen. Zum einen sind sie im Milizsystem so gut wie nicht vertreten, ihr Einfluß ist entsprechend gering; zum anderen sind (Ehe-)Männer, die Mehrfachfunktionen in Politik, Wirtschaft und Armee ausüben, selten zu Hause anzutreffen. Sie steigen nur rasch ab, bevor sie dem nächsten Aufgebot im Milizsystem Folge leisten. Darüber hinaus gibt es zahlreiche Unzulänglichkeiten, die nun grob skizziert werden.

## Leistungsdefizite

Wer Leistungen gratis erbringt, der darf mit einer schonungsvollen Behandlung rechnen, wenn seine Aktivitäten zu wünschen übrig lassen, nicht effizient sind.

In der Regel wird zudem noch Zwang ausgeübt, so durch die allgemeine Wehrpflicht. Es versteht sich von selbst, daß Leistungen dann nicht optimal erbracht werden.

Es ist üblich und beliebt, die Armee als »Managerschule der Nation« zu bezeichnen und in der Wirtschaft »generalstabsmäßig« vorzugehen. Das fordert Fragen heraus, die einer objektiven Prüfung zu unterziehen sind. Die Armee setzt Zwang ein, um ihre Ziele zu erreichen. Die Wirtschaft ist auf Freiwilligkeit und finanzielle Anreize angewiesen. Wer in den Kategorien des Milizsystems denkt und handelt, der hält meist nur solche Personen für tüchtige Mitarbeiter und Manager, die er persönlich vom Militärdienst her kennt und die sich aus seiner Sicht bewährt haben. Im Gegensatz dazu unterhalten andere leistungsfähige Industrienationen Berufsarmeen. Es ist mehr als fraglich, ob die generalstabsmäßige Führung der schweizerischen Wirtschaft die effizienteste Lösung ist – zumal die Schweiz seit langem unter einer chronischen Managerlücke leidet.

## Filz statt Wettbewerb – ohne Synergieeffekte

Das Milizsystem ist im wesentlichen ein Beziehungssystem. Darunter leidet der Wettbewerb zwischen Politik, Wirtschaft und Armee. Je intensiver die Verfilzung ist und je konsequenter man sie praktiziert, desto größer ist die Gefahr, daß das Milizsystem eine geschlossene Gesellschaft wird. Wer nicht dazugehört, kommt nur dann zum Zuge, wenn es keine Anwärter aus dem Milizsystem gibt. So ist natürlich für jene, die ausgeschlossen werden und bleiben, der Anreiz, sich kreativ, initiativ und innovativ zu betätigen, sehr gering. Je weniger man das Milizsystem von außen fordern kann, desto träger wird es: Der Fehleinsatz von Ressourcen ist vorprogrammiert.

Die Anhänger des Milizsystems weisen regelmäßig auf Synergieeffekte hin und befürworten die Kumulation von Funktionen. Faktisch ist es aber ausgeschlossen, mehrere Funktionen adäquat auszuüben, so vor allem in Krisen- und Kriegszeiten. Dieselbe Person kann nicht zugleich im Parlament Politik machen, als Oberst ein Regiment kommandieren, ein Unternehmen leiten und Verwaltungsratsmandate wahrnehmen, ganz abgesehen davon, daß ein einzelner nie für alle diese Funktionen optimal qualifiziert sein kann. Jedem Menschen sind personelle und sachliche (Kapazitäts-)Grenzen gezogen, die er nicht zu überwinden vermag. Nicht zuletzt ist daran zu erinnern, daß eine möglichst weitgehende Arbeitsteilung die unverzichtbare Voraussetzung für die optimale Ausschöpfung von Potentialen innerhalb und außerhalb des Milizsystems ist.

Die Kumulation von Funktionen im Milizsystem ist auch aus anderen Gründen nicht akzeptabel. An dieser Stelle kann nur auf einige Aspekte hingewiesen werden. Sie reichen aber für die Begründung der Forderung aus, eine totale Entflechtung vorzunehmen und konsequent zwischen Armee, Wirtschaft und Politik zu trennen.

Im Mittelpunkt des Interesses steht die Frage: Wer kontrolliert wen? Je mehr Funktionen eine Person auf sich vereinigt und je weniger solcher Personen es bedarf, um ein Land in den Griff zu bekommen, desto größer ist die Wahrscheinlichkeit des politischen Mißbrauchs. Solche »systemmächtigen« Positionen sind unbedingt zu entflechten, um Schaden von der Demokratie abzuwenden. In Analogie zur Marktwirtschaft ist Wettbewerb zwischen Politik, Armee und Wirtschaft einerseits und innerhalb dieser einzelnen Bereiche andererseits unverzichtbar. In dem Maße, wie man solche machtträchtigen Gebilde entflicht, steigt die Effizienz. Gleiche Chancen für alle sind – wenn überhaupt – nur in einer offenen Gesellschaft möglich. Das mehr oder weniger geschlossene Milizsystem ist daher aufzubrechen. Ist das geschehen, so können sich die Einwohner der Schweiz freier entfalten und jene Chancen wahrnehmen, die ihnen durch das Beziehungssystem bisher vorenthalten wurden.

## Überforderte Politiker

Politik wird selbst auf Bundesebene im Milizverfahren betrieben. Zwar beklagen sich eidgenössische Parlamentarier regelmäßig, zeitlich und sachlich überfordert zu sein, doch gleichzeitig plädieren sie – inkonsequent – für das bisherige System. Das alte Argument, die Parlamentarier dürften nicht »Kostgänger« des Bundes sein, fordert geradezu die Frage heraus, wessen Kostgänger sie denn jetzt sind. Fast können nur noch jene ein politisches Mandat annehmen, die anderweitig finanziell abgesichert sind. Dazu gehören bestimmte Beamte, vollamtliche lokale und kantonale Politiker, Manager und Verbandsfunktionäre, die von ihren Arbeitgebern für die Politik freigestellt werden. Jene, die weiterhin als echte Amateure politisieren, sind gegenüber den zahlreichen Pseudoamateuren ohne Chancen. Es kommt hinzu, daß letztere über leistungsfähige Stäbe verfügen. Das verschafft ihnen einen nicht einholbaren Vorsprung in der politischen Willensbildung. Von »gleich langen Spießen« im politischen Wettbewerb kann schon deshalb keine Rede sein.

In der Schweiz können Personen gezwungen werden, politische Ämter zu übernehmen. Das ist grundsätzlich abzulehnen, denn es verstößt gegen freiheitliche Prinzipien. Stimmten die marktwirtschaftlichen Anreize, namentlich die Bezahlung, so gäbe es stets genügend freiwillige Anwärter. Nun wird regelmäßig eingewendet, vor allem kleine Gemeinden könnten es sich nicht leisten, ihre Amtsträger zu bezahlen. Zwang sei daher notwendig. Wenn Gemeinden, oder welche politischen Gebilde auch immer, zu klein sind, so haben sie die Möglichkeit, zu kooperieren und zu fusionieren. Dadurch könnten sie die kritische oder gar optimale Größe erreichen und auf Zwang verzichten.

Da Reformen am Milizsystem immer wieder scheitern, stellt sich die Frage, wer am Status quo interessiert ist. Vieles spricht dafür, daß die Anhänger im Milizsystem und in der Kumulation von Funktionen die einzige Möglichkeit erblicken, die Schweiz zu kontrollieren und zu beherrschen. Sie sind offensichtlich entschlossen, jenes politische, ökonomische und militärische System zu bewahren, das nicht selten im diametralen Widerspruch zu den Grundsätzen steht, die sie zwar ständig predigen, tatsächlich aber be- und verhindern, namentlich: Demokratie, Freiheit und Marktwirtschaft. So gesehen sind ihre Gratisleistungen durchaus nicht so selbstlos, wie sie auf den ersten Blick erscheinen mögen.

## Die Milizarmee

Das herausragende Element des Milizsystems ist die schweizerische Armee, die sich auf (sehr) wenige – absolut unverzichtbare – Berufssoldaten stützt. Dabei kommt es zu einem ökonomisch merkwürdigen Einsatz von Arbeitskräften (= Soldaten). Nach der Devise »Bürger und Soldat« hat die Schweiz die allgemeine Wehrpflicht. Diese führt zu einer Maximierung der Zahl der Soldaten (und Offiziere). Was nach der Bezahlung des Personalbestandes übrigbleibt, steht für den Kauf von Waffen(systemen) zur Verfügung. Diese Situation ist mit einem privaten Unternehmen vergleichbar, das möglichst viele Arbeitskräfte einstellt, ohne zuvor abgeklärt zu haben, ob diese überhaupt benötigt werden und ob dies einer optimalen Kombination von Arbeit und Kapital (= Ausrüstung) entspricht. Es versteht sich demnach von selbst, daß der Kapitaleinsatz zu kurz kommt. Was daraus mit dem gesunden Menschenverstand geschlossen werden kann und muß, haben auch wissenschaftliche Untersuchungen regelmäßig gezeigt. Die Armee verfügt über zuviel Personal und ist in bezug auf die Ausrüstung unterversorgt. Das ist in hohem Maße ineffizient und könnte nach der Devise »Weniger Soldaten, mehr Ausrüstung« entscheidend verbessert werden. Die Zahl der Soldaten darf aber nicht das Ziel, sondern muß das Instrument der Landesverteidigung sein. Wird die Ausrüstung diversen Bedrohungsszenarien gerecht, so ergibt sich der richtige Personalbestand in quantitativer und qualitativer Hinsicht als Rest- oder Ergänzungsgröße von selbst.

Wird am System »rotierender Milizsoldaten« festgehalten, so kann die Schweiz ihre Landesverteidigung nicht optimal gestalten, denn im High-Tech-Zeitalter ist auch die Armee auf speziell ausgebildetes Personal, auf Berufssoldaten, angewiesen. Auch die Schweiz würde mit einer kleinen, aber hocheffizienten und professionellen Armee am besten fahren. Zudem hat eine Berufsarmee den Vorteil, daß man sie auch ohne »traditionelle Feindbilder« motivieren kann. Gäbe es eine Berufsarmee, könnte zugleich auch das Problem der Verflechtung von Armee, Wirtschaft und Politik marktwirtschaftlich und demokratisch gelöst werden.

## Fazit

Man kann es drehen und wenden, wie man auch immer mag: Das Milizsystem ist überall, ob in Armee, Wirtschaft, Verwaltung oder Politik, ineffizient, mit entsprechenden Wohlstandsverlusten verbunden. Die Verflechtung von tragenden Funktionen verstößt zudem gegen Grundsätze der liberalen Demokratie. Diese erfordert nämlich, daß alle tragenden Funktionen in Staat, Wirtschaft und Gesellschaft durchgehend getrennt werden. Die Schweiz trennt im Gegensatz zu allen demokratischen Staaten nicht konsequent zwischen Justiz und Politik. Auch Laien übernehmen richterliche Funktionen, ohne dafür qualifiziert zu sein. Die Schweiz hat objektiv gesehen ein verpolitisiertes Justizwesen. Dies läßt sich mitnichten dadurch rechtfertigen, daß das Volk es so entschieden habe. Doch was auch immer man fordert: Das Milizsystem ist eine schweizerische Eigenart, die die Schweizer nicht aufzugeben bereit sind.

# Im Sog des Wohlfahrtsstaates

Der schweizerische Wohlfahrtsstaat ist insofern ein Sonderfall, als das Land nie eine sozialistische oder sozialdemokratische (SP) Regierung hatte. Es wurden zwar Sozialdemokraten in die siebenköpfige Regierung, den Bundesrat, aufgenommen – der erste 1943, ein zweiter Sitz wurde ihnen 1959 zugebilligt –, doch dabei ist es geblieben. Die SPS-Bundesräte gehörten meist dem rechten Flügel ihrer Partei an. Der Kandidat mußte der bürgerlichen Mehrheit genehm sein, sonst hatte er keine Chance, gewählt zu werden. So kam jeweils ein »bürgerlicher« Sozialdemokrat zum Zuge. Der SPS blieb faktisch nichts anderes übrig, als sich damit abzufinden oder die Regierung zu verlassen. Letzteres hat sie bis heute jedoch nicht getan.

## Der bürgerliche Sozialismus

Aufgrund der politischen Machtkonstellation herrschen eindeutige Verhältnisse. Für die Einführung, den Auf- und Ausbau des Wohlfahrtsstaates sind letztlich die bürgerlichen Parteien verantwortlich, und sie haben deshalb auch für jene politischen Inhalte geradezustehen, die einen ausgesprochen sozialistischen Charakter haben – immerhin zeichnet sich die Schweiz durch »bürgerlichen Sozialismus« aus. Man kann also die beliebte Ausrede, die Bürgerlichen hätten Kompromisse schließen müssen, nicht gelten lassen. Vor diesem Hintergrund ist die SPS die bei weitem erfolgreichste Partei, da die bürgerlichen Parteien deren Programm weitgehend realisiert haben. Daran knüpfen sich die Fragen, worin der schweizerische Wohlfahrtsstaat im wesentlichen besteht, mit welchen Auswirkungen er verbunden ist und wie er finanziert wird.

## Zuviel Staat

Der Staat übt zahlreiche Aktivitäten aus, die nach objektiven Kriterien zu privatisieren sind. Eine Privatisierung ist stets dann möglich, wenn man die individuellen Benützer, die Nutznießer, kennt. In diese Rubrik fallen etwa die Produktionsbetriebe, die allerdings eher dünn gesät sind, weil die Schweiz keine Rohstoff- und kaum Schwerindustrie hat. Von herausragender Bedeutung sind die Versorgungsunternehmen wie Telecom, Post und die Elektrizitätswirtschaft. Sie befinden sich zu mehr als siebzig Prozent in öffentlicher Hand. Nicht zu übersehen ist die Entsorgung, wie von Müll und Abwasser, die fast ausschließlich staatlich betrieben wird. Dies gilt auch für die Wasserversorgung, die vorwiegend von Gemeinden, damit in einem sehr kleinen, also suboptimalen Maßstab organisiert wird. Der öffentliche Verkehr – insbesondere die Bundesbahn (SBB) und die städtischen Verkehrsbetriebe – wurde bisher nicht privatisiert, ist hoch defizitär. Die meisten Kantonalbanken sind in öffentlicher Hand, haben eine Staatsgarantie – mit der Folge, daß es in der Schweiz zu viele Banken gibt und die Staatsgarantie den Wettbewerb verfälscht. Im Versicherungssektor ist der Staat ebenfalls – unnötig – tätig: so bei den öffentlichen Krankenkassen und der schweizerischen Unfall-Versicherungs-Anstalt (SUVA).

## Die Sozialisierung des Eigentums

Das herausragende Element des bürgerlichen Sozialismus ist die systematische Aushöhlung der individuellen Eigentumsrechte. Nach der Bundesverfassung ist das Eigentum zu gewährleisten, doch kann davon überhaupt keine Rede sein. Zwar wurde Privateigentum bisher nicht verstaatlicht, die Verfügbarkeit wurde aber entscheidend eingeschränkt. Die Nutzung des Bodens wird vielfältig be- und verhindert. Das bäuerliche Bodenrecht geht so weit, daß faktisch nur noch rund einhunderttausend Schweizer als Selbstbewirtschafter einen Bauernhof kaufen dürfen. Der Preis richtet sich nach dem Ertragswert, muß – wie der Käufer – vom Staat bewilligt werden. Bis in die letzten Details reglementierte Bauzonen, intensive Bauvorschriften und »ewig« dauernde Bewilligungsverfahren schränken die Freiheit zu bauen drastisch ein. Dazu kommen weiter der Denkmal-, Orts-, Heimat- und Naturschutz, wobei die Sozialisierung von »Grund und Boden« weit fortgeschritten ist.

Die Sozialisierung des Eigentums hat in der Schweiz eine lange und systemimmanente Tradition. In der alemannischen Schweiz stehen die »Allmend«, die »Genossenschaft« und die »Korporationen« im Mittelpunkt. Das kollektive Denken dominiert hier die individuelle und private Orientierung. Schon deshalb ist die Maxime, Eigentum habe eine soziale Verpflichtung, verständlich. Das paßt keineswegs zur Marktwirtschaft, in der zwar eine Mißbrauchsgesetzgebung, nicht aber eine soziale Einbindung zulässig ist. Zugleich wird argumentiert, der Boden sei knapp, weshalb er bewirtschaftet, rationiert und preislich kontrolliert werden müsse. Auch das ist nicht marktkonform, der Einsatz des knappen Bodens ist nämlich über den Markt zu steuern.

Der Kündigungsschutz, der meist strenger als nach den Gesetzen erforderlich gehandhabt wird, ist eine typische Vorleistung an den sozialen Frieden. Noch weiter geht der Mieterschutz, aus dem im Extremfall ein lebenslanges Wohnrecht für den Mieter resultiert. Dabei werden die Eigentumsverhältnisse sozusagen auf den Kopf gestellt. In dem Maße, wie zugleich auch noch die Marktmiete unterschritten wird, subventioniert der Eigentümer gezwungenermaßen den Mieter. Dann ist es interessanter, Mieter statt Eigentümer zu sein.

## Verpönte Gewinne

Solange das Land sich als ein konkordantes System versteht, geht die Sozialisierung des Eigentums weiter. Die Schweiz hat zudem ein gestörtes Verhältnis zu Gewinnen, selbst wenn sie am kartellfreien Markt erzielt werden. Nur so kann man die krampfhaften Bemühungen verstehen, Gewinne möglichst nicht offen auszuweisen, in den Bilanzen zu verstecken, sozusagen untergehen zu lassen. Wer Gewinne nach dem marktwirtschaftlichen Grundsatz der vollen Transparenz ausweist, läuft akute Gefahr, an den Pranger gestellt zu werden. Auf Angriffe jener, welche die Gewinne zwar nicht erwirtschaften, diese aber trotzdem für die Allgemeinheit beanspruchen, reagieren die Betroffenen mit Rechtfertigungen und Entschuldigungen bis hin zu entsprechenden Spots im Fernsehen.

## Administrierte Preise

Bei diesem marktfeindlichen und sozialisierten Klima darf man nicht erstaunt sein, daß über die Hälfte aller Preise vom Staat diktiert, kontrolliert, demnach administriert werden. Es geht offensichtlich darum, zu verhindern, daß jemand die vollen Früchte seiner Anstrengungen zu ernten vermag. Die Mehrheit der Einwohner wünscht sich eine Schweiz, in der es keine Gewinne mehr gibt. Das ist nichts anderes als Sozialismus reiner Ausprägung. Offensichtlich interessiert man sich nicht für negative Auswirkungen auf Investitionen, Innovationen, Arbeitsplätze und Wohlstand. Es wird übersehen und unterschlagen, daß Gewinne die entscheidende Triebfeder wirtschaftlichen Handelns und damit des »Wohlstands für alle« sind.

Aus jenen Branchen, die in hohem Maße von planwirtschaftlichen Elementen durchsetzt sind, ragt die Landwirtschaft – in negativem Sinne – heraus. Zum einen wird sie rigoros nach außen abgeschirmt, zum anderen ist der landwirtschaftliche Boden extrem geschützt, vom Markt abgeschottet. Zum dritten wird bis in Details vorgeschrieben, wer was und wo produzieren darf, an wen er seine Produktion zu liefern und wer diese wie zu verwerten hat. Die Preise sind staatlich fixiert, sie orientieren sich nicht an der Nachfrage, sondern an den Kosten: Es herrscht zugleich Abnahmegarantie. Konsumenten und Steuerzahler sind die Opfer dieser skandalösen, am Markt vorbei betriebenen Politik bäuerlicher Sonderinteressen. Zu den Profiteuren gehören aber nicht so sehr die kleinen und mittleren, sondern die großen Betriebe sowie bürgerliche Politiker und ihre Mitläufer. Sie haben als Manager und Verwaltungsräte die Landwirtschaft und ihre Organisationen fest im Griff. Das reicht unter anderem vom Bauernverband über die Genossenschaften, die Verwertungsunternehmen, wie zum Beispiel die der Milchwirtschaft, den Agrobusineß bis zum halbstaatlichen Butter- und Käsehandel, die Butyra beziehungsweise die Käseunion.

Extrem wohlfahrtsstaatlich beziehungsweise sozialistisch ist die Finanzierung des Staates über direkte Steuern statt Preise,

Gebühren und Beiträge. Steuern sind Zwangsabgaben ohne konkrete Gegenleistung, sie sind ein Opfer an die Gemeinschaft. Dahinter steckt eine kollektive, nicht eine individualistische liberale Konzeption des Staates. In einer Marktwirtschaft dürfen Steuern erst zum Zuge kommen, wenn andere Potentiale ausgeschöpft wurden. Das Letzte, was ein liberaler Staat je erheben darf, sind direkte Steuern. Die Schweiz erhält rund drei Viertel ihrer Einnahmen über direkte Steuern. Sie zeichnet sich daher durch ein sozialistisches Finanzierungssystem aus, das nicht einmal von extremen Wohlfahrtsstaaten erreicht wird.

## Ein Steuerparadies?

Nicht wenige halten die Schweiz auch heute noch für ein Steuerparadies. Gleichzeitig wird von höchster politischer Warte aus verkündet, das Land befinde sich in bezug auf die Steuerbelastung in einer international beneidenswerten Situation. Es ist indessen unzulässig, einzelne Länder nach dem Verhältnis der Steuereinnahmen zum Bruttoinlandsprodukt (BIP), nach der Steuerquote, zu beurteilen. Die Probleme beginnen schon mit der Erfassung des BIP. So variiert der Anteil der nichtoffiziellen, versteckten »Schattenwirtschaft« von Land zu Land. Die Schweiz soll Schätzungen zufolge die geringste Schattenwirtschaft haben. In manchen anderen Staaten ist sie doppelt bis mehrfach (zum Beispiel in Italien) so hoch. Bereinigt man die offiziellen OECD-Statistiken um die Schattenwirtschaft, so sinken die ausländischen Steuerquoten erheblich bis entscheidend; der entsprechende Vorsprung der Schweiz schmilzt oder verschwindet gar.

Darüber hinaus gibt es eine Reihe von Faktoren, die dem helvetischen Steuersystem zusetzen. So spielt es eine Rolle, welche Steuern erhoben werden, ob und inwiefern sie an die ökonomische Substanz gehen und welche Einkommensschichten die »Steueresel der Nation« sind. Sodann müssen alle Lohnprozente, jene der Arbeitnehmer und jene der Arbeitgeber, sowie die Krankenkassenprämien mit berücksichtigt werden. Im Ausland werden Sozialleistungen nicht selten teilweise bis ganz über den öffentlichen Haushalt mit Steuern finanziert. Wo ein staatliches, kein privates Gesundheitswesen existiert, sind ausschließlich

Steuern im Spiel. Es versteht sich von selbst, daß die Steuerquote dort entsprechend höher ist.

Zu berücksichtigen ist im weiteren das Milizsystem mit seinen Folgekosten, die privat anfallen. Hier liegt ein »versteckter« Finanzbedarf vor, der von erheblichem Gewicht ist. Die vielfältigen Auflagen des Staates sind ebenfalls mit versteckten Kosten verbunden. Wird das Verursacherprinzip angewendet, so müssen die Verursacher die von ihnen produzierten Kosten selbst übernehmen. Sie bezahlen meist kostendeckende Gebühren (zum Beispiel für Kläranlagen), die nicht in der Steuerquote erscheinen. Schließlich »beschäftigt« die staatliche Bürokratie beim Vollzug von Gesetzen und Verordnungen intensiv Personen und Unternehmen im allgemeinen und die kleinen und mittleren Betriebe (KMU) im besonderen. Die entsprechenden Kosten treten direkt bei diesen, demnach nicht im öffentlichen Sektor auf. Nicht zuletzt ist danach zu fragen, welchen Gegenwert die Bürger für bezahlte Steuern erhalten. Wem fließen die Staatsausgaben zu, wer ist Nutznießer der Staatstätigkeit?

Bei der Einkommensteuer natürlicher Personen ist das steuerrelevante Einkommen zu ermitteln. In der Schweiz ist der Prozentsatz des Bruttoeinkommens, der zur Besteuerung herangezogen wird, international am höchsten. Darin sind fiktive Einkommen wie die »Eigenmiete« enthalten, die im Ausland entweder nicht oder weniger belastet werden. In anderen (OECD-)Ländern existieren Steuerabzüge, die hier so nicht zum Zuge kommen. Dazu gehören Abschreibungen auf Eigenheime, Heilungskosten und Naturalleistungen (Fringe Benefits). Zudem fehlt das Ehegatten-Splitting; berufstätige Ehefrauen treiben das (Haushalts-)Einkommen in die Höhe, in die steile Progression hinein. Gewinne von Unternehmen werden *vor und nach* der Ausschüttung belastet. Zählt man auch noch ertragsunabhängige Steuern im allgemeinen und die Vermögensteuer im besonderen dazu, so werden über alle Steuern zusammen in der Spitze bis über achtzig Prozent der Einkommen abgeschöpft. Selbst bei den Holdinggesellschaften schneidet die Schweiz nicht mehr so gut ab, weshalb eine Abwanderung, etwa in die Niederlande, zu beklagen ist.

## Wildwuchs von Sondersteuern

Die Schweiz kennt eine Vielzahl von Sondersteuern zu Lasten natürlicher und juristischer Personen, die im Ausland häufig gar nicht erhoben werden, etwa die »Bankenkundensteuern«, die Stempelsteuer und die Emissionsabgabe bei der Gründung von Unternehmen und deren Kapitalerhöhung. Kapital-, Liegenschafts- und Vermögenssteuern gehen direkt an die Substanz. Die Grundstückgewinnsteuer ist auch von jenen zu bezahlen, die sich nicht erwerbsmäßig im Immobiliensektor betätigen. Bei der Erbschaft- und Schenkungsteuer wie auch der Handänderungssteuer (= Grunderwerbsteuer) handelt es sich um Vermögensverkehrssteuern, die – finanzwissenschaftlich – keine Berechtigung haben. Um es kurz zu machen: Kein anderes Land dieser Welt erhebt in derartigem Ausmaß eigentums- und kapitalfeindliche Steuern wie die Schweiz. Diese Sozialisierung des Eigentums darf nicht übersehen werden.

Addiert man Steuern, Lohnprozente und Prämien an verschiedene (Sozialversicherungs-)Träger, so ist die Schweiz alles andere als ein günstiger Standort. Sie hat nämlich »schwedische« Verhältnisse, liegt in der Spitzengruppe der Wohlfahrtsstaaten. Im Gegensatz zu den anderen Staaten sind die Beiträge an die staatliche Rentenversicherung, die AHV, nach oben nicht begrenzt: Sie setzen nicht, wie anderswo, bei einem bestimmten Höchsteinkommen aus. Daher haben sie steuerlichen Charakter, sind nicht rentenbildend. Besonders hart betroffen sind selbständig Erwerbende, die nach ihrer Pensionierung weiter AHV-Beiträge bezahlen müssen. Das läuft faktisch auf eine rund zehnprozentige Zusatzbelastung ihrer (Erwerbs-)Einkommen hinaus.

## Die Ausbeutung des Mittelstandes

Die bisherigen Ausführungen zeigen, daß Steuerquoten weder national noch international für die gesamte Belastung durch den Staat und die Sozialversicherungen repräsentativ sind. Zwar mag die Schweiz in bezug auf die Steuerquote noch relativ positiv abschneiden, die Struktur der Steuerbelastung ist aber extrem negativ. Der helvetische Steuer- und Wohlfahrtsstaat ist zwar noch immer ein »Paradies« für Konsumenten, besitzlose und unselbständige Erwerbstätige aus den unteren Einkommensschichten, er ist aber zugleich eine »Hölle« für Eigentümer, Selbständige und höhere Einkommen, mithin für den Mittelstand im allgemeinen und die kleinen und mittleren Unternehmen im besonderen. Die Schweiz vermag hier ohne weiteres mit den Wohlfahrtsstaaten extrem sozialistischer Ausprägung mitzuhalten.

Der Wohlfahrtsstaat ist in der Schweiz von sozialistischen Grundsätzen geprägt: Er verteilt Leistungen nach dem Gießkannenprinzip an jedermann, meist unabhängig vom Bedarf; der Zugang zu Sozialleistungen wird erleichtert, was Anreiz gibt, Mißbrauch zu betreiben; die Finanzierung erfolgt nicht nach dem Nutznießerprinzip, das heißt ausschließlich durch Prämien und/oder Beiträge der Versicherten. In dem Maße, wie man Sozialleistungen durch Arbeitgeber und Subventionen finanziert, geht zum einen die Transparenz verloren, werden zum anderen Leistungen verbilligt. Die Nachfrage nimmt entsprechend zu. Der Wohlfahrtsstaat ist daher ein Faß ohne Boden geworden. Er wird zunehmend durch organisierte Verantwortungslosigkeit geprägt.

## Sozialistisch statt sozial

Je mehr der Wohlfahrtsstaat umverteilt, desto stärker fördert er die Illusion, es seien immer mehr Leistungen zu Lasten anderer, der »Reichen«, erhältlich. Daher gibt es für Gratisleistungen eine nicht zu befriedigende Nachfrage. Trotzdem wird die traditionelle Wohlfahrtspolitik fortgesetzt. Die Mehrheit erblickt darin ein Muß, um die schweizerische Gesellschaft zu befriedigen und zu stabilisieren, interne Spannungen erst gar nicht aufkommen zu lassen. Das ist Wasser auf die Mühlen jener, die den Wohlfahrtsstaat weiter ausbauen möchten. Bürgerliche Politiker argumentieren seit jeher, das sei notwendig, um »Schlimmeres« verhüten zu können. Dabei haben sie sich nie um die langfristigen Auswirkungen ihrer Wohlfahrtspolitik gekümmert. Sie wissen demnach nicht, was sie tun. Es ist nämlich nicht möglich, jahrzehntelang in die sozialistische Richtung zu marschieren, ohne in das sozialistische System zu geraten und darin schließlich steckenzubleiben; am Ende findet oder schafft man den Ausstieg nicht.

Der bürgerliche Sozialismus helvetischer Prägung strebt zügig auf das Jahr 2000 zu. Die Mehrheit der bürgerlichen Politiker wird das weder aufhalten wollen noch ändern können. Das Land sieht sich zunehmend mit den vollendeten Tatsachen des Sozialismus konfrontiert. Aus der Sicht der späteren Geschichtsschreibung über die Nachkriegszeit im allgemeinen und jene seit dem Trendbruch der siebziger Jahre im besonderen wird man die Bürgerlichen, von wenigen Ausnahmen abgesehen, als historische Versager einstufen müssen.

## Versagen der Wirtschaft

In der Schweiz wird in bezug auf die Standortbedingungen nach einem typischen Muster argumentiert. Davon machen sowohl Politiker als auch Vertreter aus der Wirtschaft gerne Gebrauch. Sie tun das mit Vorliebe im Ausland, aber auch im Inland vor allem bei öffentlichen Veranstaltungen: Die Schweiz verfüge über bestqualifizierte Arbeitskräfte. Das Angebot an Kapital sei seit jeher reichlich. Die Zinsen seien im internationalen Vergleich sehr niedrig. Der Schweizer Franken sei stabil und hart, weltweit angesehen. Wie kaum anderswo herrsche sozialer Friede und politische Stabilität. Darüber hinaus seien die anderen Rahmenbedingungen zwar nicht mehr so paradiesisch wie früher, aber auch heute noch günstig. Unter solchen Voraussetzungen müßte sich die Schweiz durch eine außergewöhnliche Wachstumsdynamik auszeichnen. Doch dies deckt sich leider nicht mit der Wirklichkeit. Die schweizerische Wirtschaft entwickelte sich bis 1973 im internationalen Vergleich unterdurchschnittlich. Danach lag sie bei den Wachstumsraten stets am Ende der Rangliste der alten Industrienationen. In den neunziger Jahren wurde die Stagnation zu ihrem Schicksal.

Forscht man nach den Ursachen der zunächst schwachen und danach fehlenden Wachstumsdynamik, so bleibt algebraisch gesprochen nur noch eine unbekannte Größe x in der Gleichung übrig. Diese ist – grob gesprochen – für alles verantwortlich. Es ist die Wirtschaft selbst, die kläglich versagt hat. Diese Einsicht ist aber in keiner Art und Weise bis zu jenen vorgedrungen oder von jenen anerkannt worden, die letztlich für das Versagen verantwortlich sind: die Verwaltungsräte, die Manager im allgemeinen und jene an der Spitze im besonderen, aber auch die zahlreichen Unternehmer mit kleinen und mittleren Betrieben (KMU). Zwar gehören selbstverständlich auch die Arbeitnehmer zur Wirtschaft, diese konnten sich aber nur in dem Maße entfalten, wie es ihnen »von oben« her ermöglicht wurde. Daher darf man sie freisprechen, wenn man nach den »Schuldigen« der extrem schwachen Performance der schweizerischen Wirtschaft Ausschau hält.

## Konkordanz statt Konkurrenz

Die schweizerische Wirtschaft beging einen Fehler historischer Dimension, als sie in Abweichung von der Marktwirtschaft das Konkordanzmodell der schweizerischen Politik übernahm. Damit kopierte sie zunehmend den Staat und verstärkte dessen Einfluß auf Wirtschaft und Gesellschaft. An sich ist das nur die logische Fortsetzung des Friedensabkommens von 1937 und die Folge der Umsetzung der verbandsfreundlichen Wirtschaftsartikel, die 1947 in die Bundesverfassung aufgenommen wurden. Damals wurde aus der Schweiz auch formell ein Staat gemacht, der letztlich von den Wirtschaftsverbänden dominiert wird. Diese sind nicht auf Konkurrenz, sondern auf Kooperation aus, wie auch immer man das beurteilen mag. Als das Konkordanzmodell, das ohnehin schon praktiziert wurde, sich auch in der Zusammensetzung der Regierung (1959) durchsetzte, war für die Wirtschaft der analoge Weg vorgezeichnet. Darüber sind jene nicht erstaunt, die wissen, wie die Wirtschaft und ihre Verbände mit den politischen Parteien, der Regierung und deren Verwaltung zusammenarbeiten. Sie sind eng miteinander verflochten, bilden so das schweizerische System. Das hat dem Land in jeder Beziehung Stabilität gebracht; geht man aber zu weit und überschreitet das Optimum, so ist man auf dem Weg in die Sterilität. Darunter leidet die wirtschaftliche Dynamik, sie läßt nach, wechselt in Stagnation und Niedergang. Genau das ist mit der schweizerischen Wirtschaft – in deutlich trennbaren Stadien – während der Nachkriegszeit passiert.

Mit welchen Folgen das konkordante Verhalten der Wirtschaft im einzelnen verbunden war und ist, läßt sich ohne weiteres an einigen Beispielen nachvollziehen. So war es bis 1990 nicht üblich, jemanden zu entlassen. Der Kündigungsschutz wurde über die entsprechenden Gesetze hinaus freiwillig praktiziert. Den Arbeitnehmern mutete man kaum Flexibilität zu, schon gar nicht in bezug auf den Wechsel ihres Wohnortes. Die Unternehmen liefen mit ihren Standorten den Arbeitskräften bis tief in abgelegene Gebiete hinein nach. Lohnforderungen der Gewerkschaften akzeptierte man ohne weiteres, die Verhandlungen wurden lange Zeit eher pro forma geführt. Zugleich baute die Wirtschaft ihre Sozialleistungen aus, sie hatte nichts gegen steigende Lohnnebenkosten einzuwenden. Man tat dies alles in der Überzeugung, damit das gute Betriebsklima zu erhalten und zu verbessern.

Zu den zahlreichen konkordanten Maßnahmen der Wirtschaft sind auch jene des Staates hinzuzurechnen. Das reicht wohl für die Feststellung aus, daß eine solche Kumulation nur auf Kosten von Strukturwandel, Innovationen und wirtschaftlichem Wachstum gehen konnte. Die forcierte Umverteilung innerhalb der Wirtschaft und über den Staat und seine (Sozial-)Versicherungen ging zu Lasten von Selbstfinanzierung und wirtschaftlicher Substanz, entwickelte sich nach und nach zu einer bedrohlichen Wachstumsbremse. Spätestens in den neunziger Jahren erwies sich die Fortsetzung der bisherigen Politik als kontraproduktiv. Nun schlugen jene (Alt-)Lasten durch, die man im Laufe der Nachkriegszeit aufgetürmt hatte. Es blieb nichts anderes übrig, als endlich Konsequenzen zu ziehen: Nun war Redimensionieren, Restrukturieren und Innovieren angesagt. Das konkordante System geriet definitiv unter Druck.

## Kartelle über alles

Die Nachkriegszeit steht im Zeichen der Kartelle. Damit waren auch die Arbeitnehmer und ihre Vertreter einverstanden, denn sie erblickten darin eine permanente Stabilisierung der Beschäftigung, die Sicherung von Arbeitsplätzen. Die Kartellisierung ging aber letztlich von den Unternehmen und ihren Verbänden aus. Man teilte dabei den Kuchen friedlich untereinander auf, handelte nach der Devise »Seid nett zueinander, es braucht doch keinen Wettbewerb, denn es reicht für alle«, um gut zu leben. Das ersparte den Unternehmen, den Strukturwandel zu vollziehen, sich innovativ zu betätigen. So wurden mehr Arbeitskräfte beschäftigt, als für eine effiziente Produktion notwendig waren. Die potentielle Arbeitslosigkeit wurde aufgefangen, sozusagen »versteckt«. Die überhöhten Kosten wurden, solange die Wirtschaft im Wachstum war, überwälzt: Die Zeche bezahlten die Konsumenten. Diese hielten sich über steigende Löhne schadlos, hatten somit keinen Grund, sich zu wehren. Die Leistungsfähigkeit der Wirtschaft ließ in diesem angenehmen Klima langsam, aber stetig nach. Anfang der neunziger Jahre begann es allerdings auch der Wirtschaft zu dämmern. Die Kartelle hatten ausgedient.

Über die Kartelle hinaus hielt sich das konkordante System mit ausgiebigen Schutzmaßnahmen nach außen und im Innern jahrzehntelang am Leben. Die Landwirtschaft genoß eine fast hermetische Abschirmung nach außen, inzwischen ist sie sanierungsreif. Die Bauwirtschaft blieb unter sich, ausländische Konkurrenten wurden ferngehalten. Zugleich nahm man noch eine Feinverteilung nach Kantonen und Gemeinden vor. So hatte man keine anderen Anbieter zu befürchten. Die heimische Konsumgüterindustrie profitierte von einem freiwilligen und vom Handel gut durchorganisierten Importverzicht. Wo auch immer möglich, mied man ausländische Produkte, selbst wenn diese besser und billiger waren. Die Exportwirtschaft stand zwar unter dem Druck des globalen Wettbewerbs, bevorzugte aber stets inländische Zulieferer, obwohl diese teurer waren: Sie übte Solidarität zu Lasten ihrer Erträge.

## Die Abschirmung nach außen

Der Staat selbst und seine öffentlichen Unternehmen verhielten sich konsequent protektionistisch, auch im Erziehungs- und Gesundheitswesen. Die öffentlichen Unternehmen, wie Bahnen, Telecom, Post, Elektrizitätswirtschaft und die Entsorgung kauften nicht im Ausland ein. Die wenigen heimischen Anbieter mußten keine ausländische Konkurrenz fürchten. Das ist der entscheidende Grund, warum sie technologisch zurückgefallen und am offenen Markt nicht mehr konkurrenzfähig sind.

Nicht zuletzt hat die staatliche Zuteilung ausländischer Arbeitskräfte im allgemeinen und der Saisoniers im besonderen genau jene Branchen bevorzugt, die heute entweder überteuert oder am Ausbluten sind. Dazu zählen die Bau- und die Landwirtschaft, der Tourismus, das Gesundheitswesen und die traditionellen Industriebranchen (zum Beispiel Textil), die eine schwere Belastung für die schweizerische Volkswirtschaft darstellen. Es vermag daher kaum jemanden zu überraschen, daß die Schweiz mit Ausnahme von Multinationalen (etwa in der Chemie) keine Wachstumsbranche mehr hat.

Versagt haben auch die kleinen und mittleren Unternehmen. Das ist insofern gravierend, als sie das Rückgrat der schweizerischen Wirtschaft bilden. Bis 1973 konnten sie von extrem günstigen Rahmenbedingungen profitieren. Die Exportwirtschaft boomte, daraus zogen die KMU insbesondere als Zulieferer großen Nutzen. Die Binnenwirtschaft expandierte anhaltend, sorgte für private und öffentliche Aufträge. Dabei ragt die Bauwirtschaft heraus, die während des jahrzehntelangen Ausbaus der Infrastruktur umfangreiche Aufträge erhielt. Wer sich damals als Unternehmer versuchte, der konnte nur reüssieren. Die Nachfrage expandierte ständig rascher als das Angebot: Man war nicht selten froh, überhaupt Unternehmen zu finden, die Aufträge entgegennahmen und rechtzeitig abwickelten. Das machte die Unternehmen (zu) selbstsicher und übermütig, sie versäumten es, zu rationalisieren und zu innovieren. Das war zunächst auch gar nicht nötig, denn es reichte aus, mit alternden Produktionsanlagen und der Hilfe ausländischer Arbeitskräfte zu wirtschaften. Doch es baute sich ein Innovationsdefizit auf, das sich spätestens dann negativ auswirkte, als der Vorsprung aufgebraucht war, welcher der schweizerischen Wirtschaft als Folge des Zweiten Weltkrieges automatisch zugefallen war.

Mit dem Bruch des Wachstumstrends Mitte der siebziger Jahre ging die »goldene Nachkriegszeit« definitiv zu Ende. Das wurde von den KMU aber nicht erkannt. Sie warteten einfach auf bessere Zeiten, verhielten sich mehr oder weniger passiv. Es verwundert daher nicht, daß zahlreiche KMU den Anschluß an die neuen Zeiten in der Weltwirtschaft verpaßten. Das ist insofern verständlich, als die erdrückende Zahl von ihnen traditionell ausschließlich am Binnenmarkt orientiert war. Das Exportgeschäft hatten sie den großen Unternehmen überlassen. Daher fehlte ihnen jede Erfahrung auf den ausländischen Märkten. Sie hatten auch keine Lust, sich dort zu engagieren.

Im Inland setzten die KMU wie bisher weiter auf Kartelle und staatliche Schutzmaßnahmen, wichen dem intensivierten Wettbewerb aus. Untereinander gingen sie nach der Devise »Mehr Solidarität üben« vor, mit dem Ziel, ein Ausscheidungsrennen zu vermeiden, möglichst viele KMU am Leben zu erhalten. Jene, die sich am Markt nicht mit ausreichenden Erträgen durchzusetzen vermochten, gingen schon ab 1974 dazu über, von der Substanz zu leben. Operative Verluste deckten sie in der Regel mit Erträgen aus Immobilien. Das funktionierte bei den meisten KMU bis Anfang der neunziger Jahre vorzüglich. Man subventionierte sich im Rahmen einer Mischrechnung sozusagen selbst, mußte daher keine Konsequenzen ziehen. Es gibt nicht zuletzt deshalb in der Schweiz zu viele zu kleine – suboptimale – Unternehmen, die schon vor fünfundzwanzig Jahren nicht (mehr) konkurrenzfähig waren.

## Die Dämme brechen

In den neunziger Jahren begann sich der Strukturwandel massiv auszuwirken. Die vielfältigen Schutzdämme vermochten dem inneren und äußeren Druck nicht mehr standzuhalten. Im Gegensatz zu früher sind die Rahmenbedingungen aber nicht mehr günstig. Die Chancen, sich zu erneuern und zu überleben, haben sich entscheidend verschlechtert. Die Kartelle zerfallen, die staatlichen Schutzmaßnahmen werden im Rahmen der europäischen und globalen Liberalisierung abgebaut, setzen den KMU nicht selten existenzbedrohend zu. Eine rasch wachsende Zahl scheidet nun aus dem zu kleinen Binnenmarkt aus. Der Aderlaß ist voll im Gange, er setzt nicht nur den KMU, sondern der ganzen Wirtschaft und dem Lande zu.

## Das Beziehungssystem

Hält man Ausschau nach weiteren Versagern, so stößt man auf den »Verwaltungsrat«. Er ist die Drehscheibe der Wirtschaft im allgemeinen und der großen Unternehmen im besonderen. Dabei setzt er sich so zusammen, daß er das Konkordanzsystem widerspiegelt: Die Strukturen des Landes finden sich hier wieder. Konstitutiv ist die enge Verflechtung zwischen Wirtschaft, (Spitzen-)Politikern und Armee, vertreten durch hohe Offiziere. Es ist erneut der schweizerische Filz, der hier nach Belieben schaltet und waltet. Er bezeichnet sich selbst als die »Stärke der Schweiz«, hält sich für unentbehrlich, wenn es um die Integration des Landes geht. Er versteht sich als die Elite der Eidgenossenschaft, getreu dem Motto: »Das Volk denkt, der Filz lenkt.« So gesehen verkörpert der Filz das »Schweizerische« schlechthin.

In der Schweiz werden Verwaltungsräte nach Kriterien ausgewählt, die mit Qualifikation und Leistung so gut wie nichts zu tun haben und in jeder Beziehung gegen marktwirtschaftliche Grundsätze verstoßen. Zum Zuge kommen zum einen (Spitzen-)Politiker, die der Privatwirtschaft nahestehen. Von ihnen wird erwartet, daß sie politische Entscheide zugunsten der Unternehmen beeinflussen. Es geht dabei ausschließlich um die Verfolgung von Sonderinteressen. Zum anderen greift man auf »Freunde« und »Bekannte« zurück. Man kennt sich, geht daher ein geringes Risiko ein. Zum dritten bestehen mehr oder weniger enge Beziehungen aus der Studienzeit: Daher ist es entscheidend, an der »richtigen« Universität gewesen zu sein, wo man diejenigen trifft, die später Verwaltungsmandate verteilen. Zum vierten haben jene große Chancen, die mit einem (Generalstabs-)Offizier vom Dienst her freundschaftlich verbunden sind.

Nicht zuletzt wählt man Persönlichkeiten in den Verwaltungsrat, von denen man Gegenleistungen erwarten darf. Beruft man sie, so wird man auch berufen. Da man nach dem Grundsatz handelt: »Führung ist männlich«, bleiben die Verwaltungsräte »frauenlos«. Die Ausnahme bleiben Alibifrauen aus der Spitzenpolitik, die sich als nützlich erweisen könnten. Obwohl jedes Unternehmen auf Juristen angewiesen ist, ist es eine Ausnahme, wenn ein hochqualifizierter Rechtsanwalt den Sprung in einen bedeutenden Verwaltungsrat schafft, ohne den anderen Merkmalen zu genügen.

Darüber hinaus versteht es sich von selbst, daß man jene, die nicht den »traditionellen Kreisen« angehören, nur dann berücksichtigt, wenn auf sie einfach nicht verzichtet werden kann. Doch solche Notsituationen gibt es in der Regel nur in schlechten Zeiten. Dann erst werden Krisen zu Chancen für jene, die zwar tüchtig sind, in normalen Zeiten aber ausgeschlossen werden und bleiben.

## Der Jasager-Club

Die übliche Praxis bei der Berufung und Bestätigung von Verwaltungsräten ist mit bestimmten negativen Auswirkungen verbunden. Der Verwaltungsrat ist meist kraß überdimensioniert, vorwiegend mit Laien besetzt, denen die sachliche Kompetenz fehlt. Er wird oft von Personen präsidiert, die aus dem Management hervorgehen. Der Verwaltungsrat ist daher der akuten Gefahr ausgesetzt, zu einem Regiebetrieb des Spitzenmanagements zu degenerieren. Das ist besonders dort der Fall, wo Funktionen nicht getrennt sind. Läßt sich der Präsident des Verwaltungsrates auch zum Delegierten eines Unternehmens machen, führt er es – operativ – im Alleingang. Vor allem hier, aber wohl auch anderswo ist der Verwaltungsrat nicht mehr als ein ausschmückendes Element von Unternehmen: Er kommt lediglich zusammen, um diskussionslos Geschäfte zu verabschieden, die bis in letzte Details schon im voraus entschieden wurden. Wer Mitglied eines solchen Jasager-Clubs ist, der wird für die wenigen Sitzungen, zu denen er gehen darf, nicht selten fürstlich honoriert.

Eines der zentralen Probleme ist die Machtkonzentration, die sich in der Zusammensetzung der Verwaltungsräte insbesondere der großen Unternehmen widerspiegelt. Hier schieben sich dreißig bis fünfzig Personen gegenseitig Mandate zu, was zu einem intensiven Filz führt. Der Verwaltungsrat konstituiert sich sozusagen von selbst: Er bringt Vorschläge für Zuwahlen selbst ein und setzt diese auch durch. Damit kann er verhindern, von außen gefordert und im Innern gestört zu werden.

Die Verfilzung erstreckt sich von der Nationalbank über Großbanken, Versicherungen, die (Export-)Industrie und die Energieversorgung bis hin zum (Groß-)Handel. Dabei finden sich Kreditgeber, Kreditnehmer, Produzenten, Händler und Versicherungen »unter einem Dach«. Selbstverständlich scheuen sie jeden Wettbewerb, tun sich gegenseitig nicht weh, setzen die traditionelle Geschäftspolitik fort, die sich in ihren Augen stets bewährt hat. Zugleich tauschen sie vertrauliche Informationen aus, die zu Lasten anderer, der Abwesenden, gehen. Früher führte dies zu Insidergeschäften, die manchen mühelos große Einkommen und Vermögen bescherten. Es versteht sich wohl von selbst, daß die Verfilzung weder mit »gleichen Chancen für alle« noch mit einem fairen Wettbewerb etwas zu tun hat. Man ist hier vielmehr mit einem neofeudalen System konfrontiert, das sich kaum um marktwirtschaftliche Grundsätze schert.

## Die alten Herren

Analysiert man die Zusammensetzung der Verwaltungsräte, so fällt es auf, daß deren Mitglieder ein hohes Alter aufweisen. Dieser »Alt-Herren-Club« bildet ein wirksames Netzwerk, um sich an der Macht zu halten, sich gegen jene zu schützen, die (endlich) aufsteigen wollen, bevor es für sie zu spät ist. Es wird sorgfältig ausgesucht, wer nachfolgen darf. Dabei haben jene die größten Chancen, bei denen man sicher ist, daß sie die traditionelle Unternehmenspolitik fortsetzen werden. Zum Zuge kommt, wer nach den Richtlinien seiner »Meister« zu arbeiten bereit ist. Er kann aber erst aus dem Windschatten seiner Förderer und Gönner heraustreten und selbst glänzen, wenn die alte Garde dazu grünes Licht gibt oder es aus physischen Gründen nicht mehr zu verhindern vermag.

Nicht wenige alte Herren bleiben dem Verwaltungsrat für eine weitere Amtszeit erhalten, indem sie die geltenden Regeln ändern und so den Gang zur Alters-Guillotine vermeiden. Müssen sie aber schließlich ausscheiden, so lassen sie sich als Berater anstellen. Am besten ist der Chef des Verwaltungsrates positioniert. Er läßt sich zum Ehrenpräsidenten küren. Das erfolgt meist an den Aktionären vorbei, ist eine interne Angelegenheit. So kann er bis ans Ende seines Lebens dem Unternehmen »treu« bleiben und entsprechend profitieren.

Sollte der Verwaltungsrat in eklatanter Art und Weise versagen, so ist das noch kein Grund, Konsequenzen zu ziehen und abzudanken. Das gilt auch für jene, die einst blühende Unternehmen ruiniert haben. Selbst solche Fehlleistungen reichen nicht aus, um »alte Kameraden« fallenzulassen. Bleibt aber nichts anderes übrig, als Versager vom »Tatort« zu entfernen, so bringt man sie einfach anderswo unter. Die Solidarität des Filzes ist ihnen, wenn sie sich stets konform verhalten haben, lebenslänglich gewiß.

Der Verwaltungsrat unternimmt, zusammen mit dem (Spitzen-)Management, alles mögliche, um sich vor den Aktionären zu schützen. Dabei verstößt er gegen sämtliche Grundsätze der Aktionärsdemokratie: Ein Unternehmen gehört nämlich ausschließlich den Aktionären, sonst niemandem, weder den Verwaltungsräten noch den Managern. Eigentümer sind auch nicht (andere) Stakeholder wie Arbeitnehmer, Gewerkschaften und Kunden. In dem Maße, wie man anderen als den Aktionären eine Mitsprache und/oder -entscheidung einräumt, wird das Unternehmen sozialisiert, sozusagen verstaatlicht.

## Schutz vor Aktionären

Ein beliebtes Schutzinstrument ist die Vinkulierungspraxis. Hier wird der Grundsatz »Eine Aktie, eine Stimme« verletzt. Doch das hat sich auf Dauer als kontraproduktiv erwiesen. Je restriktiver der Handel mit Aktien ist, desto niedriger liegt der Kurs. Das zieht »Raider« und andere »Übernehmer« an. Je größer der Unterschied zwischen dem Substanz- und dem Marktwert ist, desto kostspieliger wird die Kapitalbeschaffung.

Wer möchte schon Aktienkapital, das immer auch Risikokapital ist, bereitstellen, wenn er von unternehmerischen Entscheidungen faktisch ausgeschlossen ist? Aktionäre investieren in Unternehmen, die eine großzügige Dividendenpolitik betreiben, was in der Schweiz selten der Fall ist. Von der unternehmerischen Substanz hat der Aktionär wenig bis nichts, solange sich diese nicht in Kurssteigerungen und/oder wachsenden Dividenden niederschlägt. Andere Gründe für die »Treue« kann und darf es nicht geben, denn ein Aktionär würde sonst nur jene Verwaltungsräte und leitenden Manager stützen und unterstützen, die mit ihrer Vinkulierungspraxis letztlich nicht das Unternehmen, sondern sich selbst schützen. Daran ist er nicht interessiert.

Namensaktien mögen eine Berechtigung haben, da sie Transparenz schaffen. Daß Aktionären die Eintragung ins Register und das Stimmrecht in der Generalversammlung (GV) verweigert wird, ist nicht statthaft. Der Markt funktioniert nur dann, wenn es keine persönlichen Präferenzen für Aktionäre gibt. So darf man weder unbequeme noch unsympathische Aktionäre diskriminieren. Eine (kotierte) Aktiengesellschaft ist weder ein Familienbetrieb noch ein Revier für Freunde, sie ist vielmehr das Eigentum der Aktionäre, und zwar mit allen Konsequenzen, die sich daraus für den Verwaltungsrat und das Management ergeben.

Es dürfen auch keine Vorkehrungen, welcher Art auch immer, getroffen werden, um Übernahmen zu verhindern. An der Börse kotierte Unternehmen müssen für jedermann und zu jeder Zeit kaufbar sein. Es ist nicht marktkonform, wenn Banken und »befreundete« Unternehmen, in deren Verwaltungsrat man sitzt, Beteiligungen mit dem Ziel halten, Übernahmen zu verhindern. In bezug auf Übernahmen durch »Ausländer« gilt der Grundsatz der Reziprozität: Was schweizerische Unternehmen im Ausland dürfen, muß in der Schweiz ausländischen Unternehmen möglich sein.

Ein anderes (Abwehr-)Instrument sind die Partizipationsscheine (PS): Mit ihrer Hilfe beschafft sich ein Unternehmen Kapital, dessen »Besitzer« von der Mitbestimmung in der GV ausgeschlossen ist. Dadurch kann man sich lästige Aktionäre ersparen. Werden die PS – wie in den neunziger Jahren – in Namensaktien umgewandelt, so sind immer noch genügend Sicherungen eingebaut, zum Beispiel die Eintragungspraxis. Zudem üben Kleinaktionäre, die sich nicht organisieren, keinen unerwünschten Einfluß aus: Sie folgen in der Regel in der GV den Anträgen des Verwaltungsrates.

Nicht zu vernachlässigen sind die Bestände, welche die Unternehmen an eigenen Aktien halten. Diese werden, ohne Meldepflicht und daher »versteckt«, je nach Bedarf eingesetzt. Man stockt sie bei prekären Stimmverhältnissen in der GV auf. Eine ähnliche oder gleiche Wirkung haben auch andere Varianten der »Selbstverteidigung« des Verwaltungsrates, was herausragend für Banken gilt. Zum einen verfügen sie über die Aktien der eigenen Pensionskassen, zum anderen über »eigene« Aktien in den Aktienfonds. Zum dritten leihen sie über die GV hinweg Aktien an »Großaktionäre« aus. Mit ihnen vereinbaren sie nicht selten im voraus, wie in der GV gestimmt wird.

Nicht zuletzt ist das Depotstimmrecht zu beachten: Die Banken verfügen über größere Bestände, meist von Kleinaktionären, und können daher – mit Vollmacht ausgestattet – stimmen, wie es dem Verwaltungsrat am besten paßt. Schließlich ist man zunehmend bemüht, sich Pensionskassen, die Aktienbestände halten, vom Hals zu schaffen. Am liebsten möchte man sie vom Stimmrecht ausschließen. Zudem wird in der GV subtil und offen manipuliert. Man beschränkt die Redezeit lästiger Aktionäre, belehrt ausländische Aktionäre über gutschweizerische Gewohnheiten. Wenn alle Stricke reißen, läßt man einfach die Mikrophone abschalten – vor allem, wenn sich jemand kritisch äußert.

Wer in einen Verwaltungsrat gewählt wird, bestimmt der Verwaltungsrat letzlich selbst. Er schlägt die ihm genehmen und »würdigen« neuen Mitglieder vor: Sie müssen aus dem Filz stammen, der sich so selbst regeneriert. Überraschungen wissen die Erwählten und andere durch Restriktionen zu verhindern. An sich dürften nur anwesende Aktionäre abstimmen. Erst dann wäre die so hoch gepriesene direkte (Landesgemeinde-)Demokratie verwirklicht.

In der Schweiz wird bei der (Aus-)Wahl von Verwaltungsräten ein intensiver lokaler, kantonaler und regionaler Protektionismus betrieben. Auswärtige oder gar Ausländer haben hier nichts zu suchen. Sie passen nicht zum jeweiligen (Unter-)Filz, haben nicht die richtige Mentalität. Das gilt auch für national tätige Unternehmen. Selbst bei den Multinationalen sieht es oft nicht besser aus. Es existiert ein ungeschriebenes Gesetz, daß der Verwaltungsratpräsident aus dem Kanton stammen muß, in dem das Unternehmen den Hauptsitz hat. Es geht doch nicht an, daß ein »Fremder« (etwa ein St. Gallener) in alte Reviere eindringt, um dort eine »bewährte« Ordnung zu stören oder gar zu bedrohen.

## Management by Filz

Letztlich ist der Verwaltungsrat auch für die (Aus-)Wahl und die Leistungen des Managements verantwortlich. Er entscheidet sich für Kandidaten, die einflußreichen Verwaltungsräten nahestehen. Daher müssen (Spitzen-)Manager zum Filz gehören, um zum Zuge zu kommen. Für die Performance der schweizerischen Wirtschaft sind diese Manager entscheidend. Da die Wirtschaftsleistung im Laufe der Nachkriegszeit immer schwächer wurde und als »Höhepunkt« in die Stagnation der neunziger Jahre mündete, ist es nicht schwer, die Versager auszumachen: Es ist das Management im allgemeinen und jenes an der Spitze, das heißt die Geschäftsleitung oder die Generaldirektion im besonderen. Das Verdikt ist klar: Versagt hat das »Management by Filz«, die schweizerische Art, Unternehmen zu leiten, und die von der Armee übernommene generalstabsmäßige Führung in der Privatwirtschaft: Die Schweiz zeichnet sich nicht erst heute durch ein großes Defizit an hochqualifizierten (Spitzen-)Managern aus.

In der Nachkriegszeit profitierte das Management zunächst von extrem günstigen Rahmenbedingungen: Dabei erlag es einer verhängnisvollen Selbsttäuschung: Was nach dem Motto »The trend is your friend« von selbst lief, wurde als eigene Leistung angesehen. Diese Art, Unternehmen zu führen, wurde zum »schweizerischen Management« hochstilisiert. Die vom Filz erkorenen Manager hatten Lebenspositionen inne, die von ihren Leistungen (weitgehend) unabhängig waren. Sie begingen fast alle den fatalen Fehler, nicht zu rationalisieren, zu restrukturieren und zu innovieren, sondern das Alte, das Gewohnte, das Übliche zu pflegen, auf anderes, auf Neues zu verzichten.

Der Trendbruch der siebziger Jahre legte die strukturellen Schwächen der schweizerischen Wirtschaft brutal offen. Nun ging nichts mehr von selbst. Das Management war endlich gefordert, hatte die Gelegenheit zu zeigen, wozu es in rauhen Zeiten imstande ist. Dieser Test wurde nicht bestanden. Die einen warteten tatenlos auf bessere Zeiten, lebten von der Substanz. Die anderen erkannten erst um die Mitte der achtziger Jahre, demnach zehn Jahre zu spät, daß das mechanische Zeitalter zu Ende gegangen war, die Zukunft elektronisch orientiert ist.

Nicht wenige übten zehn bis fünfzehn Jahre den Turn-around, restrukturierten konzept- und erfolglos. Nicht zu vergessen sind jene, die einst blühende Unternehmen aus Unvermögen ruinierten. Das ist die magere Bilanz des schweizerischen Managements in der Periode des Abstiegs von 1973 bis 1990. Es blieb bis heute beim schweizerischen Management-Defizit. Das Management kann und will nicht zugeben, daß es versagt hat. Es wurde alles getan, um zu vertuschen, daß das schweizerische Führungsmodell weder krisen- noch zukunftstauglich ist. Immerhin setzte gegen Ende der achtziger Jahre eine intensive, aber defensive Diskussion darüber ein, ob eine Managerlücke existiere und wie diese gegebenenfalls überwunden werden könnte.

## Das Defizit an Managern

Es wird gerne argumentiert, Schweizer Manager seien im Ausland, insbesondere in den USA, sehr erfolgreich. Dort stiegen manche Schweizer in Spitzenpositionen auf, so bei IBM, als dieses Mammutunternehmen in der Krise war. Dies spricht nicht so sehr für die Schweiz als vielmehr für das amerikanische Management, aber es zeigt, daß in den Schweizern Managerpotential steckt, das man ausschöpfen kann, wenn die Rahmenbedingungen stimmen. In der Schweiz wären diese Manager nur aufgestiegen, wenn sie dem Filz angehört, dieser ihnen den Weg geebnet hätte. Schon deshalb ist es nicht zulässig, schweizerische Manager, die im Ausland erfolgreich sind, als Beweis dafür anzuführen, es gäbe in der Schweiz keine Managerlücke.

Je mehr schweizerische Unternehmen in den neunziger Jahren unter Anpassungsdruck gerieten, desto mehr kamen Nichtschweizer zum Zuge. Vor allem Großunternehmen waren und sind darauf angewiesen, amerikanische Beratungsfirmen einzuschalten, um ihre fundamentalen Probleme zu lösen – mit zukunftsträchtigen Konzeptionen, die die Schweizer selbst auszuarbeiten nicht imstande sind.

Die meisten Strategien stammen von McKinsey. Als es darum ging, diese umzusetzen, fehlten die erforderlichen Manager helvetischer Provenienz. Daher blieb letztlich kaum etwas anderes übrig, als Spezialisten von Beratungsunternehmen als Manager anzuheuern, sie mit der Durchführung der Konzeptionen zu betrauen. So sind in den letzten Jahren McKinsey-Leute bis an die Spitzen schweizerischer Großunternehmen und Multinationaler vorgestoßen. Das kommt dem Eingeständnis gleich, daß die schweizerische Managerlücke, wenn überhaupt, nur über den Zuzug »amerikanisch« denkender und handelnder Manager geschlossen werden kann. Dies trifft allerdings nicht auf die KMU zu: Dort sind jene weiter am Werke, die nach schweizerischen Grundsätzen handeln, damit meist aber nicht erfolgreich sind. Die Ausnahme bilden jene, die nicht dem Filz angehören, sondern sich an diesem vorbei durchzusetzen vermögen.

Im Laufe der neunziger Jahre sind wenige und nicht wirklich entscheidende Verbesserungen zu melden. Zum einen wurden die Partizipationsscheine abgeschafft, zum anderen wurde die Einheitsaktie eingeführt. Einige Multinationale haben ihren Verwaltungsrat international diversifiziert. Nach Übernahmen im Ausland haben sie entsprechende Spitzenkräfte in den Verwaltungsrat der Muttergesellschaft aufgenommen. Manche haben das Management sogar globalisiert. In jeder Beziehung positiv ragen ABB, Credit Suisse, Nestlé, Novartis und der Schweizerische Bankenverein heraus. Gleichwohl sind in der Regel aber weiterhin keine Ausländer im Verwaltungsrat vertreten (so bei der UBS, der Schweizerischen Bankgesellschaft), und es herrscht weiterhin die alte Garde, die schweizerisch denkt und handelt, als ob das Land nicht mit der Weltwirtschaft verflochten wäre. Der Schaden, der dadurch angerichtet wird, trifft nicht die Verursacher, sondern die schweizerische Volkswirtschaft und Bevölkerung. Die Wirtschaft rutschte von ihrer schwachen Dynamik der Nachkriegszeit über die Stagnation der neunziger Jahre in den Niedergang: Es ist nicht mehr zu übersehen und zu bestreiten, daß der Filz versagt hat, für die wirtschaftliche Misere verantwortlich ist.

# Finanzplatz unter Druck

Die Weichen für den Aufstieg des Finanzplatzes wurden bereits in den dreißiger Jahren gestellt. Im Jahre 1935 wurde das Bankgeheimnis definitiv verankert. Nun konnte ausländisches Kapital – ohne entdeckt zu werden – in die Schweiz fließen. Der nächste Schritt war die Internationalisierung des Schweizer Frankens im Zweiten Weltkrieg: Devisen wurden immer knapper, die meisten Währungen waren nicht mehr konvertierbar; in Europa blieb nur der Schweizer Franken übrig, um vielfältige Geschäfte abzuwickeln. Davon machten nicht nur Nazi-Deutschland, sondern auch die Alliierten Gebrauch.

Als die Schweiz unversehrt aus dem Zweiten Weltkrieg hervorging, erlangte sie eine Attraktivität, einen Nimbus, der jahrzehntelang durch nichts zu trüben war. Das erweckte Neid: Die »Gnomen von Zürich« waren nicht beliebt, mancherorts auch verhaßt. Insbesondere den USA gefiel es immer weniger, daß der Finanzplatz für Geschäfte genutzt werden konnte, die nicht ihren (Wert-)Vorstellungen entsprachen. Es war daher abzusehen, daß der Druck aus den USA zunehmen würde. Der Niedergang des Finanzplatzes begann schon in den achtziger Jahren, was aber nicht erkannt wurde. Man hielt sich weiter für nicht verwundbar. Das änderte sich schließlich aber rascher und tiefgreifender, als man es sich hatte vorstellen können.

## Der Druck von außen

In der Schweiz waren lange Zeit Insidergeschäfte möglich und üblich, die anderswo bereits verboten waren. In den USA wurden sie mit hohen Geldbußen, Gefängnis und lebenslangem Ausschluß von Finanzgeschäften geahndet. Auf Druck der USA und insbesondere der Securities Exchange Commission (SEC) blieb der Schweiz nichts anderes übrig, als Insidergeschäfte zu verbieten und das entsprechende Gesetz auch anzuwenden.

Je mehr das Drogen- und das Waffengeschäft Auftrieb erhielten und daraus fließende Gewinne in die Schweiz verschoben wurden, desto mehr zog der Finanzplatz die Abneigung und Ablehnung des Auslandes auf sich. Die Schweiz und ihr Finanzplatz mußten nun mit einschneidenden Vergeltungsmaßnahmen, vor allem der USA, rechnen. So kam es nach langem Hin und Her zu einem »Geldwäsche-Artikel«, der diesem »schmutzigen« Geschäft Einhalt zu gebieten versuchte.

Nicht wenige ausländische Diktatoren benutzten den Schweizer Finanzplatz, um Vermögen zu parken, die nicht von ihrem Gehalt als »Präsident« eines Landes stammen konnten. Zum einen waren (und sind) es Korruptionsgelder, die direkt auf Konten in der Schweiz einbezahlt wurden, demnach keinen langwierigen Umweg suchten. Zum anderen raubten Diktatoren die Staatskasse aus, eigneten sich Gelder an, die nicht ihnen, sondern ihrem Volk gehörten. Auf äußeren Druck hin blieb nichts anderes übrig, als zu handeln. Hier ragt die Blockierung der Konten von Ferdinand Marcos im Jahre 1985 ohne ein (Rechs-)Hilfegesuch der neuen philippinischen Regierung heraus. Dabei wurde mit einer Tradition gebrochen: Niemand konnte hinfort sicher sein, in der Schweiz unentdeckt und unbehelligt Geld zu parken. Vielmehr riskierte man hinfort eine strafrechtliche Untersuchung und die Auslieferung der Vermögen an die jeweilige Regierung.

Der neueste Fall sind die Gelder Mobutus. Sein Vermögen wurde in der Presse lange auf zehn bis zwölf Milliarden Dollar geschätzt. Das hätte ausgereicht, um die Auslandsschulden der Republik Kongo zu tilgen. Umfragen bei den Banken ergaben jedoch, daß praktisch keine Mobutu-Gelder mehr in der Schweiz sind. Sein Vermögen muß »versteckt« worden und abgewandert sein. Wohin, ist – offiziell – allerdings nicht bekannt. Es dürfte daher kaum jemanden erstaunen, wenn das den Verdacht nährt, daß massiv »geschoben« wurde. Es versteht sich von selbst, daß dies dem Ansehen der Schweiz im Ausland schadet.

## Der Druck von innen

Der Finanzplatz kam in den achtziger Jahren unter massiven innenpolitischen Druck. Die Sozialdemokraten lancierten eine »Bankeninitiative« mit dem Ziel, das Bankgeheimnis zu lockern und teilweise aufzuheben. Sie argumentierten, das Bankgeheimnis begünstige die Steuerhinterziehung und schade über die Fluchtgelder den Entwicklungsländern. Zudem seien die Banken zu groß und zu mächtig. Es liege im öffentlichen Interesse, die Banken besser und schließlich ganz in den Griff zu bekommen, den Finanzplatz zu schwächen und zu redimensionieren. Die Bankeninitiative wurde zwar 1984 abgelehnt, das Ergebnis zeigte aber deutlich, daß breite Bevölkerungskreise gegenüber dem Finanzplatz Skepsis bis Ablehnung hegten. Hätte die Initiative eine Amnestie für Steuersünder vorgesehen, so wäre die Chance groß gewesen, vor dem Volk zu bestehen.

Die Schweiz erhebt seit langem Sondersteuern, so die Stempelsteuer und die Emissionsabgabe. Es handelt sich um Kapitalverkehrssteuern, die finanzwissenschaftlich keine Berechtigung haben. Sie werden im Ausland in der Regel nicht erhoben, so ab 1992 in den EU-Ländern. Die Steuern zu Lasten des Finanzplatzes und der Bankkunden wurden in Kauf genommen, um die politische Linke davon abzuhalten, gegen die Banken im allgemeinen und das Bankgeheimnis im besonderen Sturm zu laufen.

Nun versteht es sich von selbst, daß Bankkunden solche Steuern nicht gerne bezahlen. Folgerichtig verlagern Inländer ihre Vermögen zunehmend ins Ausland, während Ausländer nicht mehr die Schweiz anlaufen, sondern mit Schweizer Banken in Steueroasen zusammenarbeiten. Es kommt hinzu, daß diejenigen, die nicht auf das Bankgeheimnis angewiesen sind, etwa Bürger aus Staaten, die keine direkten Steuern kennen, nicht bereit sind, »Bankenkundensteuern« zu tragen, und daher ebenfalls andere Finanzzentren anpeilen. Der Finanzplatz bleibt auch von dieser Seite unter Druck, verlagert sich weiter ins Ausland.

## Die Erosion des Bankgeheimnisses

Glaubt man der öffentlichen Meinung, so ist das schweizerische Bankgeheimnis wasserdicht. Doch der Schein trügt, die Wirklichkeit sieht anders aus. Seit der Nachkriegszeit ist ein Trend zur allmählichen Aushöhlung des Bankgeheimnisses festzustellen. So müssen die Banken heute Auskünfte geben in Straf-, Schuldbeitreibungs- und Konkursverfahren, bei Erbschafts- und Vormundschaftsangelegenheiten. Nicht zu vergessen ist das Bundesgesetz gegen die Steuerhinterziehung aus dem Jahre 1977. Der Steuerpflichtige muß auf Anfrage der Steuerbehörde sämtliche Bankunterlagen liefern, die von ihm verlangt werden: Das kann im Extremfall auf eine totale Auflösung des individuellen Bankgeheimnisses hinauslaufen. Ab den achtziger Jahren wurde eine Reihe von Gesetzen und Verordnungen verabschiedet, die in spezifischen Fällen das Bankgeheimnis aufweichen oder gar aufheben. Das verdankt die Schweiz nicht zuletzt dem Problem der Geldwäsche.

Vor einiger Zeit tauchte eine völlig neue Dimension auf: Sie hängt mit dem Verbleib der Gelder von Holocaust-Opfern zusammen. Unter äußerem Druck erhalten nun ausländische Personen und Institutionen im Rahmen von Kommissionen und Expertengruppen die Möglichkeit, das Bankgeheimnis im einzelnen so weit zu lüften, wie sie es für nötig halten. Das kommt einem Blankoscheck nahe. Dieser Druck auf den Finanzplatz hat erst begonnen, er wird sich noch verstärken. Eine erschöpfende Aufklärung der Vorgänge im Zweiten Weltkrieg und danach ist, wenn überhaupt, nicht in wenigen Jahren möglich.

## Die Nationalbank im Zwielicht

Ein nachhaltiger Einfluß auf den Finanzplatz geht von der Schweizerischen Nationalbank (SNB) aus. Sie ist die Hüterin der Währung und hat für einen stabilen Schweizer Franken zu sorgen. Nun ist die SNB nicht erst unter Druck geraten, als das »Nazi-Gold« und die Devisengeschäfte mit dem Dritten Reich schlagartig zu einem gravierenden Problem wurden. Der Angriff auf die SNB begann schon in den achtziger Jahren. Damals ging die öffentliche Hand dazu über, den Gewinn der SNB anzuzapfen. Seither wurde hier systematisch gelockert; gegenwärtig wird ein zusätzlicher Aderlaß vorbereitet. Es ist abzusehen, daß die Gewinne der SNB irgendwann zur Gänze in die Staatskassen fließen werden.

Die SNB ist in weiten Kreisen alles andere als beliebt. Man mag ihre konsequente Geldpolitik, die am Geldwert orientiert ist, nicht; vielmehr strebt man danach, die SNB in den Dienst der Interessen der Exportwirtschaft und der keynesianischen Konjunkturpolitik zu stellen. Die Exportwirtschaft ist an einem im Trend schwächeren Franken interessiert, macht in diese Richtung politischen Druck. Die Anhänger einer expansiven Geldpolitik unternehmen alles, um die Unabhängigkeit der SNB zu schwächen oder gar aufzuheben, diese vor den Karren ihrer Politik zu spannen. Sie geben der SNB die ausschließliche Schuld an der wirtschaftlichen Misere der neunziger Jahre. Je mehr aber in- und ausländische Anleger realisieren, was sich um und mit der SNB und dem Schweizer Franken abspielt, desto eher werden sie Konsequenzen ziehen und ins Ausland verlagern.

Der Stabilität und Solidität des Schweizer Frankens droht eine weitere Gefahr: Es ist vorgesehen, seine Goldbindung aufzuheben. Der Schweizer Franken ist dann auf dem Wege, eine Währung wie jede andere zu werden und entscheidend an Glanz zu verlieren. Die Goldreserven werden aufgewertet, ein Gewinn von sieben Milliarden fließt in die Solidaritätsstiftung zugunsten von Opfern des Holocausts und anderer. Sieben weitere Milliarden sollen zur Linderung sozialer Not im Inland bereitgestellt werden. Nur Blinde können übersehen, daß der Appetit auf die Goldreserven der SNB wächst. In einer nicht allzu fernen Zukunft wird die SNB über keine Goldreserven mehr verfügen. Das kann sich nur negativ auf den Schweizer Franken und den Finanzplatz auswirken.

## Die Sünden der achtziger Jahre

Unter Druck geriet der Finanzplatz in den neunziger Jahren als Folge der leichtsinnigen Kreditpolitik der achtziger Jahre. Im konjunkturellen Aufschwung von 1983 bis 1990 haben die Hypothekenkredite der Banken den Boom der Immobilienpreise erst ermöglicht. Die Kreditaufnahme erreichte nicht selten fünfundachtzig Prozent und mehr: Man konnte sogar ohne Eigenmittel Immobilien kaufen. Da man mittelfristig mit anziehenden Preisen rechnete, sah man keinen Grund, eine restriktive Kreditpolitik zu betreiben. Die Banken haben das Ende der Immobilienhausse, die eigentliche Inflation der achtziger Jahre, nicht vorausgesehen, wurden überrascht. Sie haben alle Warnungen in den Wind geschlagen.

Auch die KMU wurden großzügig mit Krediten bedacht. Die Banken waren sich offensichtlich nicht bewußt, daß die meisten KMU ihre Hausaufgaben nicht gemacht hatten. Diese hatten es nämlich versäumt, zu redimensionieren, zu restrukturieren und zu innovieren, um konkurrenzfähig zu bleiben. Sie verkannten den Strukturwandel, wirtschafteten im alten Stil weiter: An sich hätte der Trendbruch der Nachkriegszeit in den siebziger Jahren zu denken und zu handeln Anlaß geben müssen. Ein gewaltiger Nachholbedarf türmte sich auf. Dieser schlug Anfang der neunziger Jahre zusammen mit der einsetzenden Immobilienkrise durch. Nun war eine doppelte Herausforderung zu bestehen; sie wurde aber erst nach Jahren als solche erkannt, als die Konkurswelle einsetzte und nicht mehr abbrach.

In den neunziger Jahren mußte der »Leichtsinn der Banken« der achtziger Jahre teuer bezahlt werden. Bis Ende 1997 wurden rund fünfzig Milliarden Franken abgeschrieben. Das schlug gewaltige Löcher in die Bilanz der Banken. Manche von ihnen, so die Schweizerische Volksbank, aber auch lokale, kantonale und regionale Banken blieben auf der Strecke: Sie wurden von den Großbanken teuer übernommen, um Schaden vom Finanzplatz abzuwenden, der sich keinen offiziellen Bankrott von Banken leisten kann. Mit der Übernahme konnte der Finanzplatz sein Gesicht wahren.

## Der Aderlaß der neunziger Jahre

Heute steht fest, daß weder die Immobilienkrise noch die »faulen« Kredite an die KMU bewältigt sind: Es wird noch länger dauern, bis diese Doppelkrise überwunden ist. Ein hoher Abschreibungsbedarf wird den Finanzplatz auf Jahre hinaus hoch belasten, ein Ende ist nicht abzusehen. Ob und in welchem Ausmaß der laufende Aderlaß manche Banken an den Rand des Ruins und darüber hinaus treibt, ist im einzelnen noch nicht abzusehen. Dem Finanzplatz stehen jedenfalls stürmische Zeiten bevor.

Die Banken stehen nicht nur wegen des hohen Bedarfs an Abschreibungen von Krediten an die KMU und im Immobiliensektor unter Druck. Es kommt hinzu, daß ihr Netz viel zu dicht ist. Zum einen ist das auf die Kartellisierung zurückzuführen, die erst vor Jahren beendet wurde. Zuvor hatte man das Geschäft friedlich untereinander aufgeteilt und auf Konkurrenz verzichtet. Zum anderen hatte man noch in den achtziger Jahren selbst im

»letzten Kaff« einen Bankschalter eröffnet. Das war der Höhepunkt einer Fehlentwicklung, eines »Over-Banking«, das nun ein für allemal Vergangenheit ist. Die Banken werden weiter massiv redimensionieren, restrukturieren und fusionieren müssen, um zu überleben. Die erdrückende Mehrheit von ihnen wird auf der Strecke bleiben. Sie erreichen nicht jene kritische Größe, die für ein Überleben unbedingt erforderlich ist. Es ist zudem nicht auszuschließen, daß die eine oder andere (Groß-)Bank ihr »Detailgeschäft« (Retail Banking) verkaufen oder verselbständigen wird.

## Geschädigter Ruf

Im Zuge der Restrukturierung des Bankensektors wird es zu weiteren substantiellen Entlassungen kommen. Das schadet unvermeidlich dem Image der Banken, die stets als sichere Arbeitgeber galten. Dazu stoßen die Klagen der KMU über eine restriktive Kreditpolitik. Nicht zuletzt erwarten zahlreiche Hauseigentümer finanzielle Konzessionen, die nicht üblich sind. Alles in allem schwindet das Ansehen der Banken, sie geraten immer mehr unter Druck. Das könnte in absehbarer Zeit zu mehr Regulierungen und zusätzlichen Belastungen im Bankensektor führen.

Die Börsengewinne der neunziger Jahre, die sich im übrigen auf wenige Blue Chips der schweizerischen Multinationalen konzentrierten, haben dem Ruf der Banken und des Finanzplatzes zusätzlich geschadet. Die einen verstehen nicht, daß die Banken Personal abbauen, wo sie angeblich so fette Gewinne einfahren. Die anderen prangern die Börsengewinne an, die mit der sozialen Not im Inland kontrastieren. Zum dritten werfen die KMU den Banken vor, sich mehr für Finanzgeschäfte als für die KMU zu interessieren. Zum vierten gilt es hierzulande als eine Provokation, die Interessen der Aktionäre (Shareholder Value) in den Mittelpunkt zu rücken. Man hält mit den anderen Gruppen, den Stakeholdern, dagegen. Dabei wird so argumentiert, als ob Banken – und andere Unternehmen – das Eigentum der Arbeitnehmer, der Kunden und der Gewerkschaften wären. Damit wird »Sozialisierung total« betrieben.

Auch die Massenmedien machen munter mit: Sie bringen permanent neue »Storys« über die Banken und den Finanzplatz; und das nicht nur im Zusammenhang mit dem Zweiten Weltkrieg. Dieses und anderes kann nicht ohne negative Auswirkungen auf den Finanzplatz bleiben. Zusätzlich zu den oben angedeuteten Regulierungen sind zudem weitere Sondersteuern zu Lasten des Finanzplatzes zu erwarten. Auf Bundesebene droht eine Kapitalgewinnsteuer, nachdem sie vor kurzem auf Kantonsebene abgeschafft wurde. Je mehr man so oder anders Druck auf den Finanzplatz ausübt, desto mehr und rascher wird er sich ins günstigere Ausland verlagern.

## Die Verlagerung ins Ausland

Der schweizerische Finanzplatz erlebt seit Jahren – im Rahmen der Globalisierung – einen bedrohlichen Niedergang. Dieser ist noch nicht zu Ende, sondern geht beschleunigt weiter. Die Kreditvergabe an und die Projektfinanzierung für große Kunden ist auf dem Wege, die Schweiz endgültig zu verlassen: Die Ziele sind vor allem London und New York sowie andere Zentren der USA. Die Vermögensverwaltung wird durch Übernahmen in den USA, aber auch in England zügig ausgebaut. Die drei Schweizer Großbanken verfolgen unterschiedliche Ziele: Die UBS setzt auf die Vermögensverwaltung, baut ihre Position in den USA, auch durch Übernahmen, aus. Die Credit Suisse (CS) ist dem Investment-Banking zugetan, verfügt über eine sehr leistungsfähige Tochter (First Boston), die sich traditionell mit den Finanzbedürfnissen der weltgrößten Unternehmen beschäftigt. Der Schweizerische Bankverein (SBC) ist bestens positioniert: Mit der Übernahme von Warburg und der Namensänderung in SBC Warburg wurden zukunftsweisende Zeichen gesetzt. Diese Gruppe ist sowohl im Devisen- als auch im Derivatengeschäft ein Global Player geworden.

Das Investment-Banking ist eine extrem diversifizierte, interdisziplinäre Angelegenheit, die auf entsprechende Spezialisten angewiesen ist: Diese findet man in der Schweiz nicht vor, man muß sie im Ausland »einkaufen«. Daher ist es abzusehen, daß Analyse und Research, der Devisenhandel und das vielfältige Geschäft mit Derivaten zunehmend in London und New York angesiedelt werden. Die Abwanderung vom schweizerischen Finanzplatz ist voll im Gange und wird weiter forciert. In absehbarer Zeit bleiben der Schweiz nur noch das inländische Kreditgeschäft mit den heimischen KMU, die Vergabe von Hypotheken und das Detailgeschäft, dazu eine reduzierte Vermögensverwaltung, insbesondere auch bei jenen spezialisierten kleinen und mittleren Banken, die nicht groß genug sind, um global aktiv zu werden. Ob und in welchem Ausmaß dieses urschweizerische Geschäft im Lande verbleibt, hängt nicht zuletzt davon ab, wie lange das Bankgeheimnis noch Bestand hat.

## Das Ende des Bankgeheimnisses

Die Globalisierung hat den Finanzplatz verwundbar gemacht. Was in der Schweiz getan werden darf, hängt nicht zuletzt davon ab, ob es etwa den USA und der EU paßt oder nicht. Beiden sind unter anderem die Geldwäsche und das Bankgeheimnis ein Dorn im Auge. Sie treten regelmäßig mit entsprechenden Forderungen an die Schweiz heran. Da die USA und die EU am längeren Hebel sitzen, kann die Schweiz diese Vorstöße nicht ignorieren. Falls sie es doch tut, hat sie mit Vergeltungsmaßnahmen zu rechnen. Dazu zählen der Entzug von Lizenzen für Banken und Versicherungen, die Blockierung von Konten oder die Konfiszierung von Vermögen. Dagegen wäre die Schweiz machtlos. Es hat daher nichts mit Hellseherei zu tun, wenn man davon ausgeht, daß das Bankgeheimnis langsam aber sicher ausgehöhlt und später ganz fallen wird.

Ernsthaft bedroht ist das Bankgeheimnis auch von innen. Jene Kreise, die 1984 scheiterten, werden einen neuen Anlauf zur Aufhebung des Bankgeheimnisses nehmen. Die Voraussetzungen sind heute günstiger als damals. Je mehr die Schatten des Zweiten Weltkrieges die Schweiz einholen, desto lauter wird der Ruf nach totaler Transparenz ertönen.

Die Steuerhinterziehung ist ein anderes Problem, das an Aktualität gewinnt. Zum einen ist der Appetit des Fiskus auf Mehreinnahmen groß, zum anderen möchten nicht wenige versteckte Börsengewinne der neunziger Jahre ans Licht zerren. Arbeitslosigkeit und soziale Not sind populäre Argumente, um jene zur Rechenschaft zu ziehen, die angeblich oder tatsächlich Steuern hinterziehen.

Schließlich nimmt die Zahl jener zu, welche die Ansicht vertreten, die Schweiz solle endlich damit aufhören, Ausländern jeglicher Provenienz zu ermöglichen, illegale und kriminelle (Geld-)Geschäfte abzuwickeln. Das könne man nur über die Aufhebung des Bankgeheimnisses erreichen. Doch das geschieht nicht von heute auf morgen: Vom Entscheid, eine Volksinitiative zu starten, über das Sammeln von Unterschriften bis hin zu entscheidenden Urnengängen dauert es mindestens fünf Jahre. Bei einem Ja des Volkes sind auch noch Übergangsfristen zu berücksichtigen. Während dieser Periode wird der Finanzplatz sich so stark ins Ausland verlagern, daß er in der Schweiz nur noch ein Schatten dessen sein wird, was er in den achtziger Jahren war.

## Der Euro – eine Herausforderung

Nun ist der Finanzplatz auch nicht mit dem Euro konfrontiert. Die Schweiz würde von einem starken Euro profitieren. Der Aufwertungsdruck bliebe dann weitgehend aus. Faktisch wird der Euro aber schwach sein, und die Flucht in den Schweizer Franken wird sich zu einem existentiellen Problem für die Schweiz auswachsen. Dabei wird es immer weniger möglich, aus der Schweiz heraus zu exportieren. Die laufende Krise der schweizerischen Wirtschaft dürfte sich dramatisch verschärfen.

Guter Rat ist teuer. Über eine lockere schweizerische Geldpolitik ist die Aufwertung bestenfalls vorübergehend zu lindern, nicht aber aus der Welt zu schaffen. Eine Abwehr von Auslandskapital durch behördliche Maßnahmen wie in den sechziger und siebziger Jahren, eine Behinderung des freien Kapitalverkehrs, ist nicht mehr praktikabel: Das ist auch die Meinung der SNB. Letztlich bleibt nichts anderes übrig, als den Schweizer Franken an den Euro zu binden, ohne der Währungsunion anzugehören. Doch das ruft Spekulanten auf den Plan: Sie werden die Wechselkursparität ständig testen, um daraus Gewinne zu schlagen. Folgerichtig müßte die Schweiz auch de jure den Euro übernehmen, ihre eigene Währung aufgeben. Doch diese Option scheidet aus innenpolitischen Gründen a priori aus.

Die Schweiz ist auf Gedeih und Verderb dem schwachen Euro ausgeliefert. Das hat einschneidende Konsequenzen: Die Verlagerung von Arbeitsplätzen ins Ausland geht weiter. Wer im Inland verbleibt, der hat mit Zinsen zu rechnen, die sich jenen des

Euro annähern. Im Extremfall kommt es zu einer Verdoppelung der momentanen Zinskosten: Das verkraften weder die Wirtschaft noch der verschuldete Steuerstaat, noch die Hypothekenschuldner. Zugleich geraten die meisten Banken ins Trudeln, da sie sich mit einem enormen Abschreibungsbedarf konfrontiert sehen. Daran nimmt nicht nur der Finanzplatz, sondern die ganze Schweiz Schaden, einen Schaden von historischem Ausmaß.

## Verweigerung nach außen

Die Schweiz ist seit jeher bestrebt, vom Ausland möglichst unabhängig zu sein. Sie versteht sich nicht als ein Land wie jedes andere, sondern hält sich für einen einzigartigen Sonderfall in dieser Welt. Deshalb ist sie nicht bereit, sich – als Vollmitglied – europäischen und globalen Organisationen anzuschließen, sie bleibt lieber außen vor. Als Argumente verwendet sie verschiedene, innenpolitisch sehr zugkräftige (Abwehr-)Parolen; zwei ragen heraus, die aus den Anfängen der alten Eidgenossenschaft und somit aus dem Mittelalter stammen. Sie werden heute noch so eingesetzt, als ob die Welt sich seit damals nicht gewandelt hätte. Das eine sind die »fremden Richter«, das andere die »fremden Händel«, aus denen man sich heraushalten soll. Nach einer landläufigen Meinung ist die Schweiz bis heute damit gut gefahren; man sieht daher keinen Grund, die traditionelle Politik zu ändern.

### Fremde Richter – fremde Gerichte

Wer im ausgehenden zwanzigsten Jahrhundert bereit ist, sich aufklären zu lassen, der lese »Fremde Richter – fremde Gerichte« von Claudieter Schott (Neue Zürcher Zeitung vom 26./27.9.1992). Die Formel vom fremden Richter geht angeblich auf den Bundesbrief von 1291 zurück. Der Richterartikel wurde zu einem »Kriegsartikel« hochstilisiert. Das paßte zum Freiheitskampf.

Der Richter hatte im Mittelalter eine völlig andere Funktion als danach und heute. Damals bestand seine Rolle darin, die Durchführung des Verfahrens zu garantieren. Er war aber davon ausgeschlossen, Recht zu sprechen. Das oblag dem Kollegium der Schöffen. Heute hat der Richter im Rahmen des Verfahrens Recht zu finden und zu sprechen. Um früher als Schöffe zum Zuge zu kommen, mußte man Mitglied seiner Gerichtsgemeinde sein. Daher waren fremde »Richter« im Mittelalter gar kein Thema. Wer sich heute auf die Formel von den fremden Richtern beruft, der zielt ins Leere. Das eine hat mit dem anderen überhaupt nichts zu tun.

Zudem blieb die intensive Suche nach den Spuren des Richterartikels durch die Jahrhunderte hindurch ergebnislos. So kann ihn der Bundesbrief von 1291 und auch jener von 1315 nicht einmal andeutungsweise begründen. Der Richterartikel war völlig vergessen worden, bis er 1891 bei der Sechshundert-Jahr-Feier reaktiviert wurde. Seine volle Entfaltung erlebte er unter Karl Meyer, der in den zwanziger Jahren dieses Jahrhunderts damit seine Konzeption vom Freiheitskampf untermauerte. Mithin steht fest, daß die Tradition, fremde Richter abzulehnen, erst aus dem zwanzigsten Jahrhundert stammt; sie ist lediglich Jahrzehnte, nicht aber Jahrhunderte alt und somit nicht historisch begründet.

Die Schweiz lehnt traditionell auch »fremde Gerichte« ab. Sie möchte nicht, daß im Ausland, wo auch immer, über sie Recht gesprochen wird. »Fremde Richter« und »fremde Gerichte« sind verschiedene Phänomene. Es ist ein fundamentaler Irrtum, wenn unter der Formel der fremden Richter auch die Ablehnung fremder Gerichte verstanden wird. Zu diesem Thema gibt es eine Fülle historischer Informationen: Sie erstrecken sich über ganz Mitteleuropa, weisen im Fall der Schweiz keine Besonderheiten auf, es liegt kein Sonderfall vor. So gab es praktisch keine Stadt und keinen Landstrich im alten Deutschen Reich, dem auch die Schweiz angehörte, die fremde, auswärtige Gerichte abgelehnt hätten, und schließlich waren die Gerichte der eidgenössischen Orte damals auch untereinander »fremde Gerichte«.

Jene »tiefen Schichten eines historischen Bewußtseins«, die angeblich mit der Fremdrichter-Formel angesprochen werden, hat man im ausgehenden neunzehnten Jahrhundert intensiv zu pflegen begonnen. Die Schweiz befand sich ab 1848 in einem internen Integrationsprozeß. Dabei griff man gerne auf die Geschichte zurück: In der Ablehnung »fremder Richter« erblickte man ein einheitsstiftendes Vehikel, das über Schulbücher, nationalistisch orientierte pädagogische Schriften und populistische Parolen im Bewußtsein verankert wurde. Dagegen ist bis heute kein Kraut gewachsen. Die historische Aufklärung vermochte den Durchbruch in Politik und Volk nicht zu schaffen.

Mit dem Richter läßt es sich vortrefflich politisieren. Darin manifestiert sich das Unbehagen gegen die eigenen Richter und die heimische Justiz überhaupt. Bringt man noch »fremde Richter« ins Spiel, so ist es um die Akzeptanz ausländischer Richter und Gerichte endgültig geschehen. In diesem Zusammenhang ist es interessant zu wissen, daß die Kantone erst 1874 ein eidgenössisches Bundesgericht akzeptierten. In einer traditionellen Diktion handelt es sich um ein »fremdes« oberstes Gericht.

## Politik statt Justiz

Die Schweiz ist insofern ein Sonderfall, als die Rechtskultur im Gegensatz zum Ausland eher gering geschätzt wird. Das Land war an den entscheidenden Entwicklungsstationen der Rechtsstaatlichkeit nicht beteiligt. So hat es die Gewaltenteilung zwischen Politik und Justiz nicht durchgeführt. Während in den anderen europäischen Staaten die dritte Gewalt, die Justiz, mit einem enormen Vertrauenspotential und einer weitgehenden Unabhängigkeit ausgestattet wurde, blieb die Schweiz bei der alles kontrollierenden politischen Gewalt. So gesehen ist es verständlich, daß die Schweizer zum Beispiel dem Europäischen Gerichtshof mit Mißtrauen begegnen, obwohl – oder gerade weil – dieser die politisch eher schwach entwickelte EU über vielfältige Hindernisse hinweg zum Funktionieren bringt.

Die Schweiz steht sich mit ihrem rechtlichen Alleingang selbst im Wege. Die »Fremdrichter-Formel« ist letztlich nur vordergründig. Sie verdeckt Berührungsängste gegenüber einer anderen Konfliktkultur. »Da die Formel 700 Jahre Prinzipientreue suggerieren will, haftet jeder Kritik an ihr der Geruch des Verrats an. Zum Artikel eines Staatskatechismus aufgeputzt oder ins Mythische verlagert, verbietet sich von vorneherein ein rationales Argumentieren, das die Grundlage jeder modernen politischen Kultur bleibt. Man sollte sich daher der Formel schleunigst entledigen, um die Freiheit wiederzugewinnen, die es braucht – gerade heute braucht –, damit Sachprobleme objektiv und emotionslos diskutiert und gelöst werden können.«

Da die Schweiz in hohem Maße mit der Weltwirtschaft verflochten ist, letztlich von Exporten lebt, müßte sie ein vitales Interesse an leistungsfähigen »fremden Gerichten« haben. Doch offensichtlich übersieht sie, daß diese absolut notwendig, unvermeidbar und sehr nützlich sind, ganz besonders für kleine Staaten wie die Schweiz, die nicht wie Groß- und Supermächte ihr politisches und militärisches Potential einsetzen können, um zu ihrem Recht zu kommen. Um der Gefahr, als Ausländer von einem Gericht diskriminiert zu werden, nicht den Rechtsnormen entsprechend behandelt zu werden, und anderer Diskriminierung zu begegnen, ist es entscheidend, sich an supranationale Gerichte wenden zu können, etwa an den Haager Gerichtshof oder an den EU-Gerichtshof in Luxemburg. Nicht zu vergessen sind auch die (Schieds-)Gerichte der großen globalen Organisationen wie der Welthandelsorganisation WTO, des früheren GATT.

An diesen und anderen Gerichten lassen sich fremde Richter jedoch nicht vermeiden. Wenn die Schweiz mit fremden Gerichten Probleme hat, kann man rational nur einen Schluß ziehen: Sie muß (Voll-)Mitglied aller supranationalen Organisationen werden, die ihr offenstehen. Das gibt ihr die Möglichkeit, bei der Berufung von Richtern an fremde Gerichte mit zu beraten und zu entscheiden und dort auch eigene Richter zu plazieren.

Nicht zuletzt ist zu beachten, daß Schweizer auch auf andere Art von ausländischen Gerichten profitieren können: Wer von heimischen Gerichten diskriminiert wird, der muß sich damit nicht abfinden. Er hat die Möglichkeit, sich an fremde, an supranationale Gerichte, zum Beispiel in Straßburg, zu wenden. Das ist gerade für Einwohner der Schweiz nicht unerheblich, da das schweizerische Justizwesen traditionell verpolitisiert ist. Daher sind fremde Gerichte mit mehr Freiheit für die Einwohner der Schweiz verbunden.

## Fremde Händel

Sich aus »fremden Händeln« herauszuhalten, hat eine lange Tradition: Sie wird meist auf Bruder Klaus und das Jahr 1481 zurückgeführt. Es handelt sich hierbei um ein kluges und weitsichtiges Verhalten, das sich in der Regel für die Schweiz bis nach dem Zweiten Weltkrieg bewährt hat. Diese Abstinenz erlaubte es der Schweiz, mit allen Kriegsparteien intensiven Handel zu betreiben. Man hält daher der Schweiz vor, sie habe aus dem »Elend der anderen« Profit geschlagen.

Das Land hat sich aus verschiedenen Gründen aus fremden Händeln herausgehalten. Ab dem sechzehnten Jahrhundert mußte es seine Energie darauf verwenden, innere Spannungen zu verhindern oder, wenn doch entstanden, zu entschärfen, die von der Glaubensspaltung, vom traditionellen Gegensatz zwischen Stadt und Land und von kriegerischen Auseinandersetzungen im Ausland herrührten. Zu letzteren waren die einzelnen Kantone jeweils sehr unterschiedlich eingestellt. Ein typischer Fall sind die Kriege zwischen Deutschland und Frankreich, die stets zu Problemen zwischen der welschen und der deutschen Schweiz führten. Für die Schweiz war es lebenswichtig, sich soweit wie nur möglich daraus herauszuhalten. Nur so konnte sie innere Konflikte vermeiden, die zum Zerfall des Landes hätten führen können.

Die jahrhundertelange Phase der fremden Händel ging mit dem Zweiten Weltkrieg allmählich zu Ende. Die Schweiz hat dies bis heute nicht realisiert und setzt ihre traditionelle Politik der Nichteinmischung fort. Sie zielt ins Leere, kämpft gegen Phantome an. Daran nimmt sie dauerhaften Schaden, während das Ausland mit Unverständnis und inzwischen mit Mißtrauen zuschaut oder die Schweiz überhaupt nicht mehr zur Kenntnis nimmt.

## Die Weichen sind falsch gestellt

Am Ende des Zweiten Weltkrieges wurden die Weichen falsch gestellt. Damals herrschte in der Schweiz echte Europabegeisterung. Politik und Wirtschaft nutzten dies aber nicht, um das Land nach außen zu öffnen, sich Europa und der Welt anzuschließen, sondern setzten ihre traditionelle Politik des Alleingangs fort. Die Schweiz isolierte sich weiter selbst, schloß sich weitgehend von den internationalen und globalen Organisationen aus, die sich daranmachten, eine »friedliche Welt« aufzubauen und zu verteidigen. Es ist in diesem neuen Umfeld geradezu absurd, wenn die Schweiz mit dem (Schein-)Argument der »fremden Händel« abseits steht. Die europäischen und die globalen Organisationen wurden mit dem ausdrücklichen, sogar einzigen Ziel gegründet, künftig Kriege zu vermeiden, Konflikte zu verhandeln und zu schlichten, wenn nötig in einer gemeinsamen Aktion Kriege zu beenden oder nichtdemokratische Regime in Demokratien umzuwandeln.

Die Schweiz hielt lange am Grundsatz fest, nur bilateral zu verhandeln und entsprechende Verträge abzuschließen – ein zeitraubender und extrem umständlicher Weg, um außenpolitische und außenwirtschaftliche Ziele zu erreichen. Je rascher die multilaterale Zusammenarbeit sich international durchsetzte, desto mehr sah sich die Schweiz unter Druck gesetzt. Sie mußte sich nun mit internationalen Organisationen, die zahlreiche Mitglieder haben, arrangieren, da der direkte Zugang zu einzelnen Staaten versperrt war. Vorerst hielt sich die Schweiz von Organisationen mit politischen Zielen fern, zog jene vor, die möglichst nur ökonomisch und/oder sozial ausgerichtet waren. Ein typisches Beispiel ist das Allgemeine Zoll- und Handelsabkommen (GATT/WTO). Dort, wo die Schweiz nicht bereit war, Vollmitglied zu werden (zum Beispiel in der UNO), arbeitete sie aber zunehmend in den entsprechenden Spezialorganisationen (etwa der UNESCO) mit. So gehört sie nicht erst heute zahlreichen Unter- oder Sonderorganisationen auch außerhalb der UNO an. Die Bereitschaft, sich international und global zu integrieren, hat zwar in den Jahrzehnten nach dem Zweiten Weltkrieg zugenommen, zu einem entscheidenden Durchbruch ist es bis heute aber nicht gekommen. Das läßt sich am besten an herausragenden globalen Organisationen und an der europäischen Integration zeigen.

*Internationaler Währungsfonds*

Der Internationale Währungsfonds (IWF, auch IMF) und die Weltbank wurden während der Konferenz von Bretton Woods (USA) im Jahre 1944 gegründet. Letztere heißt eigentlich Internationale Bank für Wiederaufbau und Entwicklung. Der Weltbank kann nur beitreten, wer Mitglied des IWF ist, daher gehören beide Institutionen zusammen. Die Weltbank nahm ihre Tätigkeit 1946 auf. Sie verfolgt das Ziel, Kapital für produktive Zwecke zur Verfügung zu stellen und Hilfe beim Wiederaufbau kriegszerstörter Länder zu leisten. Inzwischen ist sie hauptsächlich auf die Entwicklungsländer ausgerichtet, betätigt sich seit den neunziger Jahren aber auch in Osteuropa. Da die Mitgliedstaaten Garantien leisten, kann die Weltbank über das Eigenkapital hinaus an den internationalen Kreditmärkten zusätzliche Mittel aufnehmen. Sie finanziert damit weltweit Projekte der Infrastruktur.

Der IWF wollte verhindern, daß die Wechselkurspolitik, wie zwischen den beiden Weltkriegen, zu handelspolitischen Zwecken mißbraucht wird. Daher führte man zunächst feste Wechselkurse gegenüber dem Dollar ein. Ziele des IWF sind unter anderem eine bessere Zusammenarbeit der Staaten im Währungsbereich, die Förderung des Handels, die Einrichtung eines internationalen Zahlungssystems, der Abbau von Währungsrestriktionen und eine vorübergehende Hilfe bei Zahlungsschwierigkeiten. Nachdem das System der festen Wechselkurse 1973 zusammengebrochen war, konzentrierte sich der IWF vor allem auf die währungspolitische Koordination. Er hilft auch seinen Mitgliedern bei Zahlungs(bilanz)schwierigkeiten. Seit den achtziger Jahren spielt er eine bedeutende Rolle bei der Lösung von Schuldenkrisen. Berühmt und berüchtigt sind die Auflagen, die er Ländern macht, die auf seine Hilfe angewiesen sind.

Die Schweiz trat dem IWF erst sehr spät bei. Sie war der Ansicht, der IWF trage ihren Anliegen nicht genügend Rechnung. Dabei ging es vor allem um mögliche Restriktionen gegen Staaten mit einer starken Währung und Überschüssen in der Zahlungsbilanz sowie die Einschränkung der währungspolitischen Autonomie. Obwohl die Schweiz eine IWF-Mitgliedschaft grundsätzlich ablehnte, wurde sie 1964 assoziiertes Mitglied der »Allgemeinen Kreditvereinbarungen«, als »Zehnergruppe« bekannt. Erst nach zwanzig weiteren Jahren wurde die Schweiz 1984 Vollmitglied.

Im Jahre 1966 verpflichtete sich die Schweiz im Rahmen ihrer GATT-Partnerschaft, eine IWF-konforme Währungspolitik zu betreiben. Sie entschloß sich dazu, weil zuvor keine Maßnahmen gegen Hartwährungsländer ergriffen worden waren. Beides gab wohl den Ausschlag dafür, daß die Schweiz nach einer Volksabstimmung 1992, fast fünfzig Jahre nach Bretton Woods, dem IWF und der Weltbank beitrat. Die Schweiz wurde einer Gruppe mit Aserbeidschan, Kirgisien, Polen, Turkmenistan und Usbekistan zugeteilt, die über einen Stimmenanteil von rund 2,7 Prozent verfügt. Das zeigt deutlich, welches »Gewicht« man hat, wenn man sozusagen als letztes Land globalen Institutionen beizutreten bereit ist.

*Vom GATT zur WTO*

Im Jahre 1946 beschloß der Wirtschafts- und Sozialrat der UNO auf Antrag der USA, eine internationale Handelsorganisation (ITO) zu gründen. Die ITO sollte sich unter anderem mit der Beschäftigung, der wirtschaftlichen Entwicklung, dem internationalen Wettbewerb und dem (Welt-)Handel befassen. Die ITO-Verhandlungen führten 1948 zur Unterzeichnung der Havanna-Charta. Damals wurde der handelspolitische Teil der ITO-Charta in Form eines Allgemeinen Zoll- und Handelsabkommens (GATT) in Kraft gesetzt. Da die USA die ITO-Charta nicht ratifizierten, blieb nur das GATT übrig.

Das GATT beruht auf drei grundlegenden Prinzipien: erstens der Nichtdiskriminierung unter den Vertragsparteien, basierend auf der Mehrbegünstigungsklausel und dem Prinzip der Inländerbehandlung; zweitens dem Verbot mengenmäßiger Beschränkungen durch Regulierung der Importmengen über entsprechende Kontingente; drittens der Fixierung von Maximalzöllen, Zollkonzessionen und Konsolidierung. Meilensteine in der Entwicklung des GATT sind die periodisch wiederkehrenden Welthandelsrunden. So die Kennedy-Runde, die 1967 eine beträchtliche Senkung der Zölle beschloß. Die Tokio-Runde brachte 1979 einen weiteren Zollabbau und neue Regeln für nichttarifliche Handelshemmnisse wie technische Hindernisse, Importlizenzen oder Ursprungsbestimmungen. Ab 1986 lief die Uruguay-Runde, die eine weitere Liberalisierung, so beim geistigen Eigentum, den Dienstleistungen und den Investitionen, brachte. Sie konnte 1995 abgeschlossen werden.

Die Schweiz ist zunächst aus zoll-, währungs- und agrarpolitischen Gründen dem GATT nicht beigetreten. Sie befürchtete Maßnahmen gegen ihre Währung und war nicht bereit, den Agrarschutz aufzuheben. Im Jahre 1958 entschied sie sich für einen provisorischen Beitritt, nachdem die ursprünglichen Bedenken sich als weitgehend unbegründet erwiesen hatten. Vor allem zeichnete sich aber eine flexiblere Lösung für das Agrarproblem ab. Daraufhin trat die Schweiz 1966 dem GATT endgültig bei. Sie reihte sich aber nicht wie die anderen Partner ein, sondern bestand auf einem zeitlich unbefristeten Agrarschutz, den sie auch erhielt. Bei der Uruguay-Runde konnte sie den Sonderstatus im Agrarsektor nicht mehr ganz retten, mußte vor allem bei den Exportsubventionen Abstriche in Kauf nehmen.

*Nein zur UNO*

Den Vereinten Nationen, die 1947 gegründet wurden, ist die Schweiz bis heute nicht beigetreten: Sie ist der einzige Staat, der sich von der UNO fernhält. Dabei stand ihr – auch aus der Sicht der UNO – die Neutralität im Wege. Die UNO geht von einer »One World«, einer einzigen Welt, aus, die alles gemeinsam regelt, was für ein globales friedliches Zusammenleben erforderlich ist. Auf der Konferenz von San Francisco wurde eine qualifizierte Mitgliedschaft von Staaten, die auf einem Neutralitätsvorbehalt beharren, als mit der Satzung der UNO unvereinbar erklärt. Da die Schweiz an ihrer Neutralität festhalten wollte, hatte sie gar keine Chance, Mitglied der UNO zu werden. Sie schloß sich damals selbst von der Weltgemeinschaft aus.

Bis 1967 lief in Sachen UNO-Beitritt so gut wie nichts. Damals forderte das Parlament von der Regierung einen Bericht zu einem potentiellen UNO-Beitritt. In den folgenden Jahren unterbreitete die Regierung drei UNO-Berichte. Im Jahre 1981 war es endlich soweit: Der Bundesrat beantragte in einer Botschaft den UNO-Beitritt. Nach weiteren fünf Jahren kam es 1986 zur Volksabstimmung, die mit einem Debakel endete. Der Beitritt wurde mit über fünfundsiebzig Prozent und von allen Kantonen abgelehnt. Nicht einmal der Kanton Genf, in dem UNO-Organisationen seit Jahren ihren Sitz haben, konnte sich zu einem Ja durchringen.

Das wuchtige Nein von 1986 war eine eindrückliche Absage an die Welt. Die UNO-Gegner haben das Nein zu einem »Ja zur Schweiz« umfunktioniert, was so auch von der Mehrheit der Wähler gesehen wurde. Aus dem Aktionskomitee gegen den UNO-Beitritt ging kurz darauf – im Juni 1986 – die »Aktion für eine unabhängige und neutrale Schweiz (AUNS)« hervor. Die AUNS kämpft nicht nur weiter gegen die UNO, sondern auch gegen eine Integration der Schweiz in Europa: Sie brachte auch den EWR (1992) zu Fall und lehnte einen Anschluß an die EU strikt ab.

Die Schweiz hält bis heute an der Konzeption der bewaffneten Neutralität fest – als ob Europa und die Welt sich seit dem Zweiten Weltkrieg nicht geändert hätten. Sie realisiert offenbar nicht, daß sie sich atomar – ebenso wie konventionell – nie hätte verteidigen können. Vielmehr hat sie als Schwarzfahrer vom atomaren Schutzschirm der NATO profitiert. Als neutrales Land darf sie einen potentiellen Angreifer nicht schon jenseits ihrer Grenzen bekämpfen. Wäre ein Aggressor in die Schweiz eingedrungen, so hätten die NATO im allgemeinen und Frankreich im besonderen nicht untätig zugeschaut. Aus der Schweiz wäre ein atomarer

Trümmerhaufen geworden. Die Neutralität hätte ihr gar nichts genützt. Die schweizerische Neutralität wäre ad absurdum geführt worden.

*Im Sog der NATO*

Mit der Entspannung zwischen West und Ost nahm die Bedrohung der Schweiz rasch ab. Die Sowjetunion zerbrach, der Warschauer Pakt wurde aufgelöst. Ehemalige Ostblockstaaten wurden 1997 in die NATO aufgenommen, andere warten darauf. Rußland will mit der NATO zusammenarbeiten. Faktisch wird die Schweiz von niemandem mehr bedroht.

Die NATO hat der Schweiz eine Partnerschaft für den Frieden angeboten. Ein entsprechender Vertrag wurde 1997 unterzeichnet. Doch anders als Österreich und Finnland, auch zwei Neutrale, wird die Schweiz nicht an friedenserhaltenden Missionen und militärischen Übungen teilnehmen. Selbst diese minimale Zusammenarbeit kann über eine Volksabstimmung zu Fall gebracht werden. Die Schweiz würde sich dann sicherheitspolitisch total isolieren, sich gegen eine imaginäre Bedrohung von außen wehren und lächerlich machen.

*EWG und EU*

Die europäische Integration ist bis heute eine Herausforderung für die Schweiz geblieben. Zuerst ging es um die Europäische Wirtschaftsgemeinschaft (EWG): Sie begann am 1. Januar 1958, nachdem die Römischen Verträge 1957 unterzeichnet worden waren. Im Jahre 1968 wurden verschiedene europäische Institutionen zur Europäischen Gemeinschaft (EG) zusammengefaßt. Der nächste Schritt war die Europäische Union (EU), die am 1. November 1993 begann. Doch schon zuvor (1992) war die Realisierung des Europäischen Binnenmarktes beschlossen worden. Nun kommt auch noch die Währungsunion, die mit der Einführung des Euro zum 1. Januar 1999 beginnen soll. Darüber hinaus will die EU die politische Union realisieren.

## Der Alleingang

Die Schweiz gehört weder dem EWR noch der EU an: Sie hat die europäische Integration nicht mitgemacht. Zugleich hat sie keine

Möglichkeit ausgelassen, Alternativen zu entwickeln und wahrzunehmen. Die Schweiz ist letztlich nur am Freihandel mit Industriegütern und Rohstoffen interessiert. Darüber hinaus bemüht sie sich um die Freizügigkeit von Dienstleistungen für Banken und Versicherungen. Sie ist aber weiterhin gegen jegliche politische Integration: Sie möchte unter keinen Umständen Souveränitätsverluste hinnehmen. Dabei sitzen ihr die Volksrechte im Nacken. Die Gefahr, daß eine Öffnung hin zu Europa (und zur Welt) in einer Volksabstimmung verworfen wird, ist stets vorhanden. Das wirkt sich dämpfend auf Bemühungen der Regierung aus, die Schweiz europäisch und global zu integrieren. Seit der Gründung der EWG 1958 nahm die schweizerische Integrationspolitik in groben Zügen folgenden Verlauf:

Im Jahre 1960 schloß sich die Schweiz der Europäischen Freihandelszone (EFTA) an. Gründungsmitglieder waren Dänemark, Großbritannien, Norwegen, Portugal, Schweden, die Schweiz und Österreich. Ziel der EFTA war ein zollfreier Handel mit (Industrie-)Gütern. Finnland wurde 1961 assoziiert und 1968 Vollmitglied. Island trat 1970 und Liechtenstein 1991 bei. Ihren Höhepunkt erreichte die EFTA schon 1972. Einerseits unterzeichneten die EFTA-Staaten ein Freihandelsabkommen mit der EG, andererseits stiegen Dänemark und Großbritannien aus der EFTA aus und schlossen sich der EG an. Das Ausscheiden Großbritanniens besiegelte den Niedergang der EFTA.

Auf dem Ministertreffen aller EG- und EFTA-Staaten im Jahre 1984 in Luxemburg beschloß man eine intensivere Zusammenarbeit. Ziel war ein »dynamischer europäischer Wirtschaftsraum«, der EWR. Unruhe und Dynamik brachte das Weißbuch der EG-Kommission von 1985 in die EFTA: Darin wurde der »EG-Binnenmarkt 1992« angekündigt: Entscheidend für die Schweiz war die Absicht der EG, nicht mehr einzeln und nicht mehr »von Fall zu Fall« mit Ländern außerhalb der EG zu verhandeln. Faktisch ging die Ära der bilateralen Verhandlungen, auf welche die Schweiz stets gesetzt hatte, zu Ende. Die Schweiz erkannte dies nicht und zog keine Konsequenzen, sondern setzte unbeirrt den traditionellen Weg fort, begab sich damit endgültig in eine integrationspolitische Sackgasse.

Die EU trieb den EWR an, lud die EFTA-Länder zu entsprechenden Verhandlungen ein. Das kam der Schweiz ungelegen, denn nun mußte sie sich definitiv entscheiden. Am 19. Dezember

1989 begannen die Verhandlungen. Nach zähem Ringen einigte man sich auf einen EWR-Vertrag. 1992 stand die Volksabstimmung an. Regierung, befürwortende politische Parteien und Wirtschaftsverbände waren sich eines Ja zu sicher und versäumten es, rechtzeitig überzeugend und wirksam der Kampagne der Gegner gegenüberzutreten. Die Neinsager operierten mit abstrusen Behauptungen, die jeglicher Grundlage entbehrten: Die Schweizer würden ihren Paß, ihre Währung und ihre Identität verlieren, im europäischen Moloch sang- und klanglos untergehen. Sie schürten zugleich die Angst vor dem Verlust des Arbeitsplatzes: Es würden Millionen EU-Ausländer in die Schweiz drängen, den Einheimischen die Arbeitsplätze wegnehmen. Das alles – und mehr – verfehlte nicht die beabsichtigte Wirkung: Der EWR wurde in der Volksabstimmung vom 6. Dezember 1992 abgelehnt. Da sich alle anderen EFTA-Staaten, mit Ausnahme von Island, für den EWR entschieden, war die EFTA faktisch am Ende. Die Schweiz hatte erneut auf das falsche Pferd gesetzt und sich isoliert.

## Die Verhandlungen mit der EU

Finnland, Österreich und Schweden gehören seit dem 1. Januar 1995 der EU an, nur Norwegen trat nicht bei, blieb im EWR. Dieser ist inzwischen so bedeutungslos geworden, daß er für die Schweiz sowieso keine Alternative mehr wäre. Nun steht die Schweiz außerhalb von EWR und EU, verfügt nur noch über das Freihandelsabkommen mit der EU von 1972. Um sich aus dieser selbstgewählten Isolierung allmählich zu lösen, entschloß sie sich, Verhandlungen mit der EU aufzunehmen, auf ihren traditionellen Weg zurückzukehren.

Die EU war schon im Frühjahr 1993 im Besitz einer Liste mit rund sechzehn Bereichen, über welche die Schweiz zu verhandeln wünschte. Im November 1993 gaben die EU-Außenminister grünes Licht: Als vorrangig bezeichneten sie den Luft- und Straßen(güter)verkehr, die Forschung, die Landwirtschaft, die technischen Handelshemmnisse und das öffentliche Beschaffungswesen. Im Gegensatz zur Schweiz bezog die EU aber auch die Freizügigkeit im Personenverkehr ein. Zugleich machte sie unmißverständlich klar, wie sie vorzugehen, zu verhandeln und zu ratifizieren gedenke: Zum einen werden die Verhandlungen parallel, nicht nacheinander geführt. Zum anderen müssen die Resultate nicht nur in einzelnen Bereichen, sondern auch untereinander ausgewogen sein. Zum dritten behält sich die EU vor, Abkommen erst zu ratifizieren, wenn sie in der Schweiz durch Referenden unwiderruflich abgesegnet sind.

Kurz vor der EWR-Abstimmung war im September 1992 der Bau der neuen Alpentransversale, der NEAT, vom Volk genehmigt worden. Von der NEAT hatte man sich eine Beteiligung der Swissair am liberalisierten europäischen Luftverkehr versprochen. Doch das erwies sich einmal mehr als Wunschdenken. Der Luftverkehr, im jetzigen Verhandlungspaket enthalten, ist auf Gedeih und Verderb mit den anderen Bereichen verbunden. Es kommt hinzu, daß die Finanzierung der NEAT nicht definitiv geregelt ist. Dabei drängt die Zeit, denn im Jahre 2004 läuft der Transitvertrag mit der EU aus. Es ist schon heute abzusehen, daß die Schweiz dann weder eine neue Alpentransversale noch eine Regelung mit der EU über den Schwerverkehrtransit hat. Das Maß voll machte die Alpeninitiative, die im Februar 1994 angenommen wurde. Danach muß der Gütertransitverkehr auf der Straße bis 2004 ganz eingestellt und auf die Schiene verlagert werden. Die Schweiz hat sich unter enormen Zugzwang gesetzt und die Verhandlungen mit der EU entscheidend erschwert.

Seit Beginn dieser Verhandlungen sind inzwischen fünf Jahre vergangen. Während dieser Zeit haben die Massenmedien x-mal den endgültigen Durchbruch gemeldet. Die Verhandlungen sind aber bis heute nicht abgeschlossen. Noch offen sind die Fragen des freien Personenverkehrs, des Transit- und des (schweizerischen) Straßenverkehrs. Zudem lehnt die Schweiz es ab, den freien Personenverkehr nach einer Übergangsfrist automatisch und ohne Restriktionen einzuführen. Sie fürchtet ein Referendum zu diesem Punkt, welches das gesamte Abkommen mit der EU zum Scheitern brächte: Die Schweiz würde mit leeren Händen und zahlreichen Problemen mit der EU dastehen. Die EU würde nichtsdestotrotz Forderungen an die Schweiz stellen, so die volle Zulassung von Lastwagen mit vierzig Tonnen im Transit- und Inlandverkehr. Kooperiert die Schweiz nicht in befriedigendem Maße, hat sie mit Vergeltungsmaßnahmen zu rechnen; es könnte ihr sogar ein Handelskrieg mit der EU blühen. Die EU ist nämlich ihr »Heimmarkt«, auf dem sie rund zwei Drittel ihrer Exporte absetzt.

Werden die Verhandlungen erfolgreich abgeschlossen, was kaum vor Ende 1998 möglich ist, beginnt das langwierige und unsichere Ratifizierungsverfahren. Zunächst ist die Schweiz am Zuge, denn die EU wird alle Entscheide abwarten: Die neue NEAT-Vorlage muß die Hürde der Volksabstimmung (1998) nehmen; ein Referendum gegen die leistungsabhängige Schwerverkehrsabgabe, die der NEAT-Finanzierung zugrunde liegt, ist möglich; und schließlich geht die schweizerische Regierung davon aus, daß über das Abkommen eine Volksabstimmung angestrengt werden wird. Dabei sind mindestens zwei Punkte wichtig bis entscheidend: 1. Der freie Personenverkehr hat schon 1992 zum EWR-Nein beigetragen. 2. Die Schweiz möchte die verkehrspolitische Autonomie bewahren, muß aber mit Konzessionen an die EU rechnen – daher droht auch hier ein Nein. Da eine Volksabstimmung über das Abkommen nicht vor 1999 möglich ist, wird die EU erst im Jahre 2000 aktiv werden.

Auch auf seiten der EU ist dann mit einem langwierigen Ratifizierungsprozeß zu rechnen, da das Abkommen von allen EU-Staaten unterzeichnet werden muß, bevor die EU selbst handeln kann. Das setzt voraus, daß die nationalen Regierungen und Parlamente zügig vorangehen. Verzögerungen könnte es durch Parlamentswahlen und/oder Regierungswechsel geben. Zudem sind nicht alle EU-Staaten an einem raschen Abschluß interessiert. Zumindest einige von ihnen haben noch offene Rechnungen zu begleichen, so etwa aufgrund des Saisonierstatuts für ausländische Arbeitskräfte in der Schweiz. Es kommt hinzu, daß periphere EU-Länder so gut wie nichts mit dem Transitverkehr zu tun haben.

Erweisen sich sämtliche Befürchtungen als unberechtigt, so dauert es wohl dennoch zwei Jahre, bis alle EU-Staaten sich entschieden haben. Bis das Abkommen in Kraft gesetzt wird, könnten weitere ein bis zwei Jahre vergehen. Das ist zumindest die Erfahrung mit dem EWR. Daher ist es nicht auszuschließen, daß das bilaterale Abkommen erst ab dem 1. Januar 2004 gilt. Bis dieser Vertrag schließlich in allen Bereichen voll zum Zuge kommen kann, wird es aufgrund von Übergangsfristen wieder viele Jahre dauern. Dieses Szenario basiert auf einer alles entscheidenden Bedingung: Die Schweiz muß sich gegenüber der EU absolut kooperativ zeigen und kann sich keinen einzigen negativen Volksentscheid leisten.

## In der Falle

Die Schweiz befindet sich auf einer gefährlichen Gratwanderung, was die Beziehungen nach außen angeht. Der Druck, der von der Globalisierung, der UNO, der NATO und von der EU ausgeht, wächst zusehends. Sie muß sich dessen voll bewußt sein, denn »viele Hunde sind des Hasen Tod«. Jeder Ausrutscher kann zu einem tödlichen Absturz führen. Die Schweiz trifft immer seltener auf Verständnis. Zeigt sie sich aus der Sicht des Auslandes nicht kooperativ oder integrativ, so wird man sie links liegenlassen. Es ist eine verhängnisvolle Fehleinschätzung, daß die Welt die Schweiz brauche. Es ist vielmehr so, daß die Schweiz ohne das Ausland gar nicht lebensfähig ist. Damit steht unmißverständlich fest, wer sich anzupassen hat. Die Schweiz muß sich mit der UNO, der NATO, der EU und anderen so arrangieren, daß diese Organisationen und Institutionen zufrieden sind. Andernfalls wird die Welt der Schweiz Lektionen erteilen, deren Ausmaß und Wirkung sich die Mehrheit der schweizerischen Wähler nicht vorstellen kann.

Die Wende zum Positiven, zur äußeren Integration, kann letztlich nur von der Schweiz selbst kommen. Das setzt aber ein radikales Umdenken und ein von der Tradition abweichendes Handeln voraus. Die Schweiz muß umgehend von ihrer Sonderstellung Abschied nehmen und ihren Außenbeziehungen Priorität einräumen. Das geht selbstverständlich nicht ohne Verluste an nationaler Souveränität: Auch die Schweiz kann ihren Pelz nicht waschen, ohne ihn naß zu machen! Sie muß endlich begreifen, daß Probleme nicht mehr national, sondern nur noch europäisch und global zu lösen sind. Es ist geradezu absurd, weiter davon auszugehen, die Schweiz könne unbeirrt ihren traditionellen Weg fortsetzen, nachdem selbst die USA nicht imstande waren, in ihrer selbstgewählten »Splendid Isolation« zu leben. Wer künftig abseits steht, wird zum Schwarzfahrer und Sonderling gestempelt: Man will mit ihm nichts mehr zu tun haben. Die Schweiz wird ihre letzten Freunde in dieser Welt verlieren, wenn sie nicht schnellstens neue Wege beschreitet.

Die Schweiz ist in jeder Beziehung existentiell vom Ausland abhängig. Sie muß sich von der Illusion und Fiktion verabschieden, ein selbständiger und unabhängiger Staat zu sein. Das Potential, eine eigenständige Politik zu betreiben, tendiert gegen null. Das gilt vor allem in bezug auf die EU: Die Schweiz ist kein autonomes Land im Herzen Europas, sie sitzt vielmehr in der EU-Falle. Ohne die wohlwollende Zustimmung der EU kann niemand die Schweiz, weder zu Land noch zu Wasser oder in der Luft, verlassen. Wer das nicht realisiert, dem ist schlicht und einfach nicht zu helfen. Die Schweiz sollte endlich begreifen, daß sie sich im ureigenen Interesse nicht länger nach außen verweigern darf. Sie muß sich rasch europäisch und global integrieren, um ein Desaster in den Außenbeziehungen abzuwenden.

## Reformunfähig im Inneren

Es ist über zwanzig Jahre her, daß die Frage diskutiert wurde, ob Volkswirtschaften wie Menschen altern. Ist das der Fall, so würden sie nieder- und untergehen. Das muß aber nicht sein: Volkswirtschaften können revitalisiert werden. Ein Programm zur marktwirtschaftlichen Wende wurde damals bis in die Details ausformuliert. In der Schweiz beteiligten sich daran nur einige liberale Ökonomen, und deren Arbeiten blieben ohne Resonanz in der Politik.

Um 1980 kam es immerhin zu einer öffentlichen Diskussion. Sie konzentrierte sich auf die Reprivatisierung. Da die Schweiz aber inzwischen zur Vollbeschäftigung zurückgekehrt war, hielt sie sich weiterhin für einen Sonderfall, der nicht auf eine Revitalisierung angewiesen sei. Zwar lag der (FDP)-Slogan »Weniger Staat – mehr Freiheit« im internationalen Trend, es blieb aber bei einer programmatischen Erklärung. Die achtziger Jahre standen denn auch im Zeichen von »Mehr Staat – weniger Freiheit«.

## Der Druck wächst

Seit 1990 ist eine Häufung von Publikationen zu registrieren – von Spitzenverbänden, politischen Parteien, Unternehmergruppen und universitären Ökonomen –, die sich zur Notwendigkeit der Revitalisierung der Wirtschaft äußern und unmißverständlich darlegen, was konkret zu tun ist, um das Land in jeder Beziehung zu erneuern. Der Druck auf die Politik(er) nahm so rasch zu, daß die Regierung sich endlich dazu aufraffte, sich damit zu befassen.

In den neunziger Jahren blieb die Schweiz bei ihrem Alleingang. Eine Reform von außen, durch den EWR und/oder die EU, mußte daher ausbleiben. Damit rückte die innerschweizerische Revitalisierung in den Mittelpunkt. Hier konnte das Land zeigen, ob und in welchem Ausmaß es zu marktwirtschaftlichen Reformen fähig ist.

Den offiziellen Auftakt für die potentielle Liberalisierung bildete die Einsetzung einer »Arbeitsgruppe Ordnungspolitik« (de Pury) im Jahre 1991. Die Ergebnisse konnten aber nicht allen Bundesräten schmackhaft gemacht werden. In den einzelnen Departements kam es zu massiven Abstrichen und Verwässerungen. Das vermag nicht zu erstaunen, wenn man weiß, daß Bundesräte in persönlichen, taktischen, partei- und regionalpolitischen Kategorien denken und handeln und darüber das Ganze aus dem Auge verlieren.

Zuerst stiegen die Sozialdemokraten aus einer umfassenden Revitalisierung aus. Sie setzten weiterhin auf die traditionelle Ankurbelungspolitik mit Hilfe staatlicher Programme zur Arbeitsbeschaffung. Zudem argumentierten sie, es sei nicht gesichert, daß die Liberalisierung zu mehr Arbeitsplätzen führe. Sie waren auch nicht bereit, die Kosten der Liberalisierung zu tragen. Damit gaben sie der Umverteilung von Einkommen und Vermögen die Priorität vor der Verbesserung der Konkurrenzfähigkeit der Wirtschaft. Das ist kurzsichtig und vertagt die Lösung fundamentaler Probleme in eine ferne Zukunft.

## Das Versagen der Bürgerlichen

Nun rafften sich die bürgerlichen Parteien auf, Vorschläge zur Liberalisierung auszuarbeiten und in die politische Willensbildung einzubringen. Dabei stießen die »Liberalen« zu den drei Bundesratsparteien CVP, FDP und SVP. Die »Bürgerlichen« legten aber kein in sich geschlossenes, umfassendes Programm vor. So klammerten sie unter anderem die Landwirtschafts- und die Sozialpolitik aus. Weder der Föderalismus noch das übrige politische System wurde ernsthaft in Frage gestellt. Das Kernelement, nämlich die Wettbewerbspolitik, wurde der kleinsten Partei, den Liberalen, die nicht in der Regierung vertreten sind, überlassen – wohl, um sich nicht selbst die Finger zu verbrennen.

Um es kurz zu machen: Man kann sich des Eindrucks nicht erwehren, daß die »Bürgerlichen« ihre Pflicht zu erfüllen bereit waren, ein Teilprogramm vorlegten, um so letztlich dem Bundesrat den Schwarzen Peter zuzuschieben. Das ist durchaus verständlich, denn führen und regieren muß die Regierung.

1993 wurde von der Politik zum Jahr der Revitalisierung proklamiert. Als es zu Ende ging, hatte der Berg kaum eine Maus geboren. Sieht man von der Mehrwertsteuer ab, die endlich in der Volksabstimmung durchgekommen war, so lagen lediglich Absichtserklärungen des Bundesrats vor, und selbst dies nur für einige, nicht für alle Bereiche, die sich für die Liberalisierung anbieten. Ausgeklammert waren: die Eigentumsrechte, Privatisierungen, die »administrierten Preise«, die marktwirtschaftliche Gestaltung der Sozialpolitik, der Abbau von Subventionen, die Entflechtung von Bund, Kantonen und Gemeinden, die Sanierung der öffentlichen Finanzen durch institutionell verankerte Regeln zur Verschuldung.

In jenen Bereichen, in denen definitiv Maßnahmen vorgesehen waren, wurden Kompromißlösungen beschlossen. Daher waren und sind nur halbherzige Reformen möglich. Die Probleme werden nicht an der Wurzel, sondern an der Oberfläche angepackt.

Eine besondere Schwäche ist das Fehlen verbindlicher Zeitvorgaben. Es wird nicht gesagt, wann was wie geschehen wird – ein unerträglicher Zustand für alle, die ziel- und zeitgerecht handeln müssen. Derweil redeten die Politiker 1993 von den kommenden Wahlen 1995 und der nächsten Legislaturperiode. Zudem hatten sie vor, die Revitalisierung auf dem »ordentlichen Weg« zu realisieren. Das bedeutet in der direkten Demokratie nichts anderes als eine Vertagung der Reformen.

Die einflußreichen politischen Kräfte haben ihr traditionelles Verhalten bis heute nicht aufgegeben. Sie verfolgen weiterhin ihre Gruppen- und Sonderinteressen. Das Ganze, die Schweiz, scheint sie wenig zu interessieren. Aus einem Programm zur Revitalisierung picken sie jeweils jene Komponenten heraus, die ihnen Vorteile bringen. Alles andere bekämpfen sie gnadenlos. Die Reformen sollen bei den anderen, nicht bei einem selbst ansetzen. Das führt zu einer Pattsituation: Man behindert sich gegenseitig, das Vorhaben bleibt auf der Strecke.

## Halbherzige Reformen

Als bei der Revitalisierung noch ein bescheidener Schwung herrschte, konnten Erfolge in einigen wenigen Bereichen registriert werden. Dazu gehören das neue Kartellgesetz, das

Binnenmarktgesetz, die Gesetzgebung über die technischen Handelshemmnisse und die Aufspaltung der PTT in Post und Telecom. Doch selbst hier blieb man weit hinter dem marktwirtschaftlich Möglichen und Erforderlichen zurück.

Das alte Kartellgesetz wurde zwar revidiert und die Mißbrauchsgesetzgebung verschärft, zu einem Kartellverbot ist es aber nicht gekommen. Dazu wäre eine Verfassungsrevision notwendig – eine zeitraubende und ungewisse Sache, man wird daher davon absehen. Außerdem ist nun eine Fusionskontrolle möglich, sie dürfte aber nur zaghaft zum Zuge kommen. Dagegen blieb die Entflechtung marktmächtiger Unternehmen auf der Strecke. Somit ist das neue Kartellgesetz nur in Ansätzen besser, marktwirtschaftlich(er) geworden.

Die Schweiz ist 1848 mit dem Ziel angetreten, einen gemeinsamen Binnenmarkt zu schaffen. Das ist bis heute nicht gelungen. Das Problem wurde Anfang der neunziger Jahre zwar erkannt, doch geht das Binnenmarktgesetz aus dieser Zeit nicht weit genug. Zu einer Harmonisierung oder gar Vereinheitlichung konnte es nicht kommen, weil dazu die verfassungsmäßigen Voraussetzungen fehlen. Daher wird man sich mit der gegenseitigen Anerkennung kantonaler Regulierungen aller Art zufriedengeben müssen. Die Kantone sind nicht bereit, weiter zu gehen, sie verstehen sich offensichtlich weiter als »unabhängige Staaten« innerhalb der schweizerischen Eidgenossenschaft.

Die Aufspaltung der PTT ist nur ein bescheidener Erfolg. Aus eigenem Antrieb hätte die Schweiz auch hier nichts unternommen. Unter dem Druck der globalen Liberalisierung in der Telekommunikation blieb ihr jedoch nichts anderes übrig. Ansonsten ist die Teilprivatisierung der Telecom das einzige, was im Bereich der Privatisierung landesweit zu melden ist. Die Post behält ihr Monopol, bleibt von der Konkurrenz weitgehend verschont. Die Telecom wird nur zu neunundvierzig Prozent privatisiert. Mit einundfünfzig Prozent behält der Bund den entscheidenden Einfluß. Das ist insofern verständlich, als die volle Privatisierung eine Verfassungsänderung erforderte. Da diese wohl zu spät käme und vermutlich scheitern würde, hat man vorsorglich gleich darauf verzichtet.

Vor zwei Jahren löste der Bundesrat die interne »Arbeitsgruppe Revitalisierung« auf und erklärte die Revitalisierung zur Daueraufgabe. Das kann man auch als deren Ende interpretieren. Im abschließenden Bericht der Arbeitsgruppe wurden vier Bereiche angeführt, die in naher Zukunft zu revitalisieren sind: Landwirtschaft, Infrastruktur, öffentliche Finanzen und das Sozialwesen.

In der Landwirtschaft wollte der Bundesrat mit der »Agrarpolitik 2000« neue Weichen stellen. Daraus ist aber nichts geworden. Es wurden keine Subventionen abgebaut. Die Preis- und Absatzgarantien gelten weiterhin. Inzwischen ist sogar ein Rückfall in den Interventionismus und in Subventionen erfolgt. Unter dem Deckmantel der Ausrottung des Rinderwahns wurden bedeutende Bundesmittel zur Sanierung des Fleischmarktes bereitgestellt. Man ist offensichtlich nicht bereit, die Marktkräfte spielen zu lassen, um so endlich zu einer Gesundung der Landwirtschaft zu gelangen.

Bei der Infrastruktur geht es unter anderem um die »Bahn 2000« sowie den Bau und die Finanzierung der NEAT. Das Projekt »Bahn 2000« ist zwar notwendig und nützlich, es zeichnet sich aber durch enorme Kostenüberschreitungen aus: Es ist nicht durchfinanziert und der Gefahr einer Redimensionierung ausgesetzt. Die Privatisierung der Bundesbahnen (SBB) steht nicht einmal zur Diskussion. Die NEAT ist nicht endgültig konzipiert und schon gar nicht finanziert. Hier drängt die Zeit, denn im Jahre 2004 läuft der Transitvertrag mit der EU aus.

Der Bundeshaushalt zeichnet sich durch hohe Defizite aus. Er kann erfahrungsgemäß nicht über Ausgabensenkungen saniert werden. Der Widerstand gegen den Abbau von Subventionen für die Sozialwerke und von Bundesbeiträgen für die Kantone ist unüberwindbar, und Steuererhöhungen sind weder populär noch in ausreichendem Ausmaße möglich: Die Sanierung der Bundesfinanzen rückt in weite Ferne.

Im sozialen Bereich sind vor allem Rückschritte zu melden. Dem Gesundheitswesen droht die Verstaatlichung. Die steigenden Defizite der AHV werden mit zusätzlichen Steuern und Subventionen bekämpft. Hier entfernt man sich zunehmend von der Finanzierung über Beiträge der Versicherten nach dem Nutznießerprinzip. Mit der Mutterschaftsversicherung soll ein neuer Träger der sozialen Sicherheit zum Zuge kommen. In die Finanzierung wird auch die Wirtschaft involviert, obwohl sie doch nicht der Verursacher des Kindersegens ist. Bei der hochdefizitären Arbeitslosenversicherung ist keine tragbare Lösung in Sicht. Es kommt hinzu, daß weiter am Gießkannenprinzip festgehalten, dieses sogar noch ausgebaut wird. Damit verstößt man gegen den Grundsatz der Subjektförderung, wonach nur jene staatliche Hilfe erhalten, die darauf existentiell angewiesen sind. Und da man um jeden Preis vermeiden will, Sozialleistungen zu kürzen, ist abzusehen, daß man Ausschau nach prallen Versicherungskassen hält, um jene aufzufüllen, die bereits leer sind. Das läuft unvermeidlich auf eine Situation hinaus, in der alle Kassen defizitär sein werden. Somit besteht überhaupt keine Aussicht, den Wohlfahrtsstaat zu sanieren.

## Die Revitalisierung scheitert

Die unverzichtbare Voraussetzung zur Schaffung von Arbeitsplätzen ist eine durchgreifende Liberalisierung des Arbeitsmarktes. Im Jahre 1996 wurde eine marginale Deregulierung vorgeschlagen: Sie scheiterte aber kläglich in einer Volksabstimmung. Das Referendum erwies sich erneut als Bollwerk gegen marktwirtschaftliche Reformen. Die Revitalisierung der Schweiz ging damals zu Ende. Das ist die einhellige Meinung jener Experten, die sich nicht am Wohlfahrtsstaat, sondern am Markt orientieren. Inzwischen ist die Revitalisierung kein Thema mehr, sie ist zu einer Leerformel verkommen. Die Mehrheit will nichts mehr von der Liberalisierung hören, sie verteidigt vehement den Wohlfahrtsstaat, fordert die Fortsetzung der traditionellen Politik.

Die Liberalisierung kann nur noch von außerhalb des Landes kommen. Von dort stammt denn auch der steigende Druck auf die Exportwirtschaft: Sie muß EU-konform sein, um in den alles dominierenden Markt exportieren zu können. Die Schweiz vollzieht seit Jahren EU-Gesetze und Verordnungen nach, und ist auch noch stolz darauf, dies »aus eigener Kraft« und »autonom« zu tun. Sie lebt in der Illusion, das reiche aus, um am EU-Binnenmarkt teilnehmen zu können; mit der Folge, daß fundamentale Probleme wie die Außenzölle der EU und der diskriminierungsfreie Zugang zum EU-Markt nicht gelöst sind und die Schweiz existentiell durch Importkontingente und -verbote der EU getroffen werden kann.

Jene, die gegen den EU-Beitritt waren und sind, müssen nun zur Kenntnis nehmen, daß die Schweiz weder mitreden noch mitentscheiden darf und mit ihrem Alleingang permanent an Souveränität verliert statt gewinnt. Sie wurde zum Satelliten der EU. Die Schweiz ist inzwischen in Europa das Land mit der geringsten Souveränität – und sie verliert weiter an Handlungsspielraum. Das wird stillschweigend hingenommen, damit dem Wähler verborgen bleibt, in welche Abhängigkeit von der EU die Schweiz geraten ist.

Die Verweigerung nach außen und das Scheitern der Revitalisierung kontrastieren mit dem Verhalten der schweizerischen Wirtschaft im allgemeinen und der Multinationalen im besonderen: Die defensive, abwartende Haltung, wie sie im Kapitel »Versagen der Wirtschaft« dargelegt wurde, hat sich geändert – es wird redimensioniert, restrukturiert und auch innoviert. Dabei gehen aber ständig Arbeitsplätze und Unternehmen verloren: Ohne eine radikale Liberalisierung kann dafür nicht ausreichender Ersatz geschaffen werden. Der Anpassungsprozeß verläuft daher nur in eine Richtung: Der Abbau dominiert die Szene. Die Multinationalen verlagern und wachsen im Ausland. Von ihnen gehen keine positiven Beschäftigungseffekte für die Schweiz aus.

## Die Multinationalen

Die florierenden Multinationalen erwecken einen falschen Eindruck vom Zustand der schweizerischen Wirtschaft: Man darf von ihnen nicht auf die gesamte Wirtschaft schließen. Faktisch liegt eine nicht übersehbare Zweiteilung zwischen den weltweit aktiven und den nur im Inland tätigen Unternehmen vor. Die nur in der Schweiz tätigen KMU schrumpfen sich nur zum Teil gesund, zahlreiche gehen unter. Die Erosion der unternehmerischen Substanz geht weiter, Arbeitsplätze sind in hoher Zahl gefährdet: Es mag zwar Phasen einer schwachen konjunkturellen Erholung geben, aber ohne eine radikale Liberalisierung ist die Rückkehr zu einem permanenten und befriedigenden Wirtschaftswachstum auszuschließen.

Statt auf Revitalisierung setzt die Schweiz weiterhin auf eine keynesianische, nachfrageseitige Förderung der Wirtschaft über Investitionsprogramme – vor allem in der Bauwirtschaft, was mit der hohen Arbeitslosigkeit auf diesem Sektor begründet wird. Das ist typisch für die konjunkturpolitische Orientierung. Die

Bauwirtschaft erhält – wieder einmal – eine kurze Verschnaufpause und kann auf Redimensionierung und Restrukturierung verzichten. Das ist aber unter langfristigen Aspekten kontraproduktiv.

Die Schweiz versucht, antizyklische Finanzpolitik zu betreiben, und übersieht dabei, daß es in ihrer Wirtschaft der neunziger Jahre gar keinen Konjunkturzyklus gibt. Bei der langjährigen Stagnation ist es offensichtlich, daß es an Anreizen für wirtschaftliches Wachstum fehlt. Diese können nur von der Angebotsseite kommen. Unter wachstumspolitischen Aspekten wären zukunftsträchtige Investitionen zu forcieren. In einer solchen Betrachtung ist die Beschäftigung nicht das Ziel, sondern das Ergebnis der Investitionspolitik.

## Sozialgipfel statt Markt

Als Ersatz für die Revitalisierung der Wirtschaft veranstaltet die Schweiz spektakulär inszenierte Treffen zwischen der Regierung und den Spitzenverbänden der Arbeitgeber und der Arbeitnehmer. Solche Veranstaltungen segeln unter »Sozialgipfel«, »Bündnis für Arbeit« und »Wachstumspakt«. Die Sozialpartner sollen sich »vernünftig« verhalten, den sozialen Frieden und die politische Stabilität nicht gefährden. Es geht dabei letztlich um die Erhaltung des Status quo, des Besitzstandes. Das be- und verhindert den notwendigen Strukturwandel, kann die anstehenden Probleme nicht lösen.

Die Regierung betreibt den üblichen konzeptlosen Aktivismus, erweckt in der nichtinformierten Öffentlichkeit den Eindruck, es gehe demnächst wieder steil nach oben. Dazu sei lediglich Optimismus erforderlich, die Wirtschaft benötige nur einen entsprechenden Anstoß, einen Kick. Wer so denkt und handelt, der verkennt das tatsächliche Befinden der Wirtschaft. Sie ist total ausgebrannt, befindet sich im Wechsel von der Stagnation in die Deflation.

Sozialgipfel aller Art sind typische Veranstaltungen des korporativen Systems, nicht der Marktwirtschaft. Im Mittelpunkt der Politik stehen die Wirtschaftsverbände. Man spricht deshalb auch von der schweizerischen Verbandsdemokratie. Hier geben nicht die Individuen, die einzelnen Arbeitgeber und Arbeitnehmer, sondern (kollektive) Organisationen den Ton an. Sie einigen sich meist am Markt vorbei auf die Bewahrung der traditionellen Positionen, die sie als ein wohlerworbenes Recht betrachten. Es geht ihnen nicht um eine effiziente Organisation der Wirtschaft, sondern um die Verteilung des Wohlstandes. Wer in einem solchen Geist denkt und handelt, lähmt den technologischen Wandel. Die erforderlichen Innovationen bleiben auf der Strecke, die Revitalisierung kann sich nicht durchsetzen. Das ist das typische Verhaltensmuster für den Niedergang von Nationen, wie er von M. Olson (1982) geschildert wurde. Es wird so lange umverteilt, bis die Substanz aufgebraucht ist. Der Wechsel vom Niedergang in den Untergang kann, wenn überhaupt, nur mit einer radikalen Liberalisierung abgewendet werden. Doch dazu ist die Schweiz nicht bereit.

## Kollektiv statt individuell

In einem korporativen Staat wird der individuelle Wettbewerb durch kollektive Verhandlungen ersetzt. Dabei entstehen Gesamtarbeitsverträge, die man als für jedermann verbindlich erklärt. Durch Sozialgipfel kann weder die Wirtschaft belebt noch können Arbeitsplätze geschaffen werden. Unternehmer, die dazu fähig sind, bleiben ohnehin ausgeschlossen. Es wird in ihrer Abwesenheit palavert, um danach den Massenmedien Illusionen zu verkaufen.

Arbeitsplätze und Wohlstand produzieren nur dynamische Unternehmer zusammen mit ihren qualifizierten und einsatzwilligen Arbeitnehmern. Doch dazu sind sie auf marktwirtschaftliche Rahmenbedingungen angewiesen. Die politischen Parteien haben diese zu konzipieren, das Parlament hat sie zu verabschieden, und die Regierung hat sie zu verwirklichen. Das ist in der Schweiz bis heute nicht geschehen, und daran wird sich auch in nächster Zeit nichts ändern. Das politische System hat kläglich versagt.

# Politsystem in der Krise

Das politische System der Schweiz zeichnet sich seit Mitte der siebziger Jahre durch die Unfähigkeit aus, marktwirtschaftliche Reformen durchzuführen, die für einen wirtschaftlichen Wiederaufstieg unbedingt erforderlich wären. Die Schweiz hält sich immer noch für ein Modell für wirtschaftliche Prosperität. Diese Selbsteinschätzung steht in diametralem Gegensatz zur tatsächlichen Situation des Landes, denn die Schweiz weist – im Vergleich zu allen anderen alten Industrienationen – auch langfristig die niedrigsten Zuwachsraten des realen BIP auf. Das Land leidet unter einer anhaltenden Stagnation: Es kommt wirtschaftlich nicht mehr vorwärts, während vergleichbare Länder zügig und anhaltend wachsen, auf- und überholen. So gesehen ist die Schweiz nun ein Modell für Stagnation.

## Politischer Stillstand

Schuld an der wirtschaftlichen Fehlentwicklung ist das Politsystem. In der Schweiz herrscht politisch nahezu totaler Stillstand. Keines der zentralen Probleme wird gelöst, sie werden alle in eine ungewisse, ferne Zukunft verschoben. Das Land ist auch politisch zu einem Sanierungsfall (S. Borner) geworden – und eine Besserung ist nicht in Sicht.

Hält man Ausschau nach politischen Systemen, die sowohl demokratisch als auch ökonomisch erfolgreich sind, so stößt man auf jene, die sich revitalisiert haben. Sie haben sich alle vom Wohlfahrtsstaat verabschiedet. Dazu gehören unter anderem die USA, Großbritannien, Neuseeland, Kanada und die Niederlande. Die angelsächsischen Länder mit ihrer langen parlamentarischen Tradition unterscheiden sich grundlegend vom politischen System der Schweiz:

- Das Wahlsystem produziert wie kein anderes handlungsfähige Mehrheiten. Im Falle des Zweiparteiensystems (etwa in den USA) kommt stets nur eine Partei an die Macht. Sie kann ihr

Programm mehr oder weniger kurzfristig und vollständig realisieren. Bei drei und mehr Parteien reichen erfahrungsgemäß siebenunddreißig bis vierzig Prozent aus, um die absolute Mehrheit zu erreichen. Im »schlimmsten« Fall ist eine Koalition aus zwei Parteien erforderlich, um die Mehrheit der Mandate in den Parlamenten zu sichern.

- Ein anderes Merkmal ist eine starke Opposition. So – und nur so – funktioniert der politische Wettbewerb. Nicht das Konkordanz-, sondern das Konkurrenzsystem bietet den Wählern eine klar erkennbare Alternative. Die Zahl der Wechselwähler ist so groß, daß ein Wechsel von Regierung und Opposition und eine marktwirtschaftliche Wende – aus dem Wohlfahrtsstaat heraus – möglich ist.
- Die Richtlinien der Politik werden – zumindest weitgehend – von einem Präsidenten oder einem Regierungschef, einem Premier, einem Ministerpräsidenten oder einem Kanzler bestimmt. Es gibt ein verbindliches Regierungsprogramm für eine Legislaturperiode. Daran haben sich alle Parlamentarier der Regierungspartei(en) zu halten. Dazu ist eine mehr oder weniger straffe Fraktionsdisziplin erforderlich. Einzelne Parlamentarier dürfen nicht ausscheren und gegen die eigene Partei stimmen.
- Manche dieser Länder haben eine zweite, gleichwertige (oder gar stärkere) Kammer, diese zweite Kammer kann Entscheide der ersten blockieren oder gar umkehren und somit schwierige fundamentale Reformen verhindern. Vor allem in den USA kommt es aber vor, daß eine Partei beide Kammern beherrscht: Sie zieht mit dem Präsidenten an einem Strang, die erforderlichen Reformen lassen sich ohne weiteres durchsetzen.
- Typisch – und wohl entscheidend – ist jedoch, daß die reformfähigen Länder über eine indirekte parlamentarische Demokratie verfügen. Zumindest auf Bundesebene gibt es keine Volksrechte wie in der Schweiz. Weder Volksinitiativen noch Referenden können die Regierungsarbeit derart in Frage stellen oder gar blockieren. Das einzige demokratische (Volks-)Recht ist die Wahl des Parlaments oder auch des Präsidenten.
- Eine erfolgreiche Revitalisierung setzt voraus, daß die politischen Parteien – gleich welcher Ausrichtung – auf Herausforderungen nicht dogmatisch, sondern pragmatisch und flexibel antworten. In Neuseeland waren es die Sozialisten, die

Labour Party, welche die marktwirtschaftliche Wende im Alleingang eingeleitet und zunächst durchgezogen haben. In Kanada haben die Liberalen, aus europäischer Sicht Sozialdemokraten, sich für »mehr Markt« entschieden und die öffentlichen Finanzen saniert. In den USA übernahmen die Demokraten, eine sozialdemokratisch orientierte Partei, weitgehend die von den Republikanern begonnene Politik der Revitalisierung und entwickelten sie weiter. Für eine marktwirtschaftliche Wende sind konservative und/oder liberale Parteien also nicht erforderlich.

## Ein Fall für die Sanierung

Das schweizerische Politsystem unterscheidet sich radikal von allen anderen westlichen Demokratien. Im Ausland ist weitgehend unbekannt, wie dieses System aussieht und wie es funktioniert. Nichtsdestotrotz wird es nicht nur von der Schweiz selbst, sondern auch vom Ausland als die ideale Ausprägung der Demokratie angesehen. Ausschlaggebend dafür sind die Volksrechte: Sie werden als urdemokratisch und viel wichtiger eingestuft als Regierung, Parlament und Verwaltung. Hier hat das Volk, besser gesagt haben die Wähler das letzte Wort. Analysen des Politsystems der Schweiz konzentrieren sich meist auf die positiven Aspekte und übersehen dabei die offensichtlichen Nachteile. Für die Mehrheit der Einwohner des Landes ist ein anderes System ohnehin weder vorstellbar noch wünschenswert. Dies gipfelt in der offiziellen Ansicht, die Schweiz könne nur so, nicht anders regiert werden.

In der Schweiz wird der Nationalrat, die erste Kammer des Parlaments, nach dem Proporzsystem gewählt. In wenigen kleinen Kantonen mit nur einem Sitz herrscht faktisch das Mehrheitssystem. Das Proporzsystem gibt zahlreichen Parteien die Chance, Mandate zu erobern. In bevölkerungsreichen Kantonen reichen schon drei bis fünf Prozent der Stimmen aus, um zumindest einen Sitz zu erhalten. Das schweizerische Wahlsystem hat zur Folge, daß zahlreiche Parteien mit relativ wenigen Vertretern in den Nationalrat einziehen. Die großen traditionellen Parteien wie die FDP und die SPS erreichen einen Wähleranteil von zwanzig bis fünfundzwanzig Prozent. Die CVP fällt seit 1975 im Trend zurück, tendiert gegen fünfzehn Prozent. Derweil ist die SVP im Aufstieg und verläßt ihre bisherige Basis, die bei gut zehn Prozent lag.

Der Ständerat, die zweite und »kantonale« Kammer, setzt sich aus je zwei Vertretern der Vollkantone und je einem der wenigen Halbkantone zusammen. Gewählt wird nach dem Mehrheitssystem. Daher ist die Zusammensetzung völlig anders als im Nationalrat. Es dominieren in erdrückender Weise die CVP und die FDP. Den Ausschlag geben letztlich die zahlreichen kleinen und mittleren Kantone aus der deutschsprachigen Schweiz, die bäuerlich, gewerblich und ländlich orientiert sind, und die Ständeräte aus der welschen Schweiz, die ähnlich denken und handeln. So ist der Ständerat das eigentliche politische Bollwerk der traditionellen, konservativen und nationalistischen Schweiz.

Die traditionellen Parteien verstehen sich als Volksparteien und bieten breit angelegte Programme – die sich in weiten Bereichen allerdings kaum voneinander unterscheiden. Zugleich sind sie sehr heterogene Gebilde, die nach außen selten geschlossen auftreten. Bei der CVP tendiert der linke Flügel zu den Sozialdemokraten, die rechte Gruppierung ist ländlich, gewerblich und bäuerlich orientiert und unterscheidet sich kaum von der SVP. Die FDP ist in zwei nahezu gleich starke Gruppen gespalten. Die rechte (Stahlhelm-)Fraktion könnte sich ohne weiteres mit der SVP und den Rechten der CVP zusammentun und eine konservative Partei bilden. Der (links-)liberale Flügel der FDP stimmt nicht selten wie die Sozialdemokraten – und die Grünen. Er ist zudem wohlfahrtsstaatlich ausgerichtet. Letztlich passen diese FDP-Parlamentarier gut zu den Sozialdemokraten und umgekehrt.

## Nicht regierbar

Unter solchen Voraussetzungen ist es in der Schweiz nicht möglich, eine Regierung mit einer stabilen Mehrheit zu bilden. Und da es keine freiwillige Fraktionsdisziplin und schon gar keinen Fraktionszwang gibt, hängt jede Regierung parlamentarisch in der Luft. Weder eine bürgerliche noch eine linke, noch eine Regierung, in der (fast) alle großen und mittleren Parteien vertreten sind, kann sicher sein, über eine Mehrheit zu verfügen. Die Schweiz ist systembedingt eigentlich unregierbar.

Der Regierung, dem Bundesrat, gehören seit 1848 sieben Mitglieder an, die jeweils einzeln von den beiden Kammern des Parlaments gewählt werden. Sie sind Vertreter ihrer Partei, aber nicht Mitglied einer Koalitionsregierung mit einem verbindlichen Regierungsprogramm. Der Bundesrat erarbeitet zwar seit 1971 Richtlinien der Regierungspolitik, diese sind aber für niemanden verbindlich, haben eher deklaratorischen Charakter. Die Schweiz kennt keine »Vertrauensfrage«, der Bundesrat kann daher nicht gestürzt werden. Einzelne Bundesräte treten zurück, wenn sie keine Lust mehr haben oder zu krank sind, um dieses Amt auszuüben. Die Abwahl eines Bundesrates ist so selten, daß sie praktisch kein Thema ist. Die Schweiz hat an sich eine sehr stabile Regierung, deren Kontinuität unter allen Umständen gesichert ist.

Dem Bundesrat steht jeweils für ein Jahr ein Präsident vor. Er ist der Primus inter pares. Im Gegensatz zu Präsidenten anderer Staatsformen hat er keinen besonderen oder gar bestimmenden Einfluß auf die Politik und ragt daher unter seinen Kollegen nicht hervor. Die Folge ist, daß die Regierung nach außen »kein Gesicht« hat. Wer jeweils Bundespräsident ist, dürfte im Ausland so gut wie unbekannt sein.

Früher wurde meist einstimmig entschieden, und jeder Beschluß wurde von allen Bundesräten gemeinsam nach außen vertreten und getragen. Doch das hat sich in den letzten Jahren grundlegend geändert. Inzwischen wird auch vier zu drei entschieden, und es kommt zu wechselnden Koalitionen zwischen den einzelnen Bundesräten. Dabei muß die parteiliche Herkunft nicht den Ausschlag geben. Entscheidend ist, daß die Regierung nicht mehr geschlossen nach außen agiert, sondern einen gespaltenen Eindruck vermittelt. Auffällig war dies vor der Abstimmung über den EWR-Beitritt im Jahre 1992.

Die Schweiz kennt keine parlamentarische Opposition, wie sie im Ausland üblich ist. Diese Funktion müßten eigentlich jene Parteien übernehmen, die nicht der Regierung angehören. Das ist faktisch schon deshalb nicht möglich, weil diese kleinen Parteien nicht über eine ausreichende Zahl an Mandaten verfügen, um eine echte Alternative zu bieten. Sie vertreten zu sehr divergierende Interessen: Die Spannweite reicht von grün bis hin zu nationalistisch.

## Keine Regierungswechsel

In der Schweiz ist ein Regierungswechsel kein Wahlthema. Bei Wahlen geht es weder um eine Regierungsmannschaft noch um einzelne Bundesräte, sondern ausschließlich um einzelne Parteien. Es ist nicht vorgesehen, nach den Parlamentswahlen die Regierung zu ändern: Sie bleibt unabhängig vom Wahlergebnis im Amt. Die Stimmenverschiebungen zwischen den einzelnen Parteien sind zudem so gering, daß man darin eine Bestätigung der aktuellen Politik erblickt und keine Konsequenzen zieht. So gesehen haben die Wahlen letztlich kaum Einfluß auf die Politik. Man kann sogar sagen, die Regierung ist gegen Wahlergebnisse weitgehend immun.

Die Wahlbeteiligung liegt seit langem unter fünfzig Prozent. Die Regierung interpretiert das als Zustimmung zu ihrer Politik. In Wahrheit ist die Mehrheit der Wähler mit der Politik des Bundesrates aber nicht einverstanden, sondern findet sie weder attraktiv noch spektakulär. Die Politik entscheidend ändern zu können, erscheint der Mehrheit der Wähler als ausgeschlossen. Man braucht sich daher nicht zu wundern, daß sich Resignation ausbreitet und die Verdrossenheit wächst.

## Die Zauberformel

Das schweizerische Regierungssystem zeichnet sich nicht durch Konkurrenz (und Opposition), sondern durch Konkordanz aus. Seit 1959 wird nach der »Zauberformel« mit den vier größten Parteien CVP, FDP, SPS und SVP regiert. Der Bundesrat ist proportional zur parlamentarischen Stärke dieser Parteien besetzt, demnach 2:2:2:1 – ein Politkartell, das durch andere Parteien weder gefordert noch aufgelöst werden kann.

In Frage gestellt wurde die Zauberformel erst nach fünfundzwanzig Jahren, und zwar durch die linken Sozialdemokraten. Sie entschieden sich 1984 dennoch ganz pragmatisch für die Fortsetzung der Zauberformel, um sich nicht selbst von der Macht und deren Vorteilen auszuschließen. Die drei bürgerlichen Parteien reagierten erleichtert, denn sie sahen keine Alternative zu einer Regierung ohne Sozialdemokraten. Inzwischen ist keine der Regierungsparteien mehr mit den Ergebnissen ihrer konkordanten Politik zufrieden. Es herrscht allgemein große Unzufriedenheit.

Man trennt sich aber nicht, da man sich so aneinander gewöhnt hat, daß man sich eine andere Konstellation nicht vorzustellen vermag. So gewinnt man den Eindruck, die Konkordanzdemokratie sei zum Selbstzweck geworden: Sie wird um jeden Preis fortgesetzt. Dies erstaunt um so mehr, als die Unzulänglichkeiten dieser Politik offensichtlich sind.

Regelmäßig tragen Regierungsparteien gemeinsame Entscheide nicht mit, sondern stehen in offener Opposition dazu. Das geht so weit, daß sie selbst ein Referendum initiieren oder eines von Gruppierungen außerhalb der Regierung unterstützen. Zum einen profitieren sie von jenen Kompromissen, an denen sie beteiligt sind, zum anderen betätigen sie sich als Opposition, um in Distanz zur Regierung, der sie selbst angehören, noch mehr herausholen zu können.

## Die Ordnungspolitik verkommt

Je breiter politische Entscheidungen abgestützt sind, desto kostspieliger sind sie. Die Zauberformel begnügt sich nicht mit knappen Mehrheiten, sie ist auf möglichst große Zustimmung aus. Dabei wird peinlich darauf geachtet, daß Vorlagen »referendumsresistent« sind oder diese Hürde zu nehmen vermögen. Diese Berücksichtigung möglichst aller Interessen führt aber dazu, daß – wechselnde – Koalitionen von Minderheiten, die außerhalb der Regierung stehen, einen erheblichen bis entscheidenden Einfluß ausüben können und die Politik ordnungspolitisch verkommt. Es erstaunt nicht, daß die Konkordanzpolitik so pragmatisch gestaltet wird, daß nicht zu erkennen ist, ob und welche Konzeption dahintersteckt. Es versteht sich daher von selbst, daß marktwirtschaftliche Reformen keine Chance haben.

Je mehr Parteien an der Regierung beteiligt sind und je heterogener diese zusammengesetzt sind, desto mehr müssen sie ausgleichen und umverteilen, um an der Macht zu bleiben. Die Zauberformel ist zu einer Zeit angetreten, als es einen Nachholbedarf an Sozialleistungen gab. Diesen hat sie gedeckt – und schließlich die Schwelle vom Sozial- zum Wohlfahrtsstaat überschritten. Ihre herausragende Aktivität ist die Umverteilung von Einkommen,

Vermögen und – was übersehen wird – der Verfügbarkeit über Eigentumsrechte. Zugleich hat sie eine Politik der Strukturerhaltung betrieben, um sich bei den unterschiedlichsten Branchen, beim Mittelstand, aber auch in den einzelnen Regionen beliebt zu machen. Das ist nichts anderes als eine Mischung zwischen konservativer und sozialistischer Wohlfahrtspolitik zu Lasten der Substanz. Dabei kam die soziale Marktwirtschaft immer mehr unter die Räder.

Es wird kaum beachtet, daß die Konkordanzdemokratie zu einer schleichenden Gleichschaltung im Denken und Handeln geführt hat. Der gute Schweizer ist konkordant und sucht nach dem Kompromiß um jeden Preis. Der soziale Zwang, auch gegen die eigene Überzeugung stets die Hand zu Kompromissen zu bieten, hat »diktatorische« Verhältnisse geschaffen. Die Schweizer sind entgegen einer landläufigen Meinung weit davon entfernt, (entscheidungs)freie Menschen zu sein: Sie stellen sich mehrheitlich mehr oder weniger bedingungslos in den Dienst der Konkordanz, um nicht negativ aufzufallen und keine Nachteile in Kauf nehmen zu müssen. Die Schweiz ist in einem Maße kollektivistisch geworden, daß es kaum noch möglich ist, freiheitliche Alternativen zu entwickeln und zu realisieren.

Es wird immer wieder argumentiert, die Konkordanzdemokratie habe den Vorteil, politische Wechselbäder, wie sie in der Konkurrenzdemokratie üblich – und nötig – sind, vermeiden zu können. Daher zeichne sich die Schweiz im Gegensatz zu anderen Ländern durch Stabilität und Kontinuität aus. Doch solange die Schweiz an ihrer traditionellen Konkordanzdemokratie mit größtmöglicher Zustimmung festhält, bleibt sie reformunfähig – und exakt das unterscheidet sie von anderen Regierungssystemen. Ohne die Chance einer Wende kann sich die Schweiz von ihrer Wohlfahrtspolitik nicht verabschieden, muß diese bis zum bitteren Ende durchziehen.

## Gefangen im System

Die vier Regierungsparteien sind nichts anderes als Gefangene des von ihnen selbst geschaffenen Systems der Konkordanz. Diese aufzukündigen wagt keine der drei großen Parteien. Wäre sie erst in der Opposition, könnte sie rein theoretisch mit anderen

Parteien eine Koalitionsregierung bilden und schließlich marktwirtschaftliche Reformen durchführen. Warum es dazu nicht kommt, hat verschiedene Gründe, von denen nur einige erwähnt werden können:

- Die Sozialdemokraten werden nicht ausscheren, weil sie ihre Politik im Rahmen des aktuellen Regierungssystems am besten realisieren können. Zudem wittern sie Morgenluft: Sie haben die Hoffnung, bei den nächsten Wahlen einen erheblich höheren Stimmenanteil als bisher zu gewinnen und dann noch mehr Einfluß ausüben zu können. Sie werden nicht von Bord eines Schiffes gehen, das nach ihrer Ansicht in die richtige Richtung steuert.
- An sich müßte die CVP die Regierung verlassen, um eine neue Konstellation zu ermöglichen. Sie gab 1959 den Anstoß, die Zauberformel aus der Taufe zu heben. Damals ging sie mit den Sozialdemokraten zusammen, um den historischen Kompromiß zwischen Linken und Rechten zu realisieren. Sie ist heute aber erheblich schwächer als damals: Sie verliert parlamentarisch ständig an Bedeutung, ihr zweiter Sitz im Bundesrat ist gefährdet. Zudem ist die CVP in sich gespalten: Die einen tendieren nach rechts, die anderen nach links. Der linke Flügel ist auf dem Wege, – wieder – eine eigene (Unter-)Partei (CSP) zu werden. Eine Zusammenarbeit mit der FDP ist alles andere als gesichert, denn der »Freisinn«, die Radikalen des neunzehnten Jahrhunderts, sind noch heute, wenn auch abgeschwächt, der historische Gegner der katholisch orientierten CVP.
- Die strategische Position hält die FDP inne. Sie hatte 1848 die Eidgenossenschaft gegründet, ihr den Stempel aufgedrückt. Aber sie ist schon lange keine revolutionäre liberale Partei mehr. Von ihr wird kaum der Anstoß kommen: Sie identifiziert sich zu sehr mit der traditionellen Schweiz, »ihrem Kind«. Zugleich ist sie alles andere als homogen strukturiert und auch nicht konsequent marktwirtschaftlich orientiert. Nicht zuletzt hat sie Angst, allein gelassen zu werden, wenn sie erneut die Pionierrolle übernähme, und sie fürchtet sich vor einem Zusammengehen von CVP und SPS, die zusammen mit kleineren Parteien, die grün und rot gefärbt sind, eine neue Regierung bilden könnten. Die Schweiz würde dann von einer rot-schwarz-grünen Koalition regiert werden.

- Keine Chancen haben die »Bürgerlichen«: Der gemeinsame Nenner ist einfach zu klein, um eine reformfreudige und stabile Politik zu betreiben. Nicht zuletzt ist zu beachten, daß diese Parteien einen »bürgerlichen Sozialismus« pflegen, der sich nicht radikal von dem der Sozialdemokraten unterscheidet.

Man mag es daher drehen und wenden, wie man will: Der Schweiz bleibt nichts anderes übrig, als die Konkordanzpolitik traditioneller Ausprägung weiter zu betreiben: Für die Konkurrenzdemokratie gibt es keine Mehrheit. Das ist die festverankerte Meinung der (meisten) Exponenten des schweizerischen Establishments in Politik, Wirtschaft und Gesellschaft. Trifft dies zu, dann ist und bleibt die Schweiz in marktwirtschaftlicher Hinsicht reformunfähig.

## Die direkte Demokratie

Das Politsystem erhält durch die direkte Demokratie eine besondere und zunehmend umstrittene Dimension. Von (Volks-)Initiativen und Referenden wurde bis zum Zweiten Weltkrieg eher selten Gebrauch gemacht, und wenn, konzentrierten sie sich auf Probleme von nationaler Bedeutung. Zu einer Eskalation kam es ab den sechziger Jahren. Nun begann man, von einer »Flut von Volksbegehren« zu sprechen. Schon damals nahmen Ökonomen und Politologen die Volksrechte unter die Lupe. Zu einer breitangelegten Diskussion kam es aber nicht, diese kam mit dreißig Jahren Verzögerung erst in den neunziger Jahren in Gang.

Die direkte Demokratie ist im Laufe der Zeit zu einem Tabu, einem Dogma, einer »heiligen Kuh« und zum Selbstzweck geworden. Die Mehrheit kann sich eine Schweiz ohne direkte Demokratie nicht vorstellen. Gegen die direkte Demokratie können zahlreiche Argumente vorgebracht werden, die nicht so sehr von grundsätzlicher als vielmehr marginaler Bedeutung sind. Daraus lassen sich Reformpostulate ableiten, welche die direkte Demokratie nicht grundsätzlich in Frage stellen, sie aber verbessern könnten. Dazu gehören die Erhöhung der erforderlichen Zahl von Unterschriften bei Initiativen und Referenden und der Verzicht von Bundesrat und Parlament, einen Gegenvorschlag zu unterbreiten. Zudem könnten die Abstimmungen beschleunigt werden, um den »Stau« aufzulösen. Nicht zuletzt wäre es überfällig,

Initiativen auf Probleme zu beschränken, die wirklich von nationalem Interesse sind. Es macht einen radikalen Unterschied, ob es um Tempolimits auf den Straßen oder um den EU-Beitritt geht: Entscheidend ist es aber, sich grundsätzlich kritisch mit der direkten Demokratie auseinanderzusetzen und die Schweiz zu inneren Reformen zu befähigen.

Volksinitiativen sind selten erfolgreich. Daraus wird geschlossen, es spiele keine Rolle, wie viele von ihnen zustande kämen, sie hätten ohnehin kaum Auswirkungen. Das ist aber nicht zutreffend, denn häufig werden auf Gegenvorschläge hin Konzessionen gemacht oder die Inhalte von Volksbegehren bereits im Vorfeld weitgehend realisiert. Daher sind auch vom Volk abgelehnte Initiativen in erheblichem Ausmaß erfolgreich: Sie beeinflussen die Gesetzgebung nachhaltig. Schon deshalb ist der Anreiz, Initiativen zu starten, sehr groß.

Ein fundamentaler Nachteil von Volksinitiativen ist die Tatsache, daß sie Entscheidungen Tür und Tor öffnen, für deren Folgekosten »die Sieger« nur teilweise oder gar nicht geradestehen müssen. So werden Staatsleistungen im allgemeinen und Sozialleistungen im besonderen am Nutznießer- und Verursacherprinzip vorbei durchgesetzt. Die Befürworter weigern sich allerdings, die Kosten zu übernehmen, lasten sie anderen an, externalisieren. Sie setzen auf das Gemeinlastprinzip, das auch jene trifft, die weder Nutznießer noch Verursacher sind. Den Volksinitiativen ist demnach ein hohes Maß an Fehlsteuerung im Einsatz von Ressourcen immanent: Das hat Effizienz- und Wohlfahrtsverluste zur Folge. Der eigentliche Profiteur ist der Wohlfahrtsstaat – zu Lasten der Marktwirtschaft und der wirtschaftlichen Dynamik. Die Umverteilung hat absolute Priorität vor der Produktion von Gütern und Diensten. So kann die Wachstumsschwäche der schweizerischen Wirtschaft weitgehend erklärt werden.

Äußerst wirksam können Referenden sein. Oft reicht die Androhung eines Referendums aus, um politische Ziele teilweise oder zur Gänze durchzusetzen. Vorlagen aller Art werden inhaltlich so angepaßt, daß sie der »vermuteten« Volksmeinung entsprechen, und so gestaltet, daß Referenden möglichst keine Chance haben. So wird der Handlungsspielraum von Regierung und Parlament entscheidend eingeschränkt. Man verzichtet nicht selten von vorneherein auf Reformen, weil man überzeugt ist, sie könnten in einer Volksabstimmung nicht bestehen.

Es wird stereotyp deklamiert: »Das Volk hat das letzte Wort.« Das ist zwar formal richtig, sagt aber nichts darüber aus, ob Entscheide ziel- und sachgerecht sind. Quantität ist nicht gleich Qualität. Zudem sind die langfristigen Auswirkungen verfehlter Volksentscheide zu berücksichtigen. Und: Was demokratisch legitimiert ist, muß noch lange nicht für jedermann akzeptabel sein. Ein weiterer Nachteil: Indem sich Regierung und Parlament auf das Volk berufen, können sie ihre Verantwortung abwälzen: Sie brauchen keine persönlichen Konsequenzen zu ziehen, was sie faktisch resistent gegen Initiativen und Referenden macht.

## Die Wähler sind überfordert

Die direkte Demokratie macht den Wähler zum »Experten«, er entscheidet über komplexe Probleme, die auch unter Sachverständigen umstritten sind. Dazu ist der Wähler sachlich einfach nicht fähig. Das ist kein Vorwurf, sondern eine nüchterne Feststellung. Man darf nicht erstaunt sein, wenn das emotionale und demagogische Element an Bedeutung gewinnt, aus dem »Bauch« heraus gewählt wird. Der Inhalt von Vorlagen läuft Gefahr, kaum noch eine Rolle zu spielen. Das ganze Verfahren gleicht einer »Fahrt ins Blaue«. Zwar ist auch das demokratisch legitimiert, die direkte Demokratie ist aber auf dem Wege, sich selbst ad absurdum zu führen.

Den Ausschlag dafür, ob man von Volksrechten profitieren kann, geben zunehmend Sachwissen, Organisation und Finanzen. Die großen Wirtschaftsverbände haben hier einen entscheidenden Vorsprung. Inzwischen betätigen sich auch Großverteiler aus dem Detailhandel selbst oder als Vehikel für andere. Vermögende Personen können sich eines PR-Büros bedienen, um vor allem bei Referenden erfolgreich zu wirken. Das fördert in eklatanter Art und Weise Sonderinteressen zu Lasten des Gesamtinteresses und birgt unter anderem eine nachhaltige Schwächung und Erosion der Marktwirtschaft.

Große Gruppen können grenzenlos Jagd auf kleine machen, sie ausbeuten. So sind zum Beispiel die Eigentümer chancenlos gegenüber den Mietern, die Reichen sind den Armen ausgeliefert. Daher muß es sich von selbst verstehen, daß eine grenzenlose direkte Demokratie nicht nur aus der Sicht leistungsfähiger Bevölkerungsgruppen wie etwa dem Mittelstand nicht akzeptabel ist.

## Demokratie im Defizit

Ein zentrales Problem des schweizerischen Politsystems ist die Sperrminorität, wie sie beim Ständemehr zum Zuge kommen kann. Summiert man die bevölkerungsarmen Kantone auf und sieht man dabei die knappste Mehrheit vor, so reichen theoretisch zehn Prozent der Wähler aus, um eine Vorlage scheitern zu lassen. Berücksichtigt man zusätzlich, daß die Wahlbeteiligung bei nur dreiunddreißig Prozent liegen kann, so können letztlich drei Prozent der Wahlberechtigten den Ausschlag bei Volksabstimmungen geben. Es geht demokratisch aber nicht an, daß Mini-Minderheiten mit Hilfe der krassen Übergewichtung von Stimmen in den kleinen und mittleren Kantonen, die für das Ständemehr – und den Ständerat – entscheidend sind, das verhindern können, was eine erdrückende Mehrheit der gesamtschweizerischen Wähler wünscht. Hier wird die urdemokratische Regel, wonach jeder Wähler nur über eine einzige, gleichwertige Stimme verfügen darf, in flagranter Art und Weise verletzt. Die in der Schweiz übliche Kumulierung und Kontingentierung von Stimmen zugunsten bestimmter Kantone und Wähler hat mit Demokratie nichts zu tun. So wie die direkte Demokratie in der Schweiz institutionalisiert ist und praktiziert wird, zeichnet sie sich in hohem Maße durch ein Demokratiedefizit aus.

## Organisierte Verantwortlungslosigkeit

Die direkte Demokratie kann nur funktionieren, wenn man sie marktanalog finanziert. Es ist unverzichtbar, die Wahlberechtigten zu finanziell Betroffenen zu machen. Nur so ist die »organisierte Verantwortungslosigkeit« zu überwinden, die aus der steuerlichen Finanzierung von Staatsleistungen resultiert. Wo immer möglich, ist das marktwirtschaftliche Äquivalenzprinzip, das Nutznießer- und Verursacherprinzip, anzuwenden. Politik ist nämlich an sich Umverteilungspolitik.

Da die Mehrheit nicht an der Liberalisierung der Wirtschaft, sondern an Schutzmaßnahmen im Inneren und nach außen sowie an Subventionen interessiert ist, kommt es zu einer Aushöhlung der Marktwirtschaft durch einen expandierenden sozialistischen Wohlfahrtsstaat. Um dies zu korrigieren, ist eine doppelte Reform angezeigt: Initiativen werden nur zur Abstimmung zugelassen, wenn sie marktkonform sind. Zugleich darf kein Referendum gegen marktkonforme Entscheidungen der Regierung und des Parlaments ergriffen werden. Nur so kann man die Zerstörung der Marktwirtschaft durch vielfältige marktwidrige Sonderinteressen und durch den Wohlfahrtsstaat verhindern.

Nicht minder wichtig ist die Begrenzung der Umverteilung von Einkommen und Vermögen. Diese muß operabel definiert auf die Subjektförderung beschränkt werden. Nur so kann gesichert werden, daß der Staat ausschließlich jenen hilft, die wirklich darauf angewiesen sind. Ohne Begrenzung läuft die direkte Demokratie auf die totale Umverteilung hinaus. Diese beraubt Wirtschaft und Gesellschaft jener finanziellen Anreize, die unbedingt erforderlich sind, damit Arbeitgeber und Arbeitnehmer sich ökonomisch betätigen und für wachsenden Wohlstand sorgen. Wird nicht strikt darauf geachtet, so produziert eine unbegrenzte Demokratie am Ende Armut für alle.

## Referendum verhindert Reformen

Reformen, die eine Abkehr vom Wohlfahrtsstaat im allgemeinen und eine Revitalisierung der Wirtschaft insbesondere zum Ziel haben, können jederzeit an einem Referendum scheitern. Da es stets Gruppen von Wählern gibt, die sich gegen noch so marginale Liberalisierungen wehren, ist davon auszugehen, daß sie sich regelmäßig der defensiven Waffe des Referendums bedienen. Das geschah zuletzt, als eine kosmetische Deregulierung des Arbeitsmarktes im Dezember 1996 abgelehnt wurde. Damals wurde das Ende der Revitalisierung(sversuche) der schweizerischen Wirtschaft eingeläutet. Es ist daher nur folgerichtig, den Schluß zu ziehen, daß die direkte Demokratie im allgemeinen und das Referendum im besonderen auf Dauer die schweizerische Wirtschaft ruinieren werden, indem sie marktwirtschaftliche Reformen verhindern. Die direkte Demokratie ist auf dem Wege, die Schweiz zu gefährden und zu zerstören.

Noch ist es nicht zu spät, die direkte Demokratie entweder abzuschaffen oder wenigstens nach marktwirtschaftlichen Regeln zu reformieren. Die Einsicht in diese Notwendigkeit ist aber nicht vorhanden: Die erdrückende Mehrheit ist weiterhin überzeugt, die Schweiz sei ein herausragend leistungsfähiger Sonderfall, der keinen Anlaß habe, die traditionelle Wohlfahrtspolitik zugunsten von »mehr Markt« fallenzulassen. Zudem müßte die Mehrheit der Wähler über den eigenen Schatten springen und die Volksrechte marktkonform beschränken oder – am besten – aufgeben. Selbst wenn eine Mehrheit der Wähler dafür wäre, womit nicht zu rechnen ist, würde dieser Volksentscheid an der Mehrheit der Kantone scheitern; das ist so sicher wie das Amen in der Kirche. Die Schweiz ist daher ein für allemal mit ihrer direkten Demokratie auf Gedeih und Verderb verbunden: Sie wird sie bis zum bitteren Ende auskosten dürfen.

# Die Schatten des Zweiten Weltkrieges

Seit dem Herbst 1995 sieht sich die Schweiz in einem bisher nicht gekannten und überraschenden Ausmaß mit ihrem Verhalten vor, während und nach dem Zweiten Weltkrieg konfrontiert. Grund dafür sind unter anderem »nachrichtenlose« beziehungsweise erblose Vermögen, das Nazigold und die Lieferung von Rüstungsgütern nach Deutschland. Dabei ist auch die Neutralität ins Zwielicht geraten. Die Schweiz betrieb nämlich nach allen Seiten, mit Freund und Feind, einen intensiven Handel. Ihr wird nun nicht abgenommen, sie hätte unter den damaligen Umständen gar nicht anders handeln können, um unversehrt aus diesem Krieg hervorzugehen.

Das, was nun seit über zwei Jahren weltweites Aufsehen erregt und das innenpolitische Klima vergiftet, ist an sich nicht neu. Wieso es gerade im Herbst 1995 zu einer unerwarteten Eskalation kam, läßt sich kaum ausmachen. Die potentiellen Opfer drehten den Spieß um, machten sich zum Ankläger. Nicht nur deshalb ist es notwendig und nützlich, die Bemühungen zu schildern, welche die Schweiz unternommen hat, um die Erbschaft des Zweiten Weltkrieges – für alle befriedigend – aufzuarbeiten.

## Erblose Vermögen

Im Jahre 1946 unterzeichnete die Schweiz das Abkommen von Washington. Sie verpflichtete sich, zweihundertfünfzig Millionen Franken für den Wiederaufbau Europas zu zahlen. 1949 kam ein schweizerisch-polnisches Entschädigungsabkommen mit einem vertraulichen Briefwechsel zustande. Analoge Abkommen folgten mit Ungarn (1950) und Rumänien (1951). Im Jahre 1952 wurde der Auftrag erteilt, eine Spezialgesetzgebung über erblose Vermögen vorzubereiten. Dem folgte aber 1957 der Antrag, auf die Ausarbeitung von Sonderbestimmungen zu verzichten. Im Jahre 1959 wandte sich die Schweizerische Bankiervereinigung gegen einen Meldebeschluß über erblose Vermögen, die lediglich etwa neunhunderttausend Franken betrügen. 1961 wurde erneut beantragt, einen Beschluß über erblose Vermögen auszuarbeiten. Schon 1962 stimmten die eidgenössischen Räte dem Meldebeschluß zu. 1964 wurde erklärt, daß man 1961 von Ausländern oder Staatenlosen Vermögen von insgesamt neun Millionen vierhundertneunundsechzigtausend Schweizer Franken registriert habe. Zehn Jahre später (1974) gelangte eine Botschaft an das Parlament, die vorsah, neun Millionen vierhundertneunundsechzigtausend Franken zu verteilen. Im Jahre 1975 erfolgte die Verteilung der im Fonds erbloser Vermögen verbliebenen Gelder: Sie gingen zu einem Drittel an die Flüchtlingshilfe (1,068 Millionen) und an den Schweizerischen Israelitischen Gemeindebund (2,120 Millionen). Damals konnte man den Eindruck haben, das Problem »erblose Vermögen« sei definitiv gelöst. Das erwies sich aber als voreilig, wie sich zwanzig Jahre später, eben im Herbst 1995, herausstellte.

## Druck aus den USA

Als die Schweizerische Bankiervereinigung erneut nach nachrichtenlosen Vermögen Ausschau hielt und dazu am 12. September 1995 einen Bericht erstattete, kamen fast einundvierzig Millionen zum Vorschein. Am 1. Januar 1996 traten die Richtlinien über die Behandlung nachrichtenloser Vermögen in Kraft. Als zentrale Anlaufstelle wurde der Banken-Ombudsmann bestimmt. Eine erneute Umfrage der Bankiervereinigung brachte nachrichtenlose Konten aus dem Zweiten Weltkrieg mit einem Guthaben von über achtzehn Millionen an den Tag.

Nun begann die Eskalation: Edgar Bronfman, Präsident des World Jewish Congress (WJC), wies die Untersuchung als nicht transparent genug zurück. Zugleich erklärte der amerikanische Senator Alfonse D'Amato, sein Bankenausschuß plane eine Anhörung zur Frage der nachrichtenlosen Vermögen. Das erste Hearing fand am 23. April 1996 statt, es folgten weitere am 16. Oktober und am 11. Dezember desselben Jahres. Nun wurden weitere Vermögen außerhalb des Banksektors vermutet. Die Schweiz im allgemeinen und die Banken im besonderen gerieten zunehmend unter Druck, insbesondere aus den USA.

Am 2. Mai 1996 unterzeichnete die Bankiervereinigung mit den jüdischen Organisationen das »Memorandum of Understanding«. Es sieht die Einsetzung eines Untersuchungsausschusses unter dem Vorsitz Paul R. Volckers, des ehemaligen Präsidenten der amerikanischen Notenbank (FED), vor. Zur gleichen Zeit setzte eine internationale Kritik am Verhalten der Schweiz im Zweiten Weltkrieg ein. Dabei ging es auch um die Neutralität, die den Amerikanern stets ein Dorn im Auge war (und ist): Am 1. Juli bereinigte die Rechtskommission des Nationalrates einen Vorentwurf zu einem »Bundesbeschluß über die rechtliche und historische Untersuchung des Schicksals jüdischer Vermögenswerte in der Schweiz zwischen 1933 und 1945«. Das »Committee of Eminent Persons« wird von Paul R. Volcker geleitet. Nun wurde auch Großbritannien aktiv: Aufgrund eines Memorandums des britischen Außenministeriums fand am 10. September 1996 eine Debatte im Unterhaus über das »Raubgold« der Schweizerischen Nationalbank statt. Daraufhin wurde auch das Entschädigungsabkommen mit Polen aus dem Jahre 1949 thematisiert.

## Eskalation

Unter dem wachsenden ausländischen Druck sah sich die Schweiz gezwungen, rasch zu handeln. Am 1. Oktober 1996 genehmigte der Nationalrat den Bundesbeschluß zur Untersuchung der Rolle der Schweiz während der Nazi-Zeit. Der Bundesrat setzte eine Task Force unter der Leitung von Thomas Borer ein, die alle Aktivitäten koordinierte. Im Dezember 1996 ernannte der Bundesrat eine internationale Historikerkommission unter der Leitung von Jean-François Bergier (Universität Genf). Ende Dezember eskalierte die internationale Auseinandersetzung um einen Holocaust-Fonds aufgrund eines Interviews von Bundesrat Jean Pascal Delamuraz: Darin spricht er von einer Erpressung der Schweiz. Schon am 8. Januar 1997 erklärte sich der Bundesrat bereit, die Schaffung eines Fonds für die Holocaust-Opfer und ihre Nachkommen ins Auge zu fassen. Bereits am 23. Januar kommt es diesbezüglich zu einer Einigung zwischen Bundesrat, Banken und Wirtschaft. Am 5. Februar beschließen die Großbanken, in der »humanitären Tradition der Schweiz« einen Fonds mit einhundert Millionen Franken für die Opfer der Nazis einzurichten.

Nun intensivieren sich die Bemühungen, die Entwicklung in den Griff zu bekommen. Am 4. März 1997 gibt der Bundesrat bekannt, eine »Stiftung für Solidarität« einzurichten, die später erörtert wird.

Es fällt auf, daß die Schweiz – nicht so sehr aus eigenem Antrieb, sondern vielmehr oder gar ausschließlich unter massivem ausländischem Druck, insbesondere aus den USA – ungewöhnlich rasch handelte. Mit der Stiftung für Solidarität erhoffte sich der Bundesrat einen Befreiungsschlag, der aber nicht gelungen ist. Der Druck hat im Gegenteil zugenommen. Daran beteiligt sind neben anderen der World Jewish Congress, die US-Regierung, die großen globalen Fernsehsender der USA, aber auch die britische BBC und nicht zuletzt die sehr einflußreichen angelsächsischen Zeitungen und Zeitschriften. Sie äußern am laufenden Band neue Vermutungen, Hypothesen, aber auch Fakten. Die entsprechenden Archive sind eine unerschöpfliche Fundgrube. Die Schweiz sieht sich nun permanent mit neuen Vorwürfen konfrontiert. Die Amerikaner trieben ein Katz-und-Maus-Spiel mit der Schweiz, schrieb die *Neue Zürcher Zeitung* am 23. Juni 1997. Man gewinnt den Eindruck, ein Perpetuum mobile sei in Gang gesetzt worden.

## Der Eizenstat-Bericht

Im Mittelpunkt des Interesses steht der Eizenstat-Bericht im Auftrag der US-Regierung. Entscheidend ist hier das Vorwort. Darin wird der Schweiz vorgeworfen, Bankiers der Nazis gewesen zu sein, zur Verlängerung des Krieges beigetragen und danach Vereinbarungen mit den Alliierten torpediert zu haben. Damit wurden die Anschuldigungen des Jüdischen Weltkongresses und Senator D'Amatos von der US-Regierung offiziell gestützt. Zwar werden auch zahlreiche andere Probleme untersucht, aber nicht als so gewichtig angesehen wie das Verhalten der Schweiz im Zweiten Weltkrieg. Dabei ragt letztlich das amerikanische Unverständnis für die schweizerische Neutralität heraus: Für die USA ist die Neutralität offensichtlich ein Mittel, sich bei kriegerischen Auseinandersetzungen, aber auch bei anderen Gelegenheiten um – internationale – Verantwortung zu drücken und in jeder Beziehung einseitig zu profitieren. Es versteht sich von selbst, daß diese Vorwürfe einen nachhaltigen Eindruck in der amerikanischen Öffentlichkeit hinterlassen haben.

Die Schweiz sieht sich nun, mehr als fünfzig Jahre nach dem Ende des Zweiten Weltkrieges, mit einer »doppelten Geschichte« konfrontiert. Damit ist das Land wie kaum je zuvor geistig gefordert, es befindet sich in einer Zerreißprobe. Die einen halten unverrückbar an der alten Version fest, daß die Schweiz keine Schuld treffe, während die anderen bereit sind, die Geschichte aufzuarbeiten und die Konsequenzen zu ziehen: Sie orientieren sich am »neuen Image« des Landes, das sich seit 1995 herausgebildet hat. Es ist ihnen bewußt, daß nichts anderes übrigbleibt, um im Interesse der Schweiz weiteren Schaden abzuwenden. Doch selbst ihnen dürfte es schwerfallen, vom traditionellen Selbstverständnis der Schweiz Abschied zu nehmen.

## Doppelte Geschichte

Die beiden umstrittenen Versionen der schweizerischen Geschichte seit 1933 hat Georg Kohler (*Neue Zürcher Zeitung* vom 30. Juni 1997) so treffend beschrieben, daß man sie am besten im Wortlaut wiedergibt: »Es gab und gibt die eine Erzählung, die wir immer gehört und gern geglaubt haben. Sie erzählt von einem kleinen, tapferen Land und einer mutigen Bevölkerung, die, umklammert von einem ebenso übermächtigen wie unmenschlichen Gegner, standhaft geblieben ist und ihrer Idee treu. Für Jahre unter grössten Bedrohungen lebend, wurde die eigene Demokratie bewahrt und der Glaube an die allgemeine Menschenwürde verteidigt. Natürlich war man immer wieder gezwungen, dem Teufel, mit dem man es zu tun hat, ein bisschen Zucker zu geben; und manchmal auch einige wertvolle Dinge, die er brauchte, um seine Hölle brennen zu lassen; ja sogar ein paar Seelen waren darunter. Das war schrecklich und traurig, aber es war unvermeidlich. Schliesslich hatte man es mit dem Teufel zu tun, und nur so war es möglich, wenigstens die grosse Zahl der anderen und das kleine Land zu retten. Aufs Ganze gesehen, per saldo sozusagen, war man unschuldig geblieben und gerechtfertigt. Das war klar.

Die zweite Erzählung (plötzlich ist sie über uns gekommen, und auf einmal scheint sie die ganze Welt zu glauben) berichtet eine andere Geschichte. Sie spricht von einem kleinlich-eigennützigen Volk, das voll war von Hehlern und heimlichen Kollaborateuren, die im Schutz einer Tarnkappe namens Neutralität jedes Geschäft – falls es nur unauffällig und profithaltig genug betrieben werden konnte – mit den schlimmsten Mördern der Epoche abschlossen. Ja, wenn es sich machen ließ, schreckte man nicht davor zurück, sich auf Kosten jener zu bereichern, die die Geschäftspartner und Menschenverbrecher getötet oder vertrieben hatten. Und so, heißt es in dieser Erzählung weiter, sei erst Reichtum in das kleine Land gekommen, das von sich behauptete, es wolle nur eins sein, nämlich fleißig, mit allen verträglich und neutral.«

Diese beiden ironisch vorgetragenen Erzählungen über die Schweiz während und nach dem Dritten Reich enthalten die Kernpunkte des laufenden Streits um die Rolle der Schweiz im Zweiten Weltkrieg und deren Auswirkungen in der Nachkriegszeit. Sie markieren die beiden Pole einer Debatte, die im Herbst 1995 angelaufen ist und danach stetig an Vehemenz zugenommen hat. Die Schweiz muß sich im eigenen Interesse daran gewöhnen, daß das Ausland sie nicht mehr so sieht, wie sie es gerne haben möchte. Nun ist es nicht so, daß in den letzten Jahrzehnten keine Versuche unternommen worden wären, diese Zeit kritisch zu sehen – eine grobe Übersicht von H. U. Jost ist in der *Weltwoche* vom 18. November 1996 unter »Wieder müssen Historiker Feuerwehr spielen« nachzulesen.

## Die Verdrängung

Ende 1945 erschien ein bundesrätlicher »Bericht über die antidemokratische Tätigkeit von Schweizern und Ausländern im Zusammenhang mit dem Kriegsgeschehen von 1939–1945«. Er befaßte sich nicht nur mit nazistischen oder rechtsradikalen Umtrieben, sondern auch mit der extremen Linken. Das erweckte den Eindruck, Rechte und Linke würden sich aufwiegen. In der Mitte standen Bundesrat und politische Parteien – neutral und unbefleckt.

In den 1953 publizierten »Akten zur deutschen Auswärtigen Politik 1918–1945« erscheinen Dokumente über die Einführung des »J« in den Pässen deutscher und österreichischer Juden.

Das geht auf eine Vereinbarung zwischen Deutschland und der Schweiz aus dem Jahre 1938 zurück. Der Bundesrat sah sich daraufhin veranlaßt, Carl Ludwig (Universität Basel) mit einer Untersuchung über die schweizerische Flüchtlingspolitik zu betrauen. Ludwig legte in seinem Bericht aus dem Jahre 1957 die während des Krieges betriebene Flüchtlingspolitik schonungslos offen. Das blieb aber ohne große Beachtung, was sich erst mit dem Erscheinen des Buches »Das Boot ist voll« von Alfred A. Häsler im Jahre 1967 änderte. Damals trat das Flüchtlingsproblem in das Bewußtsein breiter Bevölkerungsschichten ein. Doch erst zwanzig Jahre danach rang sich der Bundesrat zu einer öffentlichen Erklärung des Bedauerns durch.

Nach langem Hin und Her beschloß der Bundesrat Mitte der sechziger Jahre, die Archive aus dem Zweiten Weltkrieg zu öffnen. Er tat es aber nicht für jedermann, sondern betraute Edgar Bonjour (Universität Basel) mit der Zusammenstellung der Dokumente. Der Bonjour-Bericht erschien 1970 unter dem Titel »Geschichte der schweizerischen Neutralität«. Er verfehlte nicht seine Wirkung: Die Neutralität wurde zu einer »existentiellen, beinahe gottgegebenen Leitlinie der Schweiz erhoben – eine Vision, die zwar einer nüchternen Geschichtsbetrachtung in keiner Weise standhält, die aber das öffentliche Bewußtsein stark prägte«.

Die Probleme, die in den letzten Jahren im Mittelpunkt der internationalen Diskussion stehen, wurden nicht erst heute entdeckt und untersucht: Daniel Frei befaßte sich schon 1969 mit dem »Washingtoner Abkommen« von 1946, in dem es um die Goldfrage und die deutschen Guthaben in der Schweiz ging. Im Jahre 1974 wies Daniel Bourgeois darauf hin, daß die Goldbarren der Reichsbank auch Gold enthielten, das von Juden stammte, die in den Konzentrationslagern ermordet worden waren. Die Politik der Schweizerischen Nationalbank wurde 1980 ebenfalls unter die Lupe genommen. Das *Tages-Anzeiger-Magazin* veröffentlichte dazu den Beitrag »Goldfingers merkwürdige Machenschaften«. Schließlich erschien 1985 das Buch »Die Golddrehscheibe im Zweiten Weltkrieg« von Werner Rings. Darin werden die Goldgeschäfte zwischen Nazi-Deutschland und der Schweizerischen Nationalbank umfassend dargestellt.

## Nach altem Muster

Die offizielle Schweiz verhielt sich nach 1945 stets nach dem gleichen Muster: Sie be- und verhinderte die historische Erforschung der Kriegszeit; dazu hielt sie die relevanten Dokumente unter Verschluß. Es entzieht sich zudem der Kenntnis, ob und in welchem Umfang Akten vernichtet und/oder tatsächlich zugänglich gemacht wurden. Auf frühere Untersuchungen hat sie stets so lange wie überhaupt möglich nicht reagiert, die Ergebnisse ignoriert. Sah sie sich – aus welchen Gründen auch immer – veranlaßt, sich zu äußern, so hat sie die Probleme bagatellisiert, als »marginale Episode« deklariert. Sie hielt stets an der traditionellen Version einer neutralen, solidarischen und verantwortungsvoll handelnden Schweiz fest, die sich keines Fehlverhaltens bewußt ist.

Diese Strategie funktionierte fünfzig Jahre bestens. Es gab daher keinen Grund, davon abzurücken. Ab Herbst 1995 ist das alles aber ins Wanken geraten, inzwischen sind die Dämme gebrochen, die Flut ist außer Kontrolle geraten. Nun wird vom Ausland vorgegeben, was mit welcher Priorität in welcher Zeit wie zu lösen ist. In dieser Beziehung ist die Souveränität der Schweiz nahezu ganz verlorengegangen.

Die schweizerische Regierung ist nicht zu beneiden, sie wird von zahlreichen Seiten her nachhaltig gefordert. Vom Ausland im allgemeinen und von den USA im besonderen kommen laufend neue Anschuldigungen und Forderungen. Die Schweiz sieht sich gezwungen, rasch zu antworten, obwohl die Voraussetzungen zu einer gründlichen Abklärung meist nicht gegeben sind. Sie kann dabei nicht verhindern, »Fehler« zu machen, die zu neuen Schwierigkeiten führen. Innerhalb der Schweiz tobt ein harter Konkurrenzkampf zwischen einzelnen Massenmedien, möglichst täglich oder mindestens wöchentlich mit brisanten Enthüllungen auftrumpfen zu können. Dabei schneidet der Bundesrat in der Regel schlecht ab, er ist zum Prügelknaben der Nation geworden.

Der Bundesrat sieht sich allerdings gezwungen, Rücksicht zu nehmen auf die divergierenden Strömungen innerhalb der Schweiz, auf die, die alle Anschuldigungen rundweg ablehnen, und auf die, die redlich bemüht sind, die Vergangenheit gründlich aufzuarbeiten. Das hindert ihn verständlicherweise daran, sich möglichst klar oder gar abschließend zu äußern. Das hat allerdings zur Folge, daß auch im Inland niemand mit ihm zufrieden ist: Die einen haben mehr, die anderen weniger erwartet. Typisch dafür sind die Reaktionen auf die Erklärung des Bundesrates zum Eizenstat-Bericht (1997), in dem er sich kritisch zu den zentralen Vorwürfen gegenüber der Schweiz äußert.

## Im Vakuum

Die Schweiz hat denkbar schlechte Voraussetzugen, um sich gegen die laufende Zerstörung ihres »guten Rufes« zu wehren. Zum einen verfügt sie weder in der Regierung noch im Parlament oder in der Verwaltung über eine einzige Persönlichkeit, die fähig ist, im Ausland auch nur ein Mindestmaß an Einfluß auszuüben. Wer auch immer in einer Mission im Ausland unterwegs ist, dem wird keine positive Beachtung zuteil, er muß sich verloren vorkommen. Zum anderen fehlen im Ausland im allgemeinen und in den USA im besonderen prominente »Freunde der Schweiz«. Zum dritten zieht die Schweiz es vor, im Alleingang zu handeln. Da sie weder der EU noch der NATO angehört, holt niemand für sie die Kastanien aus dem Feuer. Das Land ist in keinem Forum, in dem die für sie lebenswichtigen Entscheide fallen, präsent. Wäre die Schweiz Mitglied der EU, müßten etwa die USA Rücksicht auf die Schweiz nehmen, um nicht über die EU eine »Retourkutsche« zu erhalten. Nicht zuletzt ist es blauäugig, davon auszugehen, mit einer PR-Aktion in den USA könne man irgend etwas bewirken. Die Möglichkeiten, gegen die amerikanische öffentliche Meinung anzukommen, tendieren gegen null. Die Schweiz hat sich mit ihrer Selbstisolation global in eine aussichtslose Situation manövriert.

## Die Stiftung für Solidarität

Im Mittelpunkt der schweizerischen Bemühungen, einen Beitrag zur Überwindung der Schatten des Zweiten Weltkrieges zu leisten, steht die »Stiftung für Solidarität«. Auf den ersten Blick erscheint sie durchaus attraktiv, doch bei näherem Hinsehen wird erkennbar, daß sie mehr Probleme verursachen als lösen wird. Ihre Entstehung kann man nur verstehen, wenn man mit den

Mechanismen der direkten Demokratie vertraut ist: Jede Vorlage muß auf potentielle Volksabstimmungen Rücksicht nehmen; Vorhaben dürfen kein Referendum provozieren, sie müssen so ausgestaltet werden, daß ein Referendum zum Scheitern verurteilt ist. Daher schied bei der Stiftung die Finanzierung über Steuern a priori aus: Die Mehrheit der Wähler wäre nicht bereit, Verzichte zu leisten, vor allem nicht, wenn es sich um Zahlungen an das Ausland handelt. Die Kreditfinanzierung hätte ebenfalls keine Chance gehabt. Eine zusätzliche Verschuldung gilt mehrheitlich als unseriös und ruinös. Wenn überhaupt, kommt sie nur für die Finanzierung inländischer Projekte in Frage.

Es lag deshalb nahe, sich an die Goldreserven der Schweizerischen Nationalbank (SNB) heranzumachen. Nicht erst heute herrscht die Meinung vor, es handle sich um »totes Kapital«. Man könne und solle daher darauf zurückgreifen, um mehr daraus zu machen. So packte man freudig zu, um sich möglichst schmerzlos der finanziellen Folgen des Zweiten Weltkrieges zu entledigen. Die Goldreserven wurden marktkonform aufgewertet. Die Hälfte des daraus resultierenden (Buch-)Gewinns von sieben Milliarden Franken soll das Stiftungskapital bilden. Die daraus jährlich fließenden Erträge stünden der Stiftung zur Verfügung. Man ging von dreihundertfünfzig Millionen pro Jahr aus – ein ansehnlicher Betrag.

Um die Stiftung »referendumsresistent« zu machen, griff man erneut in die Trickkiste. Erträge, die ihr zufließen, sind auch in den Dienst der Milderung der sozialen Not im Inland zu stellen. Das ist ein populärer Schachzug, denn wer möchte nicht vom Goldsegen der SNB profitieren? Damit gelang es, die Aufmerksamkeit der Wähler vom Zweiten Weltkrieg und Zahlungen an das Ausland abzulenken. Die Wirkung blieb nicht aus: In Umfragen schnellte die Zustimmung zur Solidaritätsstiftung kräftig nach oben.

## Der Sturm auf die Goldreserven

Die Tragweite des Sturmlaufs auf die »Festung Nationalbank« wurde grob unterschätzt. Er hatte schon Anfang der achtziger Jahre begonnen, nun brach er vollends durch. Die SNB und ihr Gold werden den Begehrlichkeiten des schweizerischen Wohlfahrtsstaates preisgegeben. Die SNB wird ihre Aufgabe als »Hüterin der Währung« immer weniger erfüllen können. Sie gerät immer mehr in den Strudel der Politik und wird auf Dauer ihre Unabhängigkeit verlieren. Am liebsten sieht man die SNB in der Rolle des Lender of Last Resort für den maroden Wohlfahrtsstaat. Kaum waren nämlich sieben Milliarden Franken über die Aufwertung der Goldreserven anvisiert, kam die Forderung nach zusätzlichen sieben Milliarden für soziale Zwecke. Am Schluß wird die SNB über keine Goldreserven mehr verfügen. Doch der Griff in die Kasse der SNB wird schon lange zuvor negative Auswirkungen unter anderem auf den Franken, den Finanzplatz und die Schweizer Wirtschaft haben.

Die einzige ökonomisch vertretbare Alternative zur Solidaritätsstiftung ist die Finanzierung aller Forderungen, die vom Ausland auf die Schweiz zukommen, über allgemeine Finanzmittel, über Steuern. Zu erheben ist eine Steuer mit möglichst großer Breitenwirkung, allerdings unter Vermeidung unsozialer Auswirkungen. Ziel ist eine gleichmäßige, proportionale und damit (einkommens-)neutrale Lastenverteilung. Dazu eignet sich nur die Mehrwertsteuer mit einer ausreichenden Freiliste für Güter und Dienstleistungen des lebensnotwendigen Bedarfs, um die unteren Einkommensschichten zu entlasten. Auch diese Variante dürfte an einem Referendum scheitern.

Nun stellt sich die Frage, wie es weitergeht. Ob das Volk zur Solidaritätsstiftung ja oder nein sagt – das Resultat ist auf jeden Fall problematisch. Ein Ja erlaubte zwar das Gesicht zu wahren, hätte aber negative Auswirkungen: Die SNB geriete noch mehr unter Druck, die Erosion des Finanzplatzes setzte sich verstärkt fort, der Franken könnte an Schwindsucht leiden, was die Zinsen nach oben triebe. Lautet das Verdikt aber auf nein, so stünde die Politik vor einem Scherbenhaufen. Das Land blamierte sich vor der ganzen Welt, indem es eine Absage an die bundesrätlichen Bemühungen, die Schatten des Zweiten Weltkrieges zu bewältigen, erteilte. Das löste keine Probleme, es wäre vielmehr mit einer Eskalation zu rechnen.

## Nazigold und Judengeld

Dauerhaften Schaden am weltweiten Image der Schweiz hat der Dokumentarfilm »Nazigold und Judengeld. Die Schweiz als Finanzdrehscheibe im Zweiten Weltkrieg« angerichtet, der von der englischen BBC im Juni 1997 ausgestrahlt wurde. Das schweizerische Fernsehen hatte dazu gutgläubig Material geliefert und sich auch noch finanziell beteiligt. Dieser Film wurde von zahlreichen Fernsehstationen übernommen und rund um den Erdball ausgestrahlt, in Nordamerika vom »öffentlichen Fernsehen« (PBS), so daß die »letzten Ecken« der USA und von Kanada erreicht wurden: Es versteht sich von selbst, daß von der Schweiz aus dagegen nicht anzukommen ist: Das Image der Schweiz hat sich radikal verschlechtert.

In den kommenden Jahren ist nicht mit einer Beruhigung zu rechnen. In den Archiven steckt noch genügend Sprengstoff. Er wird »ausgegraben« und von allen Seiten gegen die Schweiz eingesetzt werden. Presse, Radio und Fernsehen werden die »Funde« gnadenlos ausschlachten. Es geht dabei nicht so sehr um Wahrheitssuche, sondern um Spekulationen, Sensationen und Diffamierungen. In der Schweiz wird die Historikerkommission über viele Jahre hinweg regelmäßig berichten, was sie erforscht hat. Dabei hat sie aber nur höchst begrenzten Einfluß darauf, wie ihre Ergebnisse interpretiert werden. Nicht minder gefährlich sind die an Vehemenz zunehmenden Auseinandersetzungen zwischen Befürwortern und Gegnern der Vergangenheitsbewältigung. Zudem ist nicht zu vergessen, daß 1999 Parlamentswahlen stattfinden. Je mehr das Image der Schweiz unter Druck gerät, Schuldbekenntnisse, Entschuldigungen und Zahlungen fällig werden (könnten), desto mehr wird sich die Abwehrfront verstärken. Darauf muß der Bundesrat Rücksicht nehmen. Das wird seine Position in einer so schwierigen Zeit entscheidend schwächen.

## Keine Entwarnung

Die Schweiz verfügt noch nicht über eine kohärente und durchschlagskräftige Konzeption, wie sie mit den Schatten des Zweiten Weltkrieges fertig werden kann. Die bisherigen Vorleistungen wurden in der Hoffnung erbracht, bald Entwarnung geben und zum »Business as usual« zurückkehren zu können. Doch das war eine fatale Fehleinschätzung von Gegenwart und Zukunft: Die Schweiz hat seit Herbst 1995 mit einem eskalierenden Dauerproblem zu tun. Dem Land bleibt nun nichts anders übrig, als sein Verhalten seit 1933 nach bestem Wissen und Gewissen – ohne zu mogeln und zu vertuschen – zu erforschen – ohne Rücksicht auf Personen, Institutionen und Traditionen. Die Ergebnisse sind ohne Zögern zu evaluieren und zu akzeptieren, um danach rasch und ohne Wenn und Aber Konsequenzen zu ziehen. Es geht dabei nicht nur um Geld, sondern auch um die Moral, der man, wenn überhaupt, nur mit überzeugenden Gesten gerecht zu werden vermag. Auf dem Spiel steht nicht mehr und nicht weniger als die gesamte traditionelle Schweiz samt ihrem Selbstverständnis: Ob das Land, wenn nötig, zu einem Salto mortale fähig ist, ohne sich das Genick zu brechen, muß sich in den nächsten Jahren erst noch erweisen.

# Die Schweiz 1998

Die Schweiz steht bei ihrem hundertfünfzigjährigen Jubiläum nicht unter einem guten Stern. Wie noch nie zuvor in Friedenszeiten steht das Land unter einem hohen und wachsenden Druck sowohl von außen als auch von innen. Die Ansichten, wie die Zukunft zu gestalten ist, gehen diametral auseinander.

Die Schweiz ist in zwei Lager gespalten, die sich nicht nur kritisch und fair, sondern auch militant und feindlich verhalten. Die gegenseitigen Schuldzuweisungen häufen sich, der politische Dialog droht zu versanden. Probleme werden nicht mehr gelöst, sonder in eine ferne Zukunft verschoben. Nicht wenige leben in der Illusion, diese würden sich mit der Zeit von selbst lösen. Derweil eskalieren sie weiter, erhöhen Druck auf Regierung und Parlament, die sich nicht durchzusetzen vermögen: Sie werden zunehmend vom »Volk«, insbesondere über Referenden, blockiert. Dabei behindern sich zahlreiche Gruppen gegenseitig, die ausschließlich Sonderinteressen verfolgen: Das Wohl des Landes bleibt auf der Strecke.

Die Schweiz befindet sich in einer Zerreißprobe mit unsicherem Ausgang für ein System, das nicht erkennt und anerkennt, daß es sich selbst überlebt hat und nur mit radikalen Reformen überleben kann.

Wie ein Blitz aus heiterem Himmel schlugen die Schatten des Zweiten Weltkrieges im Herbst 1995 in die Schweiz ein. Es geht dabei nicht nur um nachrichtenlose Vermögen und das Nazi-Gold, sondern auch um die Rolle, die das angeblich neutrale Land im Zweiten Weltkrieg gespielt hat. Es steht die These im Raum, es habe den Zweiten Weltkrieg verlängert, da es mit dem Dritten Reich intensiven Handel trieb und ein wichtiger Lieferant von Rüstungsgütern war. Ohne diese Aktivitäten hätte es weniger Tote gegeben. Aus der Sicht des Auslandes bewegte sich die Schweiz im Sog von Nazi-Deutschland. Von da aus ist es nur noch ein kleiner Schritt bis zur Behauptung, die Schweiz habe kollaboriert.

Doch was auch immer war und kommen mag: Die Schweiz

hat – zu Recht oder zu Unrecht, das sei dahingestellt – ihre Unschuld und ihren guten Ruf verloren, sie kann nicht mehr mit einem Bonus rechnen, sie wird mit einem Malus versehen: Die Welt nimmt ihr nicht mehr ab, daß sie damals nicht anders habe handeln können, um zu überleben. Die meisten Schweizer realisieren noch nicht, daß das Ausland nicht mehr bereit ist, das Land so zu sehen und zu behandeln, wie es dem traditionellen Selbstverständnis der Schweiz entspricht. Die Schweiz steht nun in einem schlechten Licht, sie ist isoliert, auf sich allein gestellt, muß sich ständig verteidigen und sich bemühen, zu retten, was noch zu retten ist.

Die Schweiz hält sich für das freiheitlichste Land der Welt. Dabei handelt es sich um einen Mythos, der im Jahre 1291 begann und sich bis heute halten konnte. Die Wirklichkeit sieht ganz anders aus: Freiheit für alle Schweizer gibt es erst seit 1798, und sie kam nicht von innen, sondern aus Frankreich in die Schweiz. Sie wurde aber bald wieder eingeschränkt, schaffte den Durchbruch erst ab den dreißiger Jahren des neunzehnten Jahrhunderts beziehungsweise 1848, als es den liberalen Kräften gelang, das alte System abzulösen. Seit dem Ersten Weltkrieg befindet sich die Freiheit auf dem Rückzug. Die Schweiz war und ist bemüht, um jeden Preis vom Ausland unabhängig zu sein. Das kann nur zu Lasten der inneren Freiheit gehen. Je mehr sich ein Land nach außen verweigert, desto größer ist die Gefahr, in einem selbstgewählten Gefängnis zu leben. In den vergangenen Jahrzehnten hat die innere Freiheit maßgeblich unter der Konkordanzpolitik, den wachsenden Regulierungen und der Verweigerung nach außen gelitten: Im Jahre 1998 ist die Schweiz meilenweit davon entfernt, jenes freiheitliche Land zu sein, für das sie sich hält.

Das politische System der Schweiz wird in einem Maße gepflegt, gelobt und gefeiert, das nicht erst heute quasireligiöse Dimensionen angenommen hat. Wer sich kritisch äußert und nach radikalen Systemreformen ruft, der läuft Gefahr, als Ketzer oder gar Verräter bezeichnet und behandelt zu werden – mit der Folge, daß der Spielraum für politische Reformen gegen null tendiert. Die Schweiz hat jede Flexibilität verloren, sie ist auf dem Wege in die Sterilität, die alle Erneuerungsversuche im Keim erstickt. Während die Welt sich in raschem Wandel befindet, hält die Schweiz unbeeindruckt und um jeden Preis an ihrem traditionellen Selbstverständnis fest.

Der schweizerische Föderalismus ist nicht erst heute überholt und für die Schweiz untragbar geworden. Die Kantone verstehen sich als selbständige Staaten in dieser Welt. Zwar gibt es markante Unterschiede, doch kein einziger Kanton erreicht die Mindest- und schon gar nicht die optimale Größe. Man hat es vielmehr mit viel zu kleinen politischen Gebilden zu tun, die sich selbst überlebt haben. Dieser Föderalismus ist daher zu teuer, auf Dauer nicht mehr bezahlbar. Die Kantone wenden sich stets gegen Bern, zwingen den Bund, Politik aus kantonaler statt aus nationaler oder globaler Sicht zu betreiben. Zugleich betätigen sie sich als Schwarzfahrer des Bundes, sind nur darauf aus, möglichst viel Geld aus ihm herauszuholen. Es ist ihnen dabei egal, wie es um die Zukunft des Landes als Ganzes bestellt ist.

Die Volksrechte entwickeln eine zentrifugale Dynamik. Über Volksinitiativen wird der Ausbau des Wohlfahrtsstaates vorangetrieben, obwohl er nicht mehr finanzierbar ist. Mit Referenden werden liberale Reformen und die Integration in Europa und weltweit be- und verhindert. Das Referendum an sich ist dafür verantwortlich, daß Regierung und Parlament letztlich machtlos geworden sind. Je mehr diese das realisieren, desto mehr vergeht ihnen die Lust, überhaupt noch überfällige Reformen in Angriff zu nehmen. Verhandlungen nach außen sind so gut wie unmöglich geworden. Kaum jemand ist noch bereit, mit der Schweiz zu verhandeln, da jedes Ergebnis stets nur provisorisch ist und Jahre vergehen können, bis die entsprechenden Volksentscheide gefallen sind. Je öfter das Volk nein sagt, desto mehr läßt die Bereitschaft nach, mit der Schweiz zu verhandeln. Das Referendum im allgemeinen und das fakultative im besonderen legen die Schweiz lahm, machen sie in turbulenten Zeiten handlungsunfähig.

Die Schweiz hält sich für das demokratischste Land der Welt. Sie spricht regelmäßig von den Demokratiedefiziten der anderen. Dabei hat sie selbst gravierende und weitreichende Mängel: Ihr Wahlsystem verstößt in eklatanter Art und Weise gegen die urdemokratische Regel. »Ein(e) Wähler(in), eine Stimme.« So werden die Sitze im Ständerat unabhängig von der Einwohnerzahl der einzelnen Kantone verteilt. Das führt zu einer Kumulierung der Stimmkraft um ein Vielfaches. Bei Volksabstimmungen wirkt sich das Ständemehr mit seiner Kontingentierung noch viel stärker aus. Eine nahezu vernachlässigbare Stimmenzahl von unter zehn Prozent kann den Ausschlag dafür geben, ob eine Vorlage angenommen oder abgelehnt wird. Es versteht sich von selbst, daß dies mit einer Demokratie nicht viel zu tun hat, in der jeder über die gleiche Stimmkraft verfügen muß, um nicht benachteiligt oder diskriminiert zu werden.

Für die schweizerische Neutralität hat niemand mehr Verständnis: Sie ist als Instrument der Außenpolitik nutzlos und hinderlich geworden.

Die Schweiz hat sich mit ihrer Verweigerung nach außen in gefährlichem Ausmaße selbst isoliert. Sie muß das umsetzen, was andere entscheiden, um nicht ganz ausgeschlossen zu werden. Sie ist nicht Mitglied der UNO, sie will nicht der NATO beitreten, obwohl in absehbarer Zeit alle europäischen Staaten dazu gehören werden. Selbst mit der NATO-Partnerschaft für den Frieden hat sie Mühe, obwohl sie deren Schutz genießt. Geradezu unverständlich und kontraproduktiv ist ihr wirtschaftlicher Alleingang in Europa. Der EWR-Beitritt wurde abgelehnt, die Mitgliedschaft in der EU ist chancenlos. Obwohl die Schweiz existentiell von den Exporten in die EU lebt, weigert sie sich, ihr beizutreten. Die Schweiz hat stets in der Hoffnung gelebt, die EU werde scheitern, aber diese wird sich weiterentwickeln und schließlich zur alles dominierenden Kraft in Europa werden.

Wer nicht wie alle anderen sich zu integrieren bereit ist, der darf nicht staunen, wenn er diskriminiert und als Sonderling verstoßen wird. Die Schweiz lebt in der Illusion, ein allein lebensfähiger Staat zu sein, der sich unabhängig und souverän gebärden könne. Das ist eine tödliche Selbstüberschätzung: Auf die Schweiz wartet niemand, denn sie hat nichts, was andere wirklich brauchen. Die Schweiz verfügt weder über Rohstoffe noch genügend Nahrungsmittel und Energie. Ihr heimischer Markt ist viel zu klein, um dauerhaft Wohlstand zu produzieren. Sie hat ohne Zustimmung der Nachbarländer nicht einmal Zugang zum Ausland, weder auf dem Meer noch in der Luft oder auf dem Land.

Die Schweiz sieht sich weiterhin als ein Modell für ökonomische Prosperität, obwohl sie von Stagnation und wachsenden Problemen geplagt ist, sich im Abstieg befindet. Sie hat die geringste wirtschaftliche Dynamik aller vergleichbaren Industrienationen, und das in der ganzen Nachkriegszeit. Trotzdem weigert sie sich hartnäckig, die wirtschaftliche Erneuerung einzuleiten und durchzuziehen: Die Revitalisierung ist gestorben! Derweil eskalieren die Verteilungskämpfe um einen schrumpfenden Kuchen.

Die Empfänger von Subventionen und Sozialleistungen weigern sich, zu verzichten, einen Beitrag zur Sanierung des Steuer- und Wohlfahrtsstaates zu leisten. Die Schweiz ist offensichtlich nicht bereit, von erfolgreichen Staaten, wie den USA, Großbritannien, Kanada, den Niederlanden und vor allem Neuseeland, zu lernen. Diese haben der ganzen Welt vorgemacht, wie man Wirtschaft und Gesellschaft erneuert, um wieder anhaltend zu wachsen, zusätzliche Arbeitsplätze zu schaffen und die Mentalität des Wohlfahrtsstaates zu überwinden. Die Schweiz zieht es vor, auf der Straße der Verlierer zu bleiben.

Die Schweiz ist ein Land mit einem vielfältigen und hohen Konfliktpotential im Innern. Man darf die grundlegenden Veränderungen der letzten Jahrzehnte nicht übersehen. Diese haben sich in den neunziger Jahren beschleunigt durchgesetzt. Es versteht sich von selbst, daß wirtschaftliche Stagnation, steigende Arbeitslosigkeit und leere Kassen nicht geeignet sind, Spannungen abzubauen. Das verleiht den verschiedenen Faktoren eine gefährliche Sprengkraft.

Die ausländische Bevölkerung, ob niedergelassen oder eingebürgert, kam früher aus den Nachbarstaaten. Das wurde positiv umgesetzt, wurde zum Segen für die Schweiz. Dann wurde der Kreis der Zuwanderung auf ganz Europa ausgedehnt. Solange sie sich in Grenzen hielt, konnte sie »verdaut« werden. Doch mit der schließlich einsetzenden Einwanderung aus der Dritten Welt wurden die ethnischen, kulturellen und religiösen Unterschiede so groß und gewichtig, daß sie das Land radikal verändert haben. Die traditionelle Schweiz, wie sie noch in den fünfziger Jahren bestand, existiert nicht mehr. Es handelt sich um ein Faktum, das nicht mehr korrigierbar ist: Es gibt nur den Ausweg einer möglichst weitgehenden Integration und Einbürgerung. Ob und in welchem Ausmaß das gelingt, ist eine mehr als offene Frage.

Die Spannungen zwischen der deutschsprachigen und der welschen Schweiz, die latent seit jeher bestanden, nehmen zu. Die Welschen sind für die Integration in Europa, die anderen lehnen sie mehrheitlich ab. Deutschschweizer reden nicht das »gute Deutsch« (le bon allemand), sondern ihre zahlreichen Dialekte. Die Welschen verstehen sie kaum, die Kommunikation kann darunter nur leiden. Der Kanton Tessin wurde in den neunziger Jahren zum Sonderfall: Er fühlt sich in jeder Beziehung vernachlässigt, unterläßt nichts, um das auf nationaler Ebene kundzutun. Er orientiert sich zunehmend nach Süden, nach Mailand und darüber hinaus.

Nicht zu übersehen ist das Auseinanderklaffen von Stadt und Land, wenn es um nationale Probleme und ihre Lösung geht. Das »Land« ist konservativ, traditionell, die »Stadt« ist eher progressiv. Letztere sieht sich als die fortschrittliche Schweiz, versteht nicht, wieso das »Land« um jeden Preis am alten festhält. Zur nationalen Bremse haben sich die ländlichen Kantone der deutschsprachigen Schweiz entwickelt: Sie geben nicht selten den Ausschlag bei Volksabstimmungen.

Eine wachsende Kluft tut sich auch zwischen Jung und Alt auf. Die alte Generation denkt und handelt auch heute noch unter dem Eindruck des Zweiten Weltkrieges. Die junge Generation ist von dieser Zeit zu weit entfernt, um wirklich Verständnis für die Alten aufbringen zu können. Ein weiterer Punkt ist die Finanzierung der Sozialwerke: Die Alten beziehen hohe Sozialleistungen, die von den Jungen, die sich mit wachsenden Lebenshaltungskosten, schrumpfenden Einkommen und Arbeitslosigkeit konfrontiert sehen, heute und morgen zu finanzieren sind.

Eine zunehmende Belastung zeichnet sich in regionaler Hinsicht ab. Das Berggebiet wurde in der Nachkriegszeit nachhaltig gefördert, dafür fehlen nun die Bundesmittel. Die Bewohner dieser Regionen fühlen sich vernachlässigt, beklagen sich bei jeder sich bietenden Gelegenheit. Sie können nicht verstehen, daß der Bund das Mittelland im allgemeinen und die großen Städte im besonderen bevorzugt, wo die großen Zukunftsaufgaben, wie der öffentliche Verkehr, zu bewältigen sind. Das potenziert sich durch die Randlage des Kantons Tessin und die zurückgebliebenen ländlichen Gebiete in den welschen Kantonen. So entsteht eine Front, die sich vor allem gegen Zürich wendet. Auch die Basler, obwohl es ihnen gutgeht, fühlen sich von Bern vernachlässigt. So wächst eine allgemeine Unzufriedenheit im Rahmen wechselnder »Koalitionen«.

Die Kantone befinden sich zwar in sehr unterschiedlichen Situationen, sind sich aber weitgehend einig, wenn es darum geht, sich gegen den Bund zu wenden. Sie streben zum einen nach zunehmender Autonomie im Bund, wollen aber zum anderen nicht auf die Hilfe aus der Bundeskasse verzichten. Die Kantone sind zu einem kaum noch zu überwindenden Hindernis einer national ausgerichteten Politik geworden. Das schwächt den Bund zu einer Zeit, in der sich die Schweiz global orientieren müßte, um vor allem den wirtschaftlichen Interessen des Landes gerecht zu werden.

Nicht zuletzt ist zu beachten, daß die Schweiz tief gespalten ist,wenn es um die Gestaltung der Außenbeziehungen geht. Die Divergenzen drohen den »nationalen Frieden« zu gefährden und zu beenden. Der Druck von außen und die vielfältigen inneren Spannungen überschneiden und potenzieren sich, sie sind zu einer Gefahr für die soziale und politische Stabilität geworden.

Das politische System der Schweiz ist nicht mehr fähig, überfällige Probleme zu lösen. Es reagiert und resigniert, kann sich nicht mehr durchsetzen. Die Regierung hat keine Kraft, sie laviert mal so, mal anders: Hinter ihr stehen nicht einmal die Regierungsparteien; die spielen lieber Opposition gegenüber jener Regierung, die sie selbst bilden. Es kommt nicht selten vor, daß Regierungsparteien selbst ein Referendum initiieren oder oppositionelle Gruppen unterstützen. Die Schweiz ist in allen fundamentalen Fragen zutiefst gespalten: Der Bundesrat verzichtet darauf, klare Entscheide zu treffen, denn er würde dabei stets die eine oder die andere Seite gegen sich aufbringen.

Die Konsenspolitik um jeden Preis geht inzwischen so weit, daß die Schweiz es sich nicht mehr leisten kann, reformbedingte Verlierer zu produzieren. Sie würde sonst den inneren Frieden nicht nur stören, sondern grundsätzlich gefährden. Das politische System der Schweiz ist unflexibel, ja steril geworden, es lebt seit Jahren in der Agonie. Das Land befindet sich in einem vorrevolutionären Zustand. Im Gegensatz zu 1848 existiert keine politische Kraft, welche imstande wäre, eine liberale Revolution zu versuchen. Die Schweiz lebt mit einer versteckten Staatskrise, die jederzeit offen ausbrechen kann. Spätestens dann wird die traditionelle Schweiz mit ihren Mythen, Dogmen und Tabus sich selbst überlebt haben.

Zwar ist ein Kurswechsel grundsätzlich jederzeit möglich. Es kann dabei aber nicht nur um soziale, finanzielle und ökonomische Reformen, um den Abschied vom Wohlfahrtsstaat gehen, vielmehr steht das ganze politische System zur Disposition. Es ist von Grund auf zu verändern, da es keinen anderen Ausweg aus der Staatskrise gibt. Die Schweiz muß sich in jeder Beziehung von ihrer Vergangenheit verabschieden, um in eine bessere Zukunft aufbrechen zu können.

# Das Zehn-Punkte-Programm

1. Die Schweiz sollte möglichst rasch aus dem Schatten des Zweiten Weltkrieges heraustreten. Dazu muß sie ihr Verhalten zwischen 1933 und 1945 – und darüber hinaus – ohne Wenn und Aber aufarbeiten. Die Ergebnisse sind, gleich was dabei herauskommt, von allen Gruppierungen anzuerkennen. Erforderlich ist ein nationaler Konsens. Danach sind finanzielle und (außen-)politische Konsequenzen zu ziehen. Das Ziel ist es, so bald wie nur möglich den guten Ruf der Schweiz wiederherzustellen, vor der ganzen Welt einsichtig und glaubwürdig dazustehen.
2. Die schweizerische Neutralität bewegt sich in einem globalen Vakuum. Das Land ist von niemandem bedroht, das Verständnis für die Neutralität ist auf null gesunken. Die Schweiz wird zunehmend als Schwarzfahrer jener Sicherheit gesehen, die das Ausland im allgemeinen und die NATO im besonderen produzieren. Die Welt wünscht sich, daß die Schweiz jeweils auf der Seite des Guten stehe, sich endlich zu dem bekenne, was von der menschlichen Zivilisation als richtig empfunden wird. Das Abseitsstehen ist zu einem Bumerang geworden, die Neutralität wirkt sich kontraproduktiv aus. Es ist überfällig, das Ende der Neutralität zu verkünden, um danach der UNO und der NATO beizutreten.
3. Die Schweiz ist in existentiellem Ausmaß von den wirtschaftlichen Beziehungen zum Ausland abhängig. Sie ist auf freien Zugang zu allen Märkten angewiesen. Das läßt sich letztlich nur über eine volle Integration in Europa und die Welt verwirklichen. Folgerichtig muß die Schweiz ihren traditionellen Weg der bilateralen Abkommen verlassen. Das setzt allerdings die Einsicht voraus, daß die Schweiz von niemandem gebraucht wird, sie selbst aber auf das Ausland und im besonderen auf die EU angewiesen ist. Daher ist es nur konsequent, der EU beizutreten.
4. Die Überwindung des Wohlfahrtsstaates ist unbedingt erforderlich, um dem wirtschaftlichen Niedergang zu entrinnen

und zu einer wachsenden Prosperität zurückzukehren. Dazu ist die Wirtschaft radikal zu liberalisieren, um jenes Potential freizusetzen, das in der Schweiz steckt. Zugleich hat der Sozialstaat dafür zu sorgen, daß die Existenz jener, die in einer deregulierten Wirtschaft finanziell zu kurz kommen, abgesichert wird. Die Subjektförderung tritt an die Stelle des Gießkannenprinzips.

5. Der Föderalismus ist grundlegend zu reformieren: Kantone fusionieren miteinander, um leistungsfähige Einheiten zu bilden. Zwischen Bund und Kantonen sind die Aufgaben neu zu verteilen und jeweils in die ausschließliche Zuständigkeit einer staatlichen Ebene zu stellen. So wird die bisherige Verflechtung, der kooperative Föderalismus, überwunden. Wer für eine Aufgabe zuständig ist, der muß sie auch finanzieren. Vom Bund erhalten nur noch jene Kantone finanzielle Hilfe, die darauf wirklich angewiesen sind. Diese Mittel werden nicht mehr zweckgebunden vergeben, sondern stehen zur freien Verfügung.
   Die Schaffung eines gesamtschweizerischen Binnenmarktes ist überfällig. Dazu sind sämtliche (Mobilitäts-)Hindernisse zwischen den Kantonen (und Gemeinden) zu beseitigen. Die für den gemeinsamen Markt erforderlichen Regulierungen hat allein der Bund ohne Rücksicht auf kantonale Sonderinteressen zu bestimmen und durchzusetzen. Nur so kann man die Schweiz ökonomisch vereinigen und von den Kostenvorteilen eines nationalen Marktes profitieren.
6. Die Schweiz zeichnet sich nicht durch Marktwirtschaft, sondern durch ein korporatives System aus, das von den Wirtschaftsverbänden dominiert wird. Dabei sind Wirtschaft, Politik und Armee eng verflochten. Das verstößt gegen liberale und marktwirtschaftliche Grundsätze. Radikale Konsequenzen sind ein unabdingbares Muß. Die ökonomische Entscheidungsgewalt ist weg von den Verbänden und hin zum Markt zu verlagern. Dann wird nicht mehr kollektiv, sondern nur noch individuell verhandelt und gehandelt. Die tragenden Funktionen sind zu entflechten: Eine Person darf nicht mehr gleichzeitig Spitzenpositionen in der Politik, in der Wirtschaft und in der Armee einnehmen. So wird der Filz zerschlagen, aus der geschlossenen wird eine offene Gesellschaft.

7. Auf Bundesebene muß das Mehrheitswahlsystem eingeführt werden. Die Schweiz ist in zweihundert kantonsübergreifende Wahlkreise einzuteilen. In den Nationalrat ist jeweils der Kandidat gewählt, der im ersten Wahlgang die meisten Stimmen auf sich vereinigt. So kommen eher klare Mehrheiten zustande. Es können dann jene Reformen durchgeführt werden, die bisher zum Schaden des Landes ausgeblieben sind.
8. Die seit 1959 geltende Zauberformel, mit der ein Kartell aus vier Parteien Konkordanzpolitik betreibt, ist durch eine Koalitionsregierung abzulösen. Diese setzt sich aus so vielen Parteien zusammen, wie notwendig sind, um eine handlungsfähige Regierung zu bilden. Sie wird von einem Premier geführt, der mit den erforderlichen Kompetenzen auszustatten ist. Die Zahl der Minister ist variabel; es können – wie bisher –, müssen aber nicht sieben sein. Regiert wird aufgrund eines verbindlichen Programms für jeweils eine Legislaturperiode von vier Jahren. Damit kein Parlamentarier aus der Regierungskoalition ausscheren kann, wird der Fraktionszwang eingeführt. Jeder hat so zu stimmen, wie es die Fraktion mehrheitlich festgelegt hat. Schließlich wählt das Schweizer Volk alle vier Jahre einen (Bundes-)Präsidenten, der nicht der Regierung angehört, ausschließlich mit repräsentativen Aufgaben im In- und Ausland betraut wird.
9. Die Schweiz muß aus der direkten Demokratie aussteigen, sich wie andere Länder der parlamentarischen Demokratie zuwenden. Sie kehrt dann zu den Anfängen der neuen Eidgenossenschaft von 1848 bis 1874 zurück. Folgende Reformen stehen im Mittelpunkt: Zum ersten ist das Ständemehr (Mehrheit der Kantone) bei Volksabstimmungen abzuschaffen. Hinfort entscheidet nur das Volk. Zum zweiten ist die Zahl der erforderlichen Unterschriften bei Initiativen auf mindestens zehn Prozent und bei Referenden auf mindestens fünf Prozent der Wahlberechtigten anzusetzen. Zum dritten sind Volksabstimmungen nur gültig, wenn die Wahlbeteiligung fünfzig Prozent erreicht.
10. Die Schweiz ist faktisch eine unbegrenzte Volksdemokratie. Dabei ist sie auf dem Wege, die Marktwirtschaft auszuhöhlen und die ökonomischen Grundlagen der Demokratie zu untergraben. Zu ihrem eigenen Schutz ist es unverzichtbar, verfassungsmäßig zu verankern, was Volksabstimmungen unter kei-

nen Umständen ändern dürfen. Die Marktwirtschaft hat nur dann eine Chance, wenn marktwidrige Initiativen dem Volk nicht unterbreitet werden können und Referenden gegen marktkonforme Maßnahmen nicht zugelassen werden. Zugleich ist das soziale Element der Marktwirtschaft, die Subjektförderung, in der Verfassung zu verankern.

Die Aussichten für die hier geforderten Reformen sind nicht günstig. Noch ist die Schmerzgrenze, die zu einem radikalen Kurswechsel führt, nicht erreicht. Im Gegensatz zu allen anderen Demokratien können in der Schweiz Volksabstimmungen alles zunichte machen, was das Parlament beschlossen hat. So gesehen droht die Schweiz, an sich selbst, am eigenen politischen System, zu scheitern. Das kann sie nur abwenden, wenn sie ihr traditionelles System aufgibt, um unter neuen Voraussetzungen im globalen Wettbewerb unter den Nationen zu bestehen.

# Literaturhinweise


Benz, Matthias: Ja zur Schweiz – Nein zur Welt? Rückblick auf die UNO-Abstimmung von 1986, in: *Neue Zürcher Zeitung* vom 12.12.1995

Bergier, Jean-François: Die Wirtschaftsgeschichte der Schweiz, Zürich 1983

Blattner, Nikolaus u. a.: Voraussetzungen der schweizerischen Wettbewerbsfähigkeit, Bern 1987

Borner, Silvio: Schweiz AG. Vom Sonderfall zum Sanierungsfall? Zürich 1990

ders. u. a.: Die internationale Wettbewerbsfähigkeit der Schweiz, Chur 1997

Bussmann, Werner: Gedanken zur Zukunft der Schweiz, in: *Neue Zürcher Zeitung* vom 7.6.1993

Dürrenmatt, Peter: Sonderfall oder Endstation. Die Schweiz im sozialistischen Zeitalter, Zürich 1979

Die Erklärung des Bundesrates zum Eizenstat-Bericht, in: *Neue Zürcher Zeitung* vom 23.5.1997

Flüeler, Niklaus und Schwertfeger, Richard: Die Schweiz von morgen, Zürich 1971

Frisch, Max: Schweiz als Heimat? Frankfurt a. M. 1990

Gabriel, Jürg: Schweizer Neutralität im Wandel, Frauenfeld 1990

Gesellschaft zur Förderung der Schweizerischen Wirtschaft (wf): Der Stand der Zusammenarbeit der Schweiz mit internationalen Organisationen, besonders im wirtschaftlichen und sozialen Bereich, Zürich 1992

Gruner, Erich (Hrsg.): Die Schweiz seit 1945, Bern 1971

Handbuch der schweizerischen Volkswirtschaft, 2 Bde., Bern 1955

Heiniger, Markus: Dreizehn Gründe, warum die Schweiz im Zweiten Weltkrieg nicht erobert wurde, Zürich 1989

Imhof, Ulrich: Mythos Schweiz, Zürich 1991

Jost, Hans U.: Wieder müssen die Historiker Feuerwehr spielen, in: *Weltwoche* vom 18.11.1996

Kennedy, Paul: Aufstieg und Fall der großen Mächte, Frankfurt a. M. 1996

Kleinewefers, Henner: Die schweizerische Volkswirtschaft, 4. Auflage, Frauenfeld 1993

Kneschaurek, Francesco: Der »Trendbruch« der siebziger Jahre und seine wirtschaftlichen Konsequenzen, Diessenhofen 1980

Kohler, Georg: Die doppelte Schweizer Geschichte oder: Wie man souverän wird, in: *Neue Zürcher Zeitung* vom 30.6.1997

Kramer, Jane: Manna from Hell, in: *The New Yorker*, 28.4. und 5.5.1997
Kreis, Georg: Der Weg zur Gegenwart. Die Schweiz im neunzehnten Jahrhundert, Basel 1986
ders.: Verpaßter Aufbruch nach 1945? In: *Neue Zürcher Zeitung* vom 4.10.1996
Lambelet, J. Chr.: Der verblassende Glanz des Schweizer Wirtschaftsmodells, in: *Neue Zürcher Zeitung* vom 24./25.6.1989
Linsmayer, Charles (Hrsg.): Umgang mit der Schweiz, Frankfurt a. M. 1990
Luchsinger, Fred: Mißstände und Selbstzweifel – Eine schweizerische Identitätskrise? In: *Neue Zürcher Zeitung* vom 10./11.3.1990
Meyer, Werner: 1291. Die Geschichte. Die Anfänge der Eidgenossenschaft, 3. Auflage, Zürich 1991
NZZ-Fokus: Schatten des Zweiten Weltkrieges, Zürich 1997
Olson, Mancur: Aufstieg und Niedergang von Nationen, Tübingen 1985
Ricklin, Alois u. a. (Hrsg.): Handbuch der schweizerischen Außenpolitik, Bern 1975
Schindler, Dieter: Die Schweiz unter Veränderungsdruck, in: *Neue Zürcher Zeitung* vom 30./31.12.1995
Schott, Clausdieter: »Fremde Richter – fremde Gerichte«, in: *Neue Zürcher Zeitung* vom 26./27.9.1992
Die Schweiz vom Bau der Alpen bis zur Frage nach der Zukunft, Zürich 1975
Schweizerische Volksbank: Die Schweiz: gestern – heute – morgen. Die Orientierung, Nr. 99, Bern 1991
Schweizerische Zeitschrift für Volkswirtschaft und Statistik: Ein Jahrhundert schweizerischer Wirtschaftsentwicklung, 100. Jahrgang, 1964
Senti, Richard: Binnenmarkt Schweiz. Wettbewerbsverzerrende Bestimmungen im öffentlich-rechtlichen Bereich, Zürich 1991
ders.: Gegenwärtiger Stand der Außenhandelsbeziehungen und der bilateralen Verhandlungen zwischen der Schweiz und der EU, wf, Zürich 1996
Speich, Sebastian u. a.: Die Schweiz am Pranger, Zürich 1997
Stucki, Lorenz: Das heimliche Imperium, Bern 1968
Toynbee, Arnold J.: Gang der Weltgeschichte. Aufstieg und Verfall von Kulturen. Kulturen im Übergang, 1972
Wittmann, Walter: Wohin geht die Schweiz? Basel/München 1973
ders.: Wohin treibt die Schweiz? Bern 1979
ders.: Die Schweiz 2000. Niedergang oder Wende? Frauenfeld 1985
ders.: Marktwirtschaft für die Schweiz, Frauenfeld 1992
Ziegler, Jean: Die Schweiz, das Gold und die Toten, Gütersloh 1997
Zürcher Kantonalbank: Internationale Wirtschaftsorganisationen, Zürich 1994

Bitte beachten Sie
die folgenden Seiten